非語言訊號

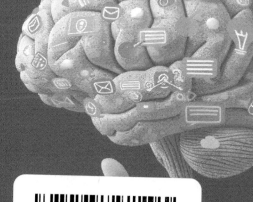

一秒讀懂空氣，改善人際關係

精準辨識他人真實性格與意圖
職場交際或私人關係都能應對自

U0075102

NONVERBAL

非語言溝通＋行為心理學

讀懂人心只能靠語言嗎？還有很多蛛絲馬跡等你來尋找！
對方很有禮貌就是喜歡你嗎？這也許是一種疏遠的方式！
音調、表情、視線等變化，可能是贏得信任的心理策略！

秦搏 編著

防小人｜想自我探索｜贏得好人緣｜吸引客戶
一本書教你用眼神、動作、習慣洞察人心，人際互動不再是難題

目錄

目錄

第三章
秉性天成 —— 行為習慣透露的個性密碼

第四章
細節的魔力 —— 看透瑣碎事才有好人緣

目錄

第五章
揭祕陌生人 ── 瞬間贏得信任與好感的心理策略

第六章
職場人氣術 —— 揭祕同事與上司心裡的那點事

目 錄

第九章
掀開謊言的面紗 —— 人氣達人也應是破謊高手

目 錄

前言

　　職場上，因為不懂得讀人，我們常常面臨許多困惑：渴望得到上司的賞識，卻不知道，上司對我們的工作是否滿意，是否願意提拔我們；渴望得到同事的認同，卻不知道，怎樣才能團結大多數，迅速融入團隊；渴望得到下屬的擁護，卻不知道，如何做才能籠絡人心⋯⋯

　　生活中，因為讀不懂朋友、親人，也會碰到交流瓶頸。我們很可能無法知道另一半這一天是否過得快樂；不知道朋友是否遇到了困難；不知道小小的孩子整天想些什麼⋯⋯

　　或許就是因為讀不懂人心，所以我們才很難與別人達到心靈的共鳴，一場場誤解、隔閡、矛盾也由此產生了出來。也許你擁有淵博的學識；擁有技壓群雄的口才；擁有聰慧過人的頭腦，但如果讀不懂對方，你的社會交往也會同樣變得困難重重，你想要的人氣也就無從談起。

　　那麼，一個人的內心世界真的無法洞悉？讀心術真的不存在？非也。現實世界裡也有讀心術。我們可以從一個人的動作、表情、語言、穿著、喜好等生活中的細枝末節中，讀出他的個性、為人處世方式、內心想法、情感趨向、思考模式。一個人的一舉一動都在洩露他內心的祕密。一個無意識的動作，一句不經意的話語，都能讓其深藏不露的內心世界表露無遺。看懂了這些，我們就能和對方理性又自在地交往，就能盡量地減少矛盾，避免錯誤，讓更多的人喜歡自己。

　　那麼，在與人交往的時候，如何才能瞬間識破他的心？如何才能在不為人知的情況下用自己的思想和行為影響別人？本書用通俗的語言、真實

的案例和精確透澈的分析，教你洞悉人心、與對方友好相處的技巧，幫你更準確地讀懂他人、靈活地應付人際交往中的各種問題。

　　不管你閱讀本書的初衷是想在事業上取得成功，還是想和家人朋友愉快相處，你都能在本書中找到你想要的。當你掌握了本書所教授的方法後，你將發現，與人相處是一件非常有意思且簡單的事。你總能明白他的心思，投其所好，真心相待，不知不覺，越來越多的人會接納並且喜歡你。你的人際關係會越來越好，成功的大門也會從此開始向你敞開。

第一章
話裡有話，弦外有音
── 從言談方式讀懂人心

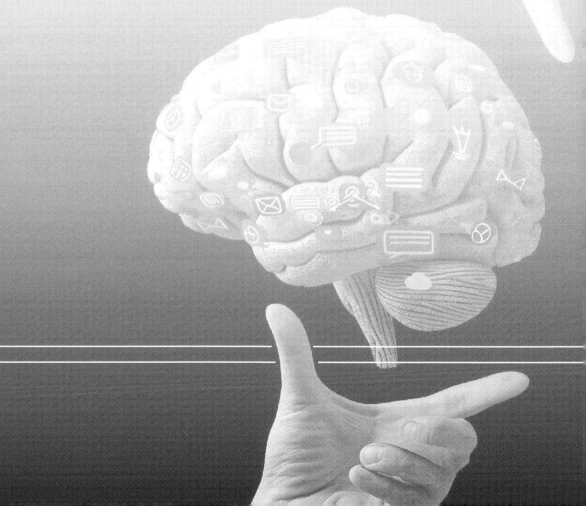

從聽話方式探知對方心思

聽對方說話，傾聽者的表現有許多種：全神貫注，側耳傾聽，洗耳恭聽，聽之不聞，眼神游移，心不在焉……聽不僅僅告訴我們聽者的心態，而且不同的傾聽狀態和動作也能唯妙唯肖地傳達出傾聽者的個性。

在公開演講或公司開例會的時候，只要你稍加注意就會發現，場下的聽眾在聽話時會有很多種姿勢：有的正襟危坐，側耳傾聽；有的視線游移，思緒飄飛；有的無聊地托著下巴；還有的在撥頭髮……

聽眾不同的聽話方式其實透露出許多重要資訊，譬如，他們是贊同說話者還是不贊同說話者，他們是喜歡聽，還是已經厭煩了。這時候，你可以根據聽眾們的聽話方式來探知他們內心的真實想法。

🐾 正襟危坐，大部分時間視線盯著說話者

這種情況說明他在認真傾聽。反之，他的視線必然會散亂，身體也可能在傾斜或亂動，這是他厭煩講話的表現。經常認真傾聽他人說話的人，他們有耐心，能善解人意。

🐾 偶爾拍打自己的頭部

這個動作表明聽話的人對自己懊惱和自我譴責。如果他拍打的是自己的後腦勺，這類人比較冷酷，不太注重感情，習慣理性思維，喜歡挑剔別人。但這類人比較聰明，思想獨特，具有冒險與創新精神，只是人緣通常不是很好。如果他拍打的是自己的前額，這類人通常都比較樸素、單純、坦率、真誠，是心直口快的豪爽人。他們通常不會對朋友耍心眼，有事多替朋友著想。不過，這種人有個缺點就是往往心裡藏不住事，愛把話說出來，也因此會被人誤解，但他們本意並非如此。

邊聽邊拉自己的耳垂

當我們談話時，如果看到對方有這種舉動，那表明他已經不想聽下去了，有可能想打斷你的談話，發表一下自己的見解。這種習慣多數源於他的童年。因為小時候大家都有先舉手後發言的習慣，一遇到想發言的情況，便想舉手，可是又怕回答不好老師的問題，這時候很多學生會選擇用拉耳垂來代替舉手，久而久之便產生了拉耳垂的習慣。因此，這類人在聽話中拉耳垂，其實表明他是想打斷你講話的，但是又覺得不好意思，只好用這種潛意識的小動作來代替。如果你恰巧看到對方有這種舉動時，不妨把話題一轉，給他一次發表自己看法的機會。

聽話時用手遮著嘴巴

這類人一般比較膽小、羞怯。但也有一種情況是，如果是愛美的女性刻意地用手遮口，那她潛意識裡是想讓人認為她教養好，以引起別人的關注。

聽話時伴隨一些手部動作

聽話時伴隨攤雙手、擺雙手、相互拍手、做暫停的手勢等手部動作。這動作好像是在強調對方的話語。聽話中有這類動作的人個性往往外向，屬於做事果斷自信、待人真誠熱心、事業心強的人，他們喜歡充當領導者的角色指點別人。他們很有實力，很有男子氣概。他們通常具有良好的口才，說服力比較強。但這類人不喜歡突顯自己的真實個性，他們通常不輕易與人交心。

玩弄隨身小飾品

這類人通常都比較內向，話不多，感情不輕易外露。但他們的感情通常都比較細膩，工作上認真、踏實、負責、守信用。而生活中，他們通常也很勤快，喜歡將自己的小環境收拾得井然有序。

🦇　攤開雙手，聳聳肩膀

這表明他對談話不接受也不反對。習慣於這種動作的人大都為人熱情，想像力豐富，能力比較強；他們善於打點生活，也會享受生活。

🦇　喜歡低頭聽別人講話

這種人為人慎重認真，不喜歡張揚和炫耀，他的缺點是很固執，特立獨行，自己認為對的事情一定會堅持，聽不進別人的勸告。

🦇　邊聽邊抖動腿腳

這種人個性保守，自私自利，思維狹窄，墨守成規。他們很少考慮別人，但他們很有自己的思想見解，也比較喜歡探討人生、哲學等問題。

🦇　聽談話時常用鼻子吹氣

這類人一定是有煩心事，或遇到了什麼麻煩，但礙於情面，還強忍著聽對方說話。你如果能察覺到他的情緒，主動提出要幫他忙，他會很感激你，你們有可能會成為好朋友。

🦇　邊聽人說話邊撫弄頭髮

這類人大都個性鮮明，有個性，喜歡按照自己的想法做事情。一般會有小的成就，只是比較孤僻，朋友不多。

🦇　邊聽話邊咬手指或指甲

這類人個性較為焦躁，做事缺乏耐心，辦事頭腦簡單，想法較為單純，感性思考強於理性思考。

聽話方式還有很多，在此不再一一列舉，你也可以仔細觀察總結出一些有關聽話方式的窺人術。

口頭禪裡的個性與心理

人們在交談時，會無意識地高頻率地使用一些詞語，這就是我們通常說的「口頭禪」。它看似是隨便說出，但其實具有鮮明的個人色彩，能清晰地反映出一個人的個性與心理狀態。從不同的口頭禪裡，我們往往能夠窺見對方的內心世界。

這裡有一些被人們大量使用的口頭禪，從對使用這些口頭禪的人的分析中，你可以掌握到不同的口頭禪使用者的個性與心理。

🗨 喜歡說「說真的、的確、不騙你、老實說」的人

這類人在交談過程中刻意向他人表明自己的誠實可信，這說明他心裡存在憂慮，不自信，擔心對方不相信自己。他們個性上有些急躁，情緒不穩定，耐心不足，渴望得到別人的認可與信任。

🗨 喜歡說「應該、必須、必定會、一定要」的人

這種人大多很有信心，有著較強的判斷力。他們喜歡用命令的口吻和別人說話，希望別人能尊重和接受自己的觀點。這類人為人冷靜，做事情顯得很理智，具有很強的規劃性。

🗨 喜歡說「聽說、聽人講、據說」的人

很明顯，使用這類口頭禪的人有推卸責任的嫌疑。他在告訴對方他的話其實是道聽塗說，如果這些話對別人造成不良的後果，那麼他是沒有任何責任的。這種人大多都很聰明，深諳時事，懂得並善於隱藏自己，為人處世都給自己留有餘地，較為圓滑、責任心不強，也缺乏冒險精神。

🐾 喜歡說「可能、大概、或許、也許、差不多」的人

這類口頭禪語義模糊，有以退為進的含意，有左右逢源的作用。使用這類口頭禪的人，自我防衛本能甚強，這種人並不是沒主見的人，相反，他們只是口頭上不外露而已。他們在處世待人方面很冷靜，工於心計，人際關係良好。

🐾 喜歡說「但是、不過」的人

「但是、不過」帶有轉折意味，喜歡說這類口頭禪的人習慣為自己辯解。他們個性上多溫和、委婉。從事公共關係的人常用這種口頭禪，所以他們即便拒絕別人，對方也不至於有被冷落感。

🐾 喜歡說「啊、呀、這個、那個、嗯」的人

使用這類口頭禪的人分為兩種。一種是習慣在說話中途停頓的人，他們多半身居要職，以講話中的停頓來提醒別人重視他們所說的話，同時也顯示自己的領導風範。這種人很自信，城府深，喜歡把事物掌控在自己手中，表現欲很強。

另一種習慣用這種口頭禪的人則與之相反，他們屬於慢郎中，通常詞彙量較少，或是思考較慢，不得不在說話時利用此類口頭禪作為停頓，好緩解自己的緊張情緒，也給自己一個用來思考說話的時間。

🐾 喜歡說「我、我的、我們」的人

這種口頭禪帶有極強的主觀傾向，習慣說這類口頭禪的人，主觀意識濃厚，以自我為中心，他們潛意識裡希望別人不要忽視了自己，他們不大在意對方的想法。這樣的人多半比較單純，個性不成熟，考慮問題片面，人生閱歷不足。

喜歡說「果然、所以說、因此」的人

他們乍看起來似乎很有概括能力，有主見，未卜先知，但實際上這類人多是自作聰明，虛榮心強，愛表現自己的人。他們不太容易得到別人認可，即使很多時候他們的觀點很有道理，人們也不願意聽。

喜歡說「還有、另外」的人

他們在跟人交流的時候，往往在一個事情還沒有完結時，腦子裡就會蹦出另外的想法，動輒有「另外、還有」等口頭禪出現。一般來說，這類人頭腦聰明，能夠舉一反三，富有創意，知識豐富，思考靈活，有對事物的獨特見解。但這類人個性活躍卻不夠穩重，缺乏耐心，做事情會出現半途而廢的狀況。

喜歡說「我知道」的人

喜歡說「我知道」的人不在少數。他們往往在別人剛一開口就會打斷對方的話，然後就說「我知道」。習慣於這樣說話的人大多為人固執，自信並且自以為是。

喜歡說「反正、大不了」的人

可分為兩種人來說，第一種人他們在內心深處充滿負面、消極的情緒，缺乏自信，所以在談話中經常用否定的語氣。第二種人則與之相反，他們心胸豁達，對於成敗看得很淡然。

喜歡說「不、不行、不讓、不能」的人

習慣使用這類口頭禪的男性很有個性，剛硬，做事乾脆俐落，決斷力強，但他們考慮問題往往不夠全面，偶爾有些魯莽和冒失。而喜歡說這類口頭禪的女性，她們聰明能幹，做事有主見，善於掩藏自己。

從說話速度判斷對方內心

不同的說話速度可以很微妙地反映出一個人的內心所思所想，留意他人的語速變化，你就能讀懂他隱藏的動機。

人們說話的時候，如果語速快，我們就說這人做事俐落，是急性子；如果語速慢，我們則說這人是慢郎中，不幹練。憑藉語速也能窺見一個人的內在心理世界？答案是肯定的。語速總是在不經意間洩漏天機。那麼如何從語速判斷出一個人隱藏的動機和心理呢？

🐗 習慣用快語速說話的人

這種人說話就像機關槍，一句接一句，生怕自己少說了一句，通常是一口氣說到底。別人只有聽話而沒有插話的餘地。習慣這種說話方式的人，通常個性比較外向，思維敏捷，有著很強的應變能力，並且口才比較好，見什麼人說什麼話。這種人的做事風格是乾脆爽快、簡潔俐落、不拖拉。

他們不善於掩飾自己內心的感情，他們想到什麼就說什麼，有時甚至會將自己好笑的事情講給大家聽。雖然這種人看起來熱情大方，但他往往藏不住祕密，而且他的個性比較暴躁，容易生氣發怒，很少考慮別人的感受。

🐗 習慣用平緩語速說話的人

這種人說話通常是從容不迫，即使是緊急的事情，他照樣雷打不動地用他那種獨有的語速告訴別人，這類人就是我們說的慢郎中。他們大多溫柔善良，寬厚仁慈，富有同情心，喜歡幫助別人，常能站在別人的角度和立場來思考問題。

他們思維細緻，善謀劃，對事物常有獨到見解。但他們也有自己的缺

點，那就是思想比較保守，不喜歡接受新事物，反應比較慢，做事總是猶猶豫豫缺乏魄力。

🗨 習慣用非常慢的語速說話的人

說話語速太慢的人是徹頭徹尾的慢郎中。並且他的個性很可能軟弱內向，缺乏自信，不夠機靈。這類人還很嘮叨，偶爾還會很固執。

當然，說話的語速不是一成不變的，在一些情況下，習慣於一種語速的人往往會突然轉變成另一種語速。這時候只要你仔細體會就能察覺到他內心裡發生著怎樣的變化。比如：

1. 當一個平時口若懸河、語速很快的人對某個人說話時，卻突然變得吞吞吐吐，說話語無倫次，這可能是：要麼是他對對方懷有敵意或不滿情緒，要麼是他有事情瞞著對方，抑或做錯事感到心虛。還有一種可能是，異性之間說話突然轉變的那個人可能是喜歡上對方了。

2. 演講的時候，當演講者突然放慢演講速度，那麼可能是他想向聽者傳遞某種情感，以引起對方共鳴。另外，這種情況在辯論賽上也比較常見。每個辯手在闡述自己觀點的時候多用快語速。快語速能夠增強他們的自信，使其在氣勢上壓倒對方。但是如果他說話的語速突然變得很慢時，那就表明他在向對方強調自己的觀點，希望以此說服對方。

3. 在公共場合，當一個平時說話語速很快的人，或者說話語速一般的人，突然放慢了語速並且說話條理清楚，那麼就一定說明他是在強調自己剛才放慢速度所講的話，想引起別人的注意或是讓別人同意自己的觀點。

4. 如果一個平常說話平緩的人，當有人在他面前講一些他不喜歡聽或者侮辱他的話時，他的心情就不能平靜，進而會用快語速反駁對方，那

是他在表達自己的強烈不滿。

5. 在面對別人固執己見、獨到的見解、逼人的氣勢時，一些人會產生吞吞吐吐、語速減慢的現象，那麼很可能這個人產生了自卑心理，對自己的說辭沒有信心，不知道如何反駁對方。如果在辯論或商務談判中出現此類窘境，不僅有礙自身能力的發揮，也會助長對方的囂張氣焰。

6. 平時說話緩慢的人突然快起來，那麼他可能做了什麼對對方不利的事情。此時他說話的內容往往不太準確，對此聽話的人不要太當真。比如，最常見的是某 A 問某 B：「這件事是你做的嗎？」這時，某 B 突然語速加快來替自己辯解。

與這種情況類似，平時不愛說話的人如果突然變得口若懸河，那麼他內心裡一定隱藏著不可告人的祕密。

髒話說出了哪些個性特徵

對於那些愛說髒話的人，人們通常會給他們這些評價：野蠻、粗俗、沒修養、惡棍。可是這些滿口粗話的人果真是如此嗎？這只是表象，其實愛說粗話的人不過是借用髒話來表達自己的情緒和某種心理而已。

一般來說，愛說髒話的人有這樣的個性特徵：

🦇 在某方面欲求不滿，借說粗話來發洩

他們常常焦躁不安，又沒有辦法去排除，所以日積月累，只要碰到偶發事件，他們就借題大肆發揮，用粗話來排解內心的憤懣。雖然聽者可能

會產生「豈有此理」、「不像話」的心理，但當事人的心情卻因為這些粗話而明朗了不少。例如，因為對異性的欲求不滿，就在不適當的時候提及這類話題，粗話脫口而出。而生活中最常見的案例便是，在上班時間，女同事送來檔案，他就來了一句粗話，雖然不是針對這位女同事，但她聽到粗話後會面紅耳赤手足無措，此時說粗話的人的欲求便得以排解。

🐾 情緒不穩定，甚至煩躁憤怒

當一個人突然遇到令自己非常憤懣的事情時，難免會無法控制自己的情緒，從而口出粗話。也許他在平時並不是一個愛說粗話的人，只是被逼到一個程度時，粗話就隨口而出了。當然，不光是生氣的時候，人在極度興奮或者悲傷的時候也會透過說粗話來表達情緒。

🐾 說粗話是為了向他人彰顯自己的個性

有些人認為做別人不敢做、不願做的事情能夠顯示出自己的與眾不同。他們還認為說粗話不會造成什麼負面影響，並且還能顯示出自己的不一樣。就是在這種心理的驅使下，他們動不動就說粗話，並以此為榮。在他們看來，說粗話的人豪爽，不拘小節，心懷大度，有男人味。

🐾 顯示彼此是哥們，是好朋友

在很好的朋友之間，大家無話不談，言語上也沒有那麼多顧忌。尤其是一些男性，他們會和朋友們互相把對方損得一無是處，罵得狗血噴頭，但實際上這只是他們表達彼此感情的方式而已。他們和不熟的同性朋友是不會說粗話的。

🐾 以捉弄他人來滿足自己的虛榮心

這樣的人多半具有某種身分，處於一個相當有利的位置，其談話的

對象多是比他級別低、能力低或者是沒有什麼人生閱歷、臉皮較薄的年輕人。他們的目的是讓對方出糗，藉此來娛樂自己。這樣做其實是不道德的。

📢 說粗話的女性

女性除了彼此發生爭執而不顧臉面時說粗話之外，幾乎很少說粗話。但在一些公共場合人們也會聽到女性說粗話。一般來說，女性說粗話除了是展示自己特有的個性之外，很大一部分原因是想和男性一樣，希望具有男性的某些特質。說粗話的女性有種女權主義傾向。

📢 說粗話的孩子

小孩子說粗話多半是在模仿成年人。有些小孩甚至養成了說粗話的習慣，之所以如此，是因為這種行為是被家長禁止的，而越是不允許，他們就越是容易產生反抗心理，說得越起勁。還有一種情況是，小孩子說粗話是為了讓自己看上去更加成熟，更像一個大人。

看透了說粗話的人的心理後，當再次聽到有人說粗話時，相信你能夠清楚地辨識出他們的真實意圖和情緒了。

幽默裡隱藏的個性與心理

幽默不僅僅能博人一笑，活躍氣氛，而且還是一種處世的智慧。一句幽默，在嬉笑怒罵中能讓你窺見他人的真性情。

幽默是一個人聰明與智慧的展現，幽默有多種方式，自我解嘲是幽默，打破僵局的玩笑話是幽默，甚至是拐彎抹角奚落他人也算幽默。不同

的人有不同的幽默形式。而不同的幽默形式在一定程度上也能展現一個人的個性與心理。

🐦 幽默是一種真性情

生活中不乏處處洋溢著幽默感的人，而這些人的幽默或許並不是刻意的，而是骨子裡的一種性情。這種類型的人多思維活躍，頭腦靈活，想像力豐富，創意十足。他們喜歡充滿自由的環境，喜歡不斷從生活中發掘新鮮事物的過程。但有時候他們自己並未覺察到自己的優勢，反倒需要別人來發現。

🐦 善用幽默來打破僵局

奧諾雷・巴爾札克（Honoré Balzac）就是一個擅長用幽默打破僵局的人。半夜時分，小偷躡手躡腳地撬開房門走進來，在桌子的抽屜裡亂摸。巴爾札克被驚醒了，他不聲不響地坐起來，點亮了燈，然後微笑著對小偷說：「親愛的，別找了，我白天從那裡都搜不到錢，現在天黑了，就更不可能了，你別想了。」小偷看著平靜的巴爾札克，乖乖地退了出去。

如果巴爾札克被驚醒後，喊著讓人們來捉賊，不知道巴爾札克會不會被當成人質！而恰恰是這小小的幽默，使小偷乖乖地走開，巴爾札克也沒有任何財產損失，這便是幽默的智慧的效果。

善用幽默來打破僵局的人，多個性隨和，頭腦聰明，知識豐富，反應快，能隨機應變。即便身陷困境，他們也能夠依靠自己的幽默來幫自己走出去。在別人有了困難的時候，他們同樣會用幽默來幫人找臺階。他們有著很好的交際能力，表現欲望也很強烈，很容易成為眾人矚目的焦點人物。

🦇 用幽默來諷刺挖苦他人

有些人的幽默總含有一股酸溜溜的諷刺挖苦的味道。這類人心胸比較狹窄，有較強的自卑心理，也相當自私。他們的情緒趨向於消極，常常進行自我否定，嫉妒心極強，有時會做出一些落井下石的事情來。他們從挑剔和嘲諷別人的過程中來平衡自己的心理，但在諷刺、挖苦別人的時候，看似開心，實際上並非如表面呈現的那樣。

🦇 幽默也可進行自我解嘲

面對別人的意見、不滿等，用幽默來嘲笑自己，這並不是每個人都能做到的。它首先應該具有一定的勇氣，其次，需要豁達的心胸。

能利用幽默來進行自我解嘲的人不怕向別人展示自己的缺點，能夠接受他人的意見和建議，而且能夠經常反省自己，完善自己。他們通常比較樂觀，不會頑固地堅持自己的錯誤。他們讓很多人欽佩，因此他們的人緣比較好。

🦇 用幽默製造惡作劇

這種人天性活潑開朗、熱情大方，有著很寬廣的胸懷，對人和事都顯得很隨便，不喜歡被約束。他們活得很輕鬆，對人對事都看得開，即使有壓力，自己也會想辦法化解掉。

個性使然，導致他們很愛和熟人開玩笑，經常在別人不經意的時候搞一些惡作劇，他們在這個過程中讓自己開心，也給別人帶來快樂。他們是人們的開心果。

🦇 用幽默來刻意引起別人關注

有些人為了向別人展示自己的幽默感，常常會事先準備一些幽默，然

後在不同的場合說不同的幽默話。他們試圖以此引起別人關注。這一類型的人較熱衷於追求一些形式化的東西，過於在乎別人對他們的看法。他們做事認真嚴謹，常常為了達到自己的目的而去精心準備。一般來說，這種人除了喜歡賣弄面子外，生活態度還是很積極的，自控能力較強。

從約談環境的選擇看對方內心

　　不同的人喜歡在不同的場合談事情，乍看起來似乎只是個人偏好而已，殊不知從這種細節裡也能窺見一個人的內在特質。

　　人們約好友聊天，或是約客戶談生意時，選擇的地點多半是不同的。有人喜歡在高級飯店或酒店的大廳裡，豪華、體面、典雅，有種在某個美麗的地方度假的感覺；有人喜歡在俱樂部或酒吧裡談事情，耳邊縱然喧囂，但身心似乎得到了極大的放鬆；有人喜歡安排在茶藝館裡，茶香縷縷，彷若置身世外，煩惱盡失；也有人喜歡把人約在辦公室……從不同的談話場合的選擇，能夠洞察出一個人的處事方式。

🐸 喜歡約人在飯店大廳裡談正事的人

　　這類人多屬於智慧超群的人，他們膽量大，不在乎自己的隱私被其他人窺視，即使自己受到某種威脅，他們也有十足的把握來扭轉局面，解決問題。

🐸 喜歡把談正事的地點定在俱樂部或酒吧裡的人

　　這類人多數屬於沽名釣譽之人，他認為名正言順地以休閒和娛樂為目的把對方帶到這種場合，不僅能夠滿足對方的某種欲望，還可提高自己的

身分，擴大影響力，有利於自己對對方展開交談攻勢。

🦇 喜歡在茶藝館裡聊天或者是談正事的人

他們通常是很謹慎的人，潛意識裡認為茶藝館中的人都是些喜歡安逸、討厭沾惹是非的普通人，對自己構不成威脅，即使是聽到了自己說的一些不該說的話或一些祕密，這些人也不會張揚出去。這類人做任何事情都很細心，認為混在茶藝館中可以隱藏自己的真實面貌。

🦇 喜歡約在咖啡廳談事情的人

喜歡去咖啡廳談事情的人大致有兩類：第一類是骨子裡比較浪漫，有點小資情調的人。他們多喜歡談電影、書籍、繪畫、音樂等能夠顯示出自己文化層次的東西，也喜歡賣弄學識修養。第二類是虛榮心強且物質至上的人，他們喜歡用咖啡廳的情調來顯示自己的獨特。

🦇 喜歡約人在辦公室談事情的人

他們一般對人十分有誠意，因為辦公室是一個單一性質的場所，不允許也沒有其他人或事情來影響談話，自己可以和對方進行最有效的談話。

這類人事業心強，對工作充滿了自信，他們認為工作既可以幫助自己解決很多問題，又能帶給自己快樂。而且他們一直覺得辦公室是最安全的談話地方，沒有人知道談話內容，即便知道也很少有人會傳出去。

🦇 喜歡在寬敞場所約人聊天的人

這類人多為心胸開闊、樂觀坦率的人，志向遠大，目光長遠，但個性當中也有懦弱的一面。因為寬敞的場所通常不是很多，他們選擇在這種場所聊天完全可以不用擔心隔牆有耳，給自己帶來什麼麻煩。

這類人以男人居多，他們一般居安思危，給人一種成熟穩重的感覺。他們也善於掩飾自己的真實情感，即便是自己的親人，他們多數情況下也不願暴露自己的情緒。

喜歡在被窩中跟朋友講電話的人

這些人骨子裡是比較軟弱膽小的。他們之所以選擇在被窩中講電話，是因為那裡安靜，不會有意外的人或聲響來突然打斷他們的對話，這也展現了他們對外界適應能力不強以及個性中軟弱的一面。

這種性情的人，他們在生活或工作當中受到了壓抑無處發洩，他們也不願表現出來，所以在被窩裡聊天的方式是他們最鍾愛的聊天方式。

下次，你與客戶見面或者是與朋友聊天時，只要觀察對方請你談話的場合，你也就能知道對方個性中的某一方面了。之後，你與對方在談事情時自然而然地就能有的放矢了。

從下意識肢體語言窺見內心世界

心理學家西格蒙德‧佛洛伊德（Sigmund Freud）認為：凡人皆無法隱藏私情，他的嘴可以保持緘默，但他的手腳會「多嘴多舌」。每個人在舉手投足之間都會反映出他的心態和個性，可能連我們自己都沒注意到，因為很多動作都是我們在無意識的情況下做的，也就是所謂的下意識動作。而往往這些下意識的動作，恰恰真實地反映了我們的內心情感。即便是一個有著深厚閱歷的人，善於掩藏自己，但他無意中流露出來的那些神態舉止還是會出賣他。

所謂下意識肢體語言，簡單地說就是沒有受到我們理性意識控制的一些肢體語言。比如我們跟自己喜歡或感興趣的人在一起時，會把腳尖指向他；我們聽到自己有好感的人說話時，脖子會微微探出；遇到我們不喜歡的人時，我們很少用正眼看他；心情緊張不安的時候，我們習慣雙手插兜或單手插兜。這些下意識的肢體語言其實已經成為我們個性的一部分，它們會在不知不覺中洩漏我們內在的祕密。

　　比如，有天老闆指責了你，或者你與同事鬧矛盾，心情糟糕，下班回家後雖隻字未說，但家人看到你沉默的表情就已經知道你有心事了。有時即便你故意裝出高興的樣子，但你的下意識肢體語言仍然會出賣你。因為你的笑會顯得很勉強，你的手會不自覺地用力把包重重地扔在沙發上等，家人自然可以從中察覺出你的心情不好。也許你會認為只有最熟悉自己的人才會看出這些，不熟悉的人是看不出來的。這就錯了，下意識肢體語言是不受人控制的，尤其是那些下意識小動作，因為出自無心和習慣，不知不覺間，它們還是會把你的祕密「說出來」，這與對方跟你是否熟悉根本就毫無關係。

　　當然，我們也可以透過下意識肢體語言來解讀他人的內心世界，以掌握他的個性特徵，更好地與之溝通。這裡有幾種典型的下意識語言，幫你一眼看穿他人的心。

🦇 習慣性拍打頭部

　　生活中，我們經常會看到有些人會猛地拍打自己的頭部，一般來說，做這個動作大多數時候是表示悔恨。如果你問一個同事或朋友是否已經幫你搞定某事，而他的第一反應便是拍打頭部，這表明他內心裡有點自責，他肯定沒把你交代的事情放在心上。接下來你不用追問，也知道他沒有幫忙。

一般來說，有這種下意識動作習慣的人心直口快、坦率、真誠，他們不會跟人「耍心眼」，他們富有同情心，樂於助人，能夠替別人著想，但是有時候會做一些並不是有意做的卻得罪人的事情。如果你想打探一些祕密，這種人將是最好的人選。不過這並不表示他不值得信賴，他們都是些心機不深、單純率真的人。

習慣抹嘴、捏鼻子

有些人在與人交談的時候會做出抹嘴、捏鼻子的小動作，一般來說，這類人大多喜歡取笑、捉弄別人。當他看到被惡搞的人咬牙切齒時，他們會高興得手舞足蹈。從這方面來講，不妨認為他們有點過分。但是他們卻害怕被別人捉弄，因而給人一種敢做不敢當的感覺。有時候他們被自卑的心理支配，但大多數時候還是開朗樂觀的。這類人缺少主見，做事總是搖擺不定，習慣按照別人的想法來做事情。如果他們進百貨公司或者大賣場，售貨員最喜歡的就是這種人，因為他們只是隨便逛逛，但只要有人說「您看，這件很適合您的」，然後對他施以言語攻心計，他就會毫無主見地買下自己並不需要的東西。

經常搖頭或點頭

生活中，有人在與別人交談時經常會「搖頭」或「點頭」，以此來表達自己的意見。這種人很有自信，大多都是比較自我中心的人，有著極強的上進心和事業心，也有些唯我獨尊。遇到困難，他們也會請人幫忙，但是別人即使做得再好，他們也會吹毛求疵，從雞蛋裡挑骨頭，因為他們有自己的一套做事方式，有的時候他們可能是想從你這裡得到一些啟發。這種人在各式各樣的社交場合，都喜歡向人展示自己的優秀之處，但卻因此會引起他人的反感。

🐦 想事情時手一定要摸臉

有些人在說話時會用手在自己臉上摸來摸去的，額頭、臉頰、下巴來回遊走。他們做出這樣的動作是因為想透過這樣的方式來使自己能夠專注、安靜地思考問題。這種人在與人交往的時候，會表現得十分害羞，但是他們懂得怎樣保護自己；他們心思細膩，思考問題時會考慮到很多方面。

當他們心理上需要有所依靠的時候就會習慣性地摸臉，而且大多數時候，他們能夠突然靈光閃現，想出很好的思路。儘管他們平時表現平平，但是在關鍵時刻，他們可能會出奇制勝，成為黑馬。

🐦 經常咬手指、咬指甲

對於嬰幼兒來說，咬手指、咬指甲的動作很正常。但是我們身邊也有一部分成年人會做出這樣的動作，尤其是在思考問題的時候，他們很喜歡咬自己的指甲，有的人甚至會把自己的手指咬得慘不忍睹。心理學家研究發現，成人做出咬手指的動作是因為小時候的欲求沒有得到滿足。一般來說，這樣的人有些神經兮兮的，他們對自己的要求很高，有完美主義的傾向，因而給自己很大的壓力。

🐦 喝飲料時將吸管咬扁

有些人在喝飲料的時候會習慣性地把吸管咬扁，這樣的人，大多是因為「口欲」得不到滿足，或者是因為內心空虛或失落。此時他們的思緒一般都是在漫無目的地飄蕩，他們咬吸管是想讓自己能夠靜下心來。在與別人交談的時候，如果他認為對方的談話十分無趣時，就會把自己心中的不滿發洩在吸管上，這時候，他表面上在專心致志地聽對方講話，實際上他的心早就飛了。

☙ 聊天時習慣邊說邊笑

他們的個性很外向、陽光、開朗，對自己或他人要求不苛刻，富有人情味，人緣很好，與他們交談是一件很輕鬆愉悅的事情。不足之處是他們大多喜愛平靜的生活，容易滿足，因此，他們並沒什麼事業心。

☙ 喜歡坐在角落裡，喜歡沿著角落走

當他們參加各式各樣的集體活動時，他們總是找個最不起眼的角落坐下，走路也總是沿著牆邊或者是順著一個不起眼的地方走。他們個性非常內向自卑。對這類人，最好多鼓勵，讓他發現自己的優勢。

了解這些下意識肢體語言的含意，有利於我們更容易理解他人的情緒、態度和觀點。反過來，為了更好地傳情達意，並獲得好人緣，我們也應該好好審視自己的下意識肢體語言。只要每天堅持用好的肢體語言來表情達意，21 天後就能養成一種好的下意識語言習慣。

過於禮貌的人是在疏遠對方

禮貌本身是一種美德，可是凡事過猶不及，過度的禮貌則不是什麼好事，尤其是熟人之間，彼此相敬如賓反倒是要在心理上疏遠對方的訊號。

我們在路上碰到熟人總要彼此微笑地打招呼以示友好；在單位對上司說話恭敬，對同事們說話友好熱情，對下屬說話關心體貼；見到客戶的時候，我們也總要使用禮貌語與之交談。甚至鄰居在吃飯時間過來串門，也會禮貌性地問鄰居吃了沒有，並邀請他共進晚餐。不管鄰居是吃了還是沒吃，也不管我們是真心的還是客套話，但禮貌話總是要說的。

一般情況下，在應酬中禮貌語是必需的，即便並沒有多少真實的含意在裡面，但還是要真誠地說些禮貌語。

禮貌話在一方面是表示談話雙方存在一定的連繫，同時也意味著他們之間還是有一定的心理距離的。家裡來了客人，如果關係非常好，彼此都會比較隨便，很少說客套話和禮貌語。相反，如果關係稍遠，那麼主人不僅要用心招待，還要說好多禮貌話和客套話，以防招待不周。由此可見，越是過於禮貌，則越是證明彼此之間有一定隔閡。

可可剛來公司的時候，非常希望與公司裡的大美女妙娜成為朋友。妙娜平時見了誰都非常有禮貌，總是說一些讓人心暖的話，因此，她是大家公認的有氣質有修養的女孩子。

妙娜出去吃午飯，可可也要跟著去；妙娜下班回家，可可也想和她一路走，正好有個伴；可可遇到了大大小小的工作問題，也總是向妙娜詢問，妙娜也會耐心地解答。可可私下裡把妙娜看作好姐妹，可是妙娜一直對可可很客氣，一點小事就會說「能不能麻煩你」、「不好意思」、「太謝謝了」之類的話。

一次，公司裡的一個專案出了問題，可可和妙娜都曾參與其中。妙娜很乾脆地把責任推到別人身上，並且告訴部門經理自己和這個專案幾乎是沒關係的。後來大家都互相推來推去，最後這個責任竟然落在剛來公司不久的可可身上。可事實上並不是可可一個人的錯。

這次倒也罷了，可可將要轉正時，主任詢問同事們意見，妙娜沒有給可可說一句好話，她只是說感覺可可能力一般，平時工作態度不好，辦事不是很俐落。

雖然可可最終還是轉正了，但是慢慢地她發現妙娜這個朋友並不值得深交，只當作普通同事好了。

如果你遇到一個人，他對你過於禮貌，儘管你早就把他當好朋友看待，但他仍然和你說一些客套話，那證明他其實有著很強的防禦心理，他不習慣和你縮短心理距離，所以才會那麼客氣。這種時候還是不要自作多情。

還有一種情況是有些人過於禮貌並不是針對某個人，他對所有的人幾乎都是這樣。那這類人則屬於氣質上有缺陷的。他們與人交往時，習慣低聲下氣，始終用恭敬的語言、讚美的口氣說話。初交時，對方也許會認為他很有禮貌和修養。然而，隨著交往的日益深入，對方對他的評價將逐漸變為：「他原來是個口是心非的人！」這種人一般幼年在禮節方面受到過非常嚴苛的教育，導致他們對於人際交往產生恐懼感。

於是，他們便將這種不舒服的感覺壓抑在內心深處。被壓抑的負面情緒越積越多，到最後這種對人際的恐懼感使他們產生一種心理防衛機制——以對人更加恭敬來掩飾內心的不願交流。這等於說，他們表面上看雖然禮貌恭敬，內心卻往往累積著對別人的強烈攻擊欲。

知道過於禮貌背後所隱藏的心理之後，下次如果碰到你認為要好的朋友突然使用恭敬語對你說話，就得小心了：有可能是你們之間出現了點小隔閡！或者與人交談時，對方無意識地使用敬語，就說明他試圖與你保持一定的心理距離，也有可能對方對你懷有嫉妒、敵意、輕蔑和戒心。

倘若彼此交往了很長時間，雙方也很了解，但是對方仍然過於禮貌，在這種情況下，對方要麼就是對你沒什麼好感，並不想和你成為好朋友，要麼就是他有社交恐懼傾向，他只不過是用禮貌語來掩飾自己的弱點而已。

喜歡抬槓的人有自卑情緒

　　愛抬槓的人，其內心深處是自卑的，為了掩飾這種感覺，他總是透過與別人爭辯並最終逼對方做出讓步來顯示自己的能力。當你身邊有這種人的時候，你要麼能言善辯地去贏他，要麼乾脆就不理會。

　　有一種人總喜歡和別人抬槓，不管別人為人處世是對是錯，他都要站在與對方相反的立場來說話論事，即便無理也要狡辯出三分理，總要同對方爭個臉紅脖子粗才肯罷休。

　　紫軒就是這樣一個人。他是一個公司的銷售，同時也是公司裡出了名的「槓爺」，不管同事說什麼，他都會跟同事抬槓，同事說東他偏說西，同事說這個事情應該這樣，他卻總要找到理由去反駁，即便無理也要爭出個理來，同事們多有下不了臺的時候。遠的不說，就說最近發生的幾件事吧。

　　那天午餐時間，同事說公司附近有一家速食店的雞翅超好吃，紫軒就反駁說：「你都不知道人家怎麼做出來的，說不定放了什麼東西，才讓你一吃就上癮。難不成你是這個飯店的槍手？」同事當時是將這個餐廳推薦給整個部門，聽完紫軒的話感覺很沒有面子，氣得直跺腳：「紫軒，你聽著，這只是我個人意見，我可不是什麼槍手，你倒像是與這個飯店有仇似的。」就這樣，兩人你來我往開始抬槓。

　　公司一位女同事聊天時說：「找男友要找有錢的，年齡不是問題，身高不是問題，相貌不是問題，但沒別墅不行，沒事業不行，沒資產不行。」紫軒聽這麼一說，就又開始抬槓了，大談特談這位女同事的勢利與不自量力。最後搞得這個女同事都哭了，還好幾天都不想和紫軒說話。

　　這天，紫軒的客戶來公司了，客戶說起公司產品的一些缺點，紫軒就開始辯解說：「您說的這些不是缺點，這款產品還是很不錯的，您看我為你演示一下。」客戶說：「並不是我一個人這麼認為，我是代表我們公司的意見。」紫軒仍舊爭辯說：「我們這款產品堪稱完美。」後來客戶還是沒有和紫軒簽訂合約。其實這個客戶既然能來到公司看產品，即便他真的認為產品有缺點，但他也是想購買的。而紫軒總是和他抬槓，他本來那一點點想買的心都被抬槓給磨蝕掉了。

　　紫軒也知道自己愛抬槓，他納悶的是：「愛抬槓有什麼不好！我不抬槓你們會重視我的意見嗎？」

　　愛抬槓的人一般表現為不給別人發言的機會，並經常對別人說的話持相反意見，其實這是一種內心自卑與自戀兩種矛盾心理的表現。

　　他們一方面自己瞧不起自己，缺乏自信、膽量與魄力，另一方面，他們很在乎自己的感覺，不懂換位思考替他人著想。為了掩飾自卑心理，也為了顯示自己對各種事情都有獨到見解，他們喜歡標新立異，對任何一件事情，不管是非曲直，總是和別人反著來。

　　當然，愛抬槓的人並非一無是處，他們也有優點。比如在談判桌上，需要你方明確表明自己立場的情況下，這種人是不可缺少的。因為他能從自己所代表的利益方出發，與對方辯駁，非爭個勝負才罷休。

　　知道了愛抬槓人的心理弱點，當你再次面對這類人時，要麼不觸動其弱點，少接觸這類人，要麼用自己的觀點把他反駁得啞口無言，讓他有一種挫敗體驗，以後見了你時倍加小心。

不同的打招呼方式展現了不同的個性

人與人之間打招呼有多種語言，人們在說這些招呼語的時候又有不同的神態動作。雖然只是一聲小小的招呼，但從中足以洞察出一個人的個性。

美國路易斯維爾大學心理學家 Stanley Frage 博士聲稱，從一個人打招呼習慣用語中可以揭示他的個性。他還指出了幾種習慣用語背後所隱含的個性因素。因此，我們可以從打招呼的用語和動作兩方面來了解一個人。

「你好！」

常用這種招呼語的人頭腦冷靜，善於控制自己的感情，但略微有點遲鈍。他們工作的時候勤勤懇懇、一絲不苟，深得上級以及朋友們的信任。

「嗨！」

此類人多愁善感，內向害羞，他們因為害怕出錯而不敢創新。他們經常是很討家人和熟悉朋友的喜愛，而對於那些並不熟悉的朋友來說，他們顯得不是很可愛。

「喂！」

這類人個性外向，開朗活潑，精力充沛，思維開闊，他們善於聽取不同的見解，也擅長和不同的人打交道。

「看到你很高興。」

喜歡使用這種招呼語的人個性開朗，待人熱情，為人謙虛，不過，他們經常喜歡幻想，比較感性，容易被感情所左右。

🗨 「過來呀！」

這種人果斷且愛冒險，喜歡與他人共享自己的感受與想法。

🗨 「你怎麼樣？」

習慣這麼打招呼的人比較愛出風頭，總希望受到別人關注。他們對自己充滿了自信，但有時也會優柔寡斷，不敢輕易採取行動。

🗨 「有什麼新鮮事？」

這種人好奇心極強，喜歡打破砂鍋問到底。他們熱衷於追求物質享受並為此奮鬥不息，他們辦事計劃周密而有條理。

打招呼的時候，人們的神態動作不盡相同，我們也可以據此來了解人們的個性。

🗨 **眼睛一邊直視對方，一邊跟人行禮**

這種人自我意識強烈，他們習慣從自己的角度來思考事情。他企圖透過打招呼搶占優勢，使對方處於劣勢，希望能掌握事情的主導權。他那咄咄逼人的目光，往往能讓一些沒經過什麼場面的人心裡發虛，還沒開口就已經在氣勢上被壓倒。

想和這種人成為摯友是需要花費一定時間的，因為他戒備心強，總是想讓別人對他產生敬畏之心。遇到這種人，我們萬不可對他的目光發怯，反而要以柔和的目光和輕鬆的談吐來回應他，化解他的心防。

🗨 **打招呼時，眼睛左顧右盼，不敢接觸對方視線**

這種人社交能力差，他們與人交往的時候充滿了恐懼、不自信。他們尤其害怕與陌生人交往。在為人處世方面，他們顯得自卑而疑慮重重。

🦇 打招呼時，故意退後幾步，和你保持一定距離的人

這種人的這種舉動是令人很不舒服的。本來打招呼是親近友好的展現，可對方居然先不進而退，這不是表示他希望與你保持一定距離嗎？事實上也的確如此，習慣這種動作的人，他們在內心深處已經為自己設定了一個交際圈，一旦超出這個圈子，他就會感到恐慌和擔憂。如果要和這樣的人交往就乾脆隨他吧。

🦇 打招呼時，動作幅度很強烈

比如有的人見了面之後，習慣和你擁抱、拍打肩膀，動作幅度比較大，如果你遇到這種情形，那你面對的是兩種極端情況：一種情況是對方是你非常要好的朋友，你們心裡沒有任何隔閡，有的是真摯的友誼；另一種情況是你遇到了一個強勁的對手，他想靠這種強烈的動作給你一個下馬威。

🦇 對於別人的招呼不做出回應

如果一個人是故意這麼做，那他就是一個傲慢無禮的人。他也許認為你跟他打招呼不過是有求於他，是要給他添麻煩，這樣的人不交往也罷。

🦇 打招呼時，握手比較有力的人

他們大多具有積極主動的個性，而且自信。而握手無力的人恰恰相反，他們軟弱而自卑。此外，如果對方與你握手的時候如同蜻蜓點水，一碰到就抽，那表明他想和你保持一定距離。

打招呼雖然是一件很簡單的事情，但是能對映出一個人對另一個人是喜歡還是厭惡，是真誠的還是虛偽的，是想成為朋友還是想成為敵人……簡簡單單的一句招呼，確實能看出一個人內心的萬千世界。

從說話聲音的不同辨別對方個性

聲音有著很明顯的個人色彩，它既可以把一個人的情感淋漓盡致地表達出來，也可以展現出一個人的個性特徵。聞其聲，不僅能辨其人，也能從中知曉其個性。

生活中經常遇到這樣的情景：兩個幾年都沒見面也沒通電話的同學，直到某一天，當他們見到對方，第一眼覺得蠻生疏，可一張嘴說話，彼此聽到對方的聲音，都會有「原來是他」的熟悉感，這就是聲音的魔力。我們可以根據聲音的不同，來斷定一個人的個性與品格。

高聲大氣

這種人說話的聲音很大，其個性豪爽，為人坦率、正直、熱情，他們從不掩飾自己的情感，說話做事從不藏著掖著，總是直來直去。但這類人不善於思考，容易衝動，缺乏耐心，有時候被他人利用，自己卻渾然不知。

輕聲弱氣

說話柔聲柔氣，給人一種底氣不足的感覺，這類人為人處世小心謹慎，懂得尊重人。他們看似具有寬廣胸襟，對他人從不苛求，但他疏遠人的時候通常也不會讓當事人察覺。他們還有比較狹隘的一面，就是怕惹麻煩，一般碰到棘手事情，能躲就躲。

低聲和氣

說話低聲和氣的多是男性。這類人有著寬廣的胸懷，他們樸實厚道，頑強堅韌，喜歡幫助別人。他們對事有自己獨到的見解，不會被他人思想所左右。而這一類型的女性則通情達理，善解人意。

🐦 尖銳犀利

這種人說話絲毫不給別人留面子，而且語氣尖銳苛刻，他們多習慣於以自我為中心，從不體會別人的感受。這類人由於總是容易揭露別人缺點或短處，所以在別人眼中，他們待人也比較挑剔、刻薄。

🐦 凝重深沉

這種人多有很高的學識，對人情世故看得很透澈。他們思想比較成熟，但往往有點自視清高。由於這種耿直的個性，他們往往不容易得到提拔，導致英雄無用武之地。

🐦 溫順平暢

這類人說話較慢，音調適中，語氣平和。他們屬於安身立命的那種人。個性上有些軟弱，缺乏魄力。如果他們能多些上進心的話，就會成為一個剛柔並濟的人物。這類人的人際關係一般比較好。

🐦 唉聲嘆氣

有些人說話時不時要嘆口氣，表現出一種悲觀無聊的格調。這種人通常心理承受力較差，他們一遇到困境就開始猶豫不前。他們總喜歡找各式各樣的藉口為自己開脫，來達到心理平衡。他們在哀嘆自己不幸的時候，還會偷偷地為他人的不幸而幸災樂禍。

🐦 抑揚頓挫

這種人說話果斷有力，響亮乾脆，富有節奏。他們為人誠實直率，辦事原則性強，是非分明。但也是由於這一點讓人覺得沒有商量的餘地，顯得有些固執。不過他們往往能得到人們的尊重與擁護。

說話聲音的不同展現了不同的個性，因此我們在與人交流的時候就應

該多關注對方的聲音，以此推斷出對方真實的個性特徵，從而讓彼此的交流能有效進行。當然，這種判斷在場合不同、交談對象不同、話題不同的情況下，都會產生一些差異，要學會變通，不可一概而論。

第二章
不必日久也能見人心
—— 從動作神態知曉人品

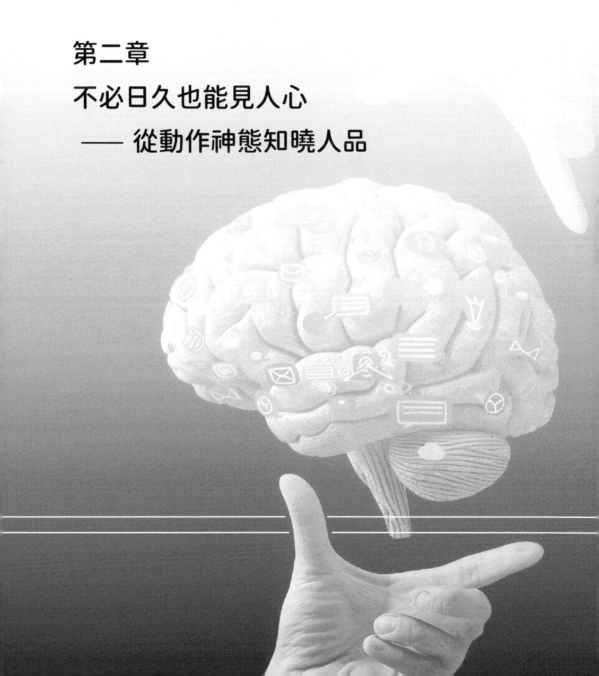

頭部動作傳達的不同意思

人體不同的部位在活動時往往有著不同的暗示語，即便同一部位做出相同的動作，其所代表的含義也不盡相同。就拿頭部來說，大多數時候點頭是表示贊同，但是也有例外的時候。因此，我們要學會辨別。

點頭是常見的身體語言之一，大多數時候，它表達的是順從、同意和讚賞的含義，但是，並非所有的點頭動作都能準確傳達出這一含義。點頭的頻率不同，所代表的含義就有可能不同。

🦇 緩慢的點頭動作表示聆聽者對談話內容很感興趣

當你表達觀點時，你的聽眾偶爾慢慢地點兩下頭，並且每次點頭間隔時間較長，還表現出一種若有所思的情態，這樣的動作多是表達對談話內容的重視。

事實上，如果對方是真正贊同的點頭，他會在你說完話後，緩慢地點頭一下到兩下，這樣表示他是在用心聽你說話。如果他希望你繼續提供資訊，他會在你談話停頓時，緩慢而連續地點頭，意思是在鼓勵你繼續說下去。一般來說，點頭的動作都比較具有感染力，能對人們產生積極的暗示。一般人們在交談時所做出的肢體語言都是內在情感的真實表露，因此，如果對方對你的話表示贊同或者感興趣，那他就會不由自主地做出點頭的動作。

🦇 頻繁的點頭動作表示聆聽者不耐煩

如果你在發言時發現你的聽眾很頻繁地快速點頭，那你可千萬別得意，因為對方並非贊同你的觀點，他很可能是已經聽得不耐煩了，只是想為自己爭取發言權，繼而結束談話。

肖樂大學畢業後到一家公司面試，負責面試的是一個三十歲左右的年輕男子。問了幾個常規問題後，他話鋒一轉問起肖樂的興趣喜好。肖樂隨便聊了幾句法國小說，年輕考官好像很感興趣，對他不住地點頭，肖樂受到了鼓舞，於是大談特談。眼看臨近中午，年輕的面試官不住地點頭、不停地看錶，肖樂還沒有停下來的意思，原定半小時的面試，他們談了一個多鐘頭。面試結束後，考官樂呵呵地說：「回去等消息吧。」肖樂也樂呵呵地說：「希望以後有機會再聊。」肖樂回去後滿以為這次面試自己成功的機會很大，但是最終卻沒有等到複試的通知。

從這個例子可以看出，聽眾在你發言的時候不停地點頭，往往不是對你十分贊同，而是覺得你說話太囉唆，他只是想借助這個動作讓你不要再多說。肖樂只顧自己言說而不顧及他人肢體語言傳達出的感受，這樣的談話又怎麼會有好的效果呢？

心理學家透過實驗發現，當對方做「點頭如小雞啄米」動作時，他其實很難聽清你在說什麼。生活中，我們經常可以在被父母嘮叨的小孩身上見到這樣的動作，當父母說「你不能……」的時候，孩子就會頻頻點頭，嘴裡叨唸著「知道了，知道了」。這樣的動作恐怕真是答應得快、忘記得更快了。

🗩 輕易點頭是一種無聲的拒絕

有些時候，點頭並不表示同意，而輕易點頭更有可能是一種無聲的拒絕。輕易點頭所表現出來的是一種無可奈何的心態，明明心中很不耐煩，然而礙於面子或者某種特殊情況，不得已而做出點頭的動作，實際上，它是一種拒絕的表現。

當你向別人提出一個請求，他還沒聽你說完就頻頻點頭說自己「知道

了」，這時候千萬別急著高興，他多半並沒有真正想幫助你。這很明顯就是一種應付式的答應，其真實含意為含糊式的拒絕。比如，我們在逛街的時候遇到一些推銷人員拉著我們推銷產品，當時我們可能心裡會很不樂意，但是又不好直接說出來，於是就會在他作介紹的時候不斷點頭，並且說「我知道了」之類的話。

一位保險業務員對此深有體會。他說：「我向人推銷保險時，話未說完，對方就點頭說，好吧，我們考慮考慮再回覆你。其實他對我的話並不感興趣，已經不耐煩了。這時我要做的是適時改變話題，或者另找時間。」

當一個對你的個性、目的所知不多的人，對你的請求顯示出「聞一知十」的態度，通常是不想讓你繼續說下去。在這種情況下，你要麼轉變話題，尋找新的突破口，要麼放棄。

一般來說，如果一個人在聽你講話時做出頻頻點頭的動作，你就可以斷定，對方是對自己的話沒興趣，但是出於禮貌又不好直接拒絕；或者是對方沒有耐心去聽你的話，只能透過點頭的方式來表示自己聽懂了。

點頭雖然是一個很簡單的身體動作，但是裡面包含著不少的學問，只有仔細觀察，我們才能揣摩出對方的真實心思。

眉毛洩露出的祕密

眉毛看似毫無用處，實則不然，它在人們的外貌中發揮著非常重要的作用，這也是女人們為什麼喜歡美化眉毛的原因。另外，眉毛也是有「表情」和「動作」的，很多時候，一個人的心理狀態就能透過眉毛展現出來。

　　我們觀察一個人的時候，看似不太注意他的眉毛，而實際上，眉毛在一定程度上影響著我們對這個人的印象。比如，一個眉毛尖細的女人會讓人感覺比較刻薄，眉毛雜亂的人看上去有些沒精神，很多女人化妝的第一步就是修眉，把眉毛修成比較漂亮的形狀會讓整個人的氣質都為之一變。

　　除了美容的作用之外，眉毛還能幫助我們表情達意，表達開心可以用「眉開眼笑」、「喜上眉梢」，表達憂愁可以用「愁眉苦臉」、「愁眉不展」，形容人長得漂亮可以說「眉清目秀」、「蛾眉蟬首」，形容人善良可以說「慈眉善目」，表達人的不滿或憤怒可以用「橫眉冷對」……總之，眉毛在人的表情中占據非常重要的地位，因此，透過觀察眉毛的變化，我們可以大致了解一個人的心理活動。

　　眉毛上揚，又分雙眉上揚和單眉上揚。雙眉上揚的同時如果臉上出現笑容，則表示欣喜，若面部表情比較嚴肅，則表示對你說的話感覺很驚訝。單眉上揚的含意與雙眉上揚有些相似，也是表示驚奇、不理解、有疑問，談話時如果發現對方出現這種表情就應該考慮他是否對你說的話存在疑問。

　　皺眉通常表達的是人正在對想不明白的問題進行思考，或者正在做出一個艱難的決定，如果在雙方談話中有人出現皺眉的表情也可能是表示拒絕、不贊成，如果一個人經常眉頭緊鎖，那這人肯定是一個內心憂慮或猶豫不決的人。

　　我們經常會用「柳眉倒豎」來形容女人生氣時的樣子，有人若出現這樣的表情，肯定是怒火攻心，憤怒到了極點，已經到了爆發的邊緣，如果遇到這種情況，一定要小心行事，免得「引火燒身」。

　　眉梢上揚的人肯定非常開心，這樣的人比較單純，沒什麼城府，開心

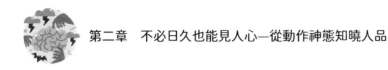

或者生氣都會寫在臉上。眉梢上揚就是喜形於色的表現，這時，他的嘴角肯定也是上翹的。

眉心舒展表明此人心情不錯、心裡很舒坦，沒什麼不高興的事。

從眼神看透對方真心思

很多時候，人與人接觸並非一定要透過語言，眼睛的存在提供了另一種交流途徑。在變幻莫測的各種眼神中，你是否能明白眼神傳達出的最真實的那個意義？讀不懂它，你早晚會被別人看穿。

美國文學家拉爾夫‧愛默生（Ralph Waldo Emerson）曾說：「人的眼睛和舌頭說的話一樣多，不用字典，也能從眼睛的語言中了解整個世界。」由此可見，眼睛在我們的日常生活中是多麼重要。有一項研究顯示，當我們和別人說話的時候，有 40% ～ 60% 的時間會和對方進行眼神交流；而當我們傾聽對方談話時，眼神交流的時間則占到 80%。雖然這個實驗並不完全適用於世界上任何國家，但不可否認的是，在大部分國家裡，與對方進行和善的眼神交流，是獲得對方好感的重要條件之一。但有一個問題是，當你向對方投去和善的目光時，對方給予你的是否同樣是善意的回饋？如果不是，你是否能夠及時辨別並區分開來，覺察到對方內心的真實想法？

曾國藩在剛剛走上仕途的時候就指出，眼神是判別人心真實想法的重要依據，是判斷對方是正是邪的重要途徑。一個沉穩善良的人，眼神是寧靜安詳的；一個善使詭計的人，眼神是游移不定的。俗話說：「欲察神氣，先觀目睛。」眼神為什麼能給人那麼大啟示？這是因為，當人做出某個眼

部動作的時候，往往伴隨著眼皮的張合、眼球的轉動、視線與頭部的轉移等行為，它們都在傳遞著一些訊息，這些訊息就組成了這個人此時此刻內心的真實想法。所以，即使對方再懂得掩飾，只要有一個動作在一瞬間出現差錯，整個人就會露出馬腳，他內心的隱祕也就會暴露無遺。

三國時期，曹操經過周密安排將一名刺客安插到劉備身邊，命其伺機將劉備斬於刀下。刺殺的前期工作進展得都很順利，刺客甚至為了使劉備增加對自己的好感，還故意和他討論起攻占魏國的具體方法，劉備聽後大悅不已。就在他們相談甚歡的時候，諸葛亮卻不失時機地出現。刺客突然慌張起來，藉故有事先離開了。此人走後劉備對諸葛亮說，這個人是個難得的人才，有攻曹奇招，可幫我們一舉獲勝。諸葛亮卻說，這個人很可能是刺客，因為對方一見到他就眼神慌張，目光游移，根本不敢與他直視，所以，他懷疑其中有詐。劉備聽後馬上派人追趕，但刺客早已溜之大吉了。

顯然，如果不是諸葛亮及時發覺對方眼神的異常之處，劉備很可能早就死在刺客的刀下了。由此可見，善讀對方眼神是多麼重要。

觀眼知品性

眼神中是否有坦蕩、端正之氣，可以反映出對方的品行、情操和心地。初次見面就兩眼亂轉，左看右看，談話時心不專，這個人給人的感覺就可想而知了。

這類人往往生性怯懦，懷有不安或自卑感，他們往往不敢與人直視，一旦目光相遇就急忙躲閃，極其缺乏自信。遇人不主動打招呼，即使說話也是隻言片語的人往往較為羞澀拘謹，也是不自信的表現。

🐦 觀眼知情意

當一個人凝視對方的時候，很可能表明他不想將自己的所思所想告訴對方。當他久久地凝視你不將視線移開時，說明他可能有重要的事要跟你說。

當對方斜視你時，則表明他對你的輕視、不屑或者拒絕。當他的眼睛滴溜溜亂轉時，則表明一旦有機會，他就會見異思遷。當對方的眼神露出凶光且發亮時，說明他是個心懷鬼胎、戒心十足的人。

🐦 觀眼知城府

兩眼寧靜安詳是內心沉穩有主見的表現。目光銳利，生機勃勃是有朝氣的表現。目光沉靜但外露殺機，是有膽識的表現。

眼神流動如水，澄澈無比，表明此人單純、善良、豁達、端莊。眼神渾濁，霧氣重重，表明此人粗俗、猥瑣、執迷不悟、愚蠢。而兩眼如果似睡非睡，似醒非醒，則是一種老謀深算的表現。

🐦 觀眼知心理

如果你與你見面的人是初次相識，你只要仔細觀察對方的眼睛，就可以得出對方是懷有好意還是敵意，是極其關心還是滿不在乎，因為這些心理變化都會在他的眼神裡展現出來。

性情溫和的人如果表示拒絕，視線會左右游移，表明他對對方不感興趣。就像一個男孩向女孩搭訕，如果女孩對男孩沒有興趣，說話的時候眼神就會左右游移，表達一種拒絕的姿態。

當對方一動不動地直視著你，眼神中帶有惡狠狠的感覺的時候，說明他對你充滿敵意或者非常討厭你。呆滯地望天是在思考某些事情，或情緒

低落的表現。

　　視線朝上的人大多個性很外向，極其自信，他們往往擁有較高的社會地位，受到他人的擁戴。怯懦膽小的人視線會不自覺地向下移動。他或許覺得你是他的強大對手，或許覺得你在各方面都優於他、壓制他，而他又沒有能力改變這種狀況，在與你談話時，視線很自然地就會朝下移動，臉上顯出不安的神情。

透過眼珠，辨識人心

　　我們都知道，眼睛是心靈的窗戶，一個人的情感很容易從眼神中流露出來。因此，在與人交往的時候，只要稍加留意一下對方在說話時眼珠的轉動，就可以從中洞悉對方的個性。

　　有研究發現，在生活當中，人們獲取外界訊息的主要途徑就是眼睛，有 70% 以上的訊息來自我們的眼睛。其實，眼睛不僅僅是我們獲取訊息的重要通道，同時我們的很多重要訊息——如情緒、態度等，都會從眼睛中流露出來，不僅如此，我們還可以透過眼珠的轉動判斷出一個人的個性。

　　在與人交往的時候，人的眼珠會不停地轉動，但是每個人眼珠轉動的方向卻不盡相同，透過觀察對方眼珠轉動的方向，我們便可以對對方的個性有一個大致的了解，尤其是在那些大部分人都不認識的場合下，運用這個方法來初步認識對方便可避免碰釘子。

　　小潔工作好幾年了，眼看著年紀漸漸大了，到了結婚的年紀，可她還沒有男朋友，身邊的人都很著急，不斷地介紹男朋友給她，讓她去見見，

但是小潔怎麼都不肯，她堅持隨緣，不想刻意去找。

　　端午節放假回家後，小潔的父母又在她耳邊唸叨，說鄰居家的女兒前幾天出嫁了，那女孩比小潔還小三歲呢……說到後來，父母又說有人介紹對象給小潔，介紹人說對方條件很好，無論如何都得去見見。後來，小潔實在拗不過家人的軟磨硬泡，硬著頭皮去見了。

　　兩個人約在咖啡廳見面，對方衣著得體，人也很有精神，小潔對他的第一印象很好。後來，兩個人聊了起來，聊著聊著，小潔發現，對方看人的時候總是眼珠子朝上死死地盯著人看，弄得小潔渾身不自在。

　　後來，兩個人又聊了一會兒，小潔實在忍受不了對方的眼神，只好找了個藉口溜了。

　　生活中，有人在看人的時候習慣眼珠子朝上緊緊地盯著人看。遇到這樣的人，大多數人通常會被他們的眼神煩擾得心神不寧。通常這些人是因為受到了某些刺激才會帶著這樣憤憤的眼神看人，在這樣的情況下，他的內心充滿著憎惡。有這種眼神的人，許多都是因為經歷了生活的不幸遭遇所致。他們大多都是從幼年時期便開始遭受親人的虐待或遺棄，或者在成長的過程中，很長一段時間一直遭受別人的歧視，或者經常被朋友或同學欺負等等，所以對人一直懷有憎恨的態度。正因為有這樣的生活經歷，所以他們習慣過著低頭的生活，然而，心中的憤怒之火卻是長久不熄的。所以，他們習慣低著頭，用眼珠子朝上看的方式狠瞪著別人。這種人，大多比較偏執，他們很多疑，不大信任別人，在生活中也不善於與人打交道，個性孤僻。

　　假如你留意觀察，你會發現，人們在說話時眼珠的轉動方向是不一樣的，其實，不同的轉動方向正說明他們是不同類型的人。

🐾 與人交談時眼珠向右上方轉動

有人透過研究發現，在與別人談話時如果一個人的眼珠朝右上方轉動，就說明這個人正在進行想像。這類人想像力很豐富，喜歡做白日夢，但是這並不能說明這些人就是空想家，因為這類人非常擅長邏輯推理，兩樣結合在一起，也許會有新的發明創造出來。這類人喜歡交朋友，而且也能夠跟朋友很好地相處。

🐾 與人交談時眼珠向右下方轉動

這類人很喜歡思考問題，心思縝密，但是這也往往會成為他們的缺點，因為他們疑心較重，一些在別人看來根本不算什麼的事情，往往會讓他們聯想到很多，他們常常覺得自己是偵探，可以透過蛛絲馬跡順藤摸瓜。在跟這類人打交道的時候，最好不要與他們有經濟往來，否則會為自己惹來最大的煩惱。如果對方不是每一次都是轉向右下方，只是偶爾才這樣的話，那麼他很有可能是正在說謊，他此時所說的話都不大可信。

🐾 與人交談時眼珠向左上方轉動

這類人經常回憶往事，他們往往沉溺於過去的人或事物當中不能自拔，因而與他們相處必須有耐心。這類人比較健談，但是與人談論的大多都是過去的人或事，他們身邊雖然也有很多朋友，但知心朋友很少，因而他們希望能夠得到別人的真心。與這類人交往時，一定要真誠，這樣才能贏得他們的信任，否則很難與他們建立良好的人際關係。

🐾 與人交談時眼珠向左下方轉動

這類人想像力豐富，而且具有很強的思考力，因此很多人從事作家或編劇的職業。他們喜歡自由自在的生活，不喜歡被人約束，而且他們會把

自己的生活安排得很好，不用別人來替他們操心。跟這類人交往，最好不要干涉他們的自由，否則就會讓他們覺得不舒服。

與人交談時眼珠不同的轉動方向說明對方是不同類型的人，在了解了這一點之後，我們就能根據對方的個性在交往策略上做出相應的調整，這樣，我們在交往的時候才不至於陷入被動的狀態。

嘴部動作可判斷對方內心想法

嘴巴是人們表達情感的重要通道，在人際交往的過程中，更多的是透過口頭語進行交流，而此時人的嘴巴的動作是豐富多樣的。研究發現，嘴巴的種種動作與說話人的心理活動有著緊密的連繫，是說話者情緒的外在反映。

有人曾經專門對雕像和畫中人的嘴巴做過一個統計，統計發現，大多數畫家和雕塑家在表現同類人物時，他們的嘴巴大多是相似的。比如：要表現一個憂鬱的人，那麼他的雙唇通常都會比較薄，略顯乾燥，而且嘴角會下垂；要表現一個個性暴躁的人，那麼他的雙唇則是較有彈性而且較豐滿，但是嘴角也是下垂的；要表現一個活潑開朗的人，那麼他的嘴角通常都是翹起的；氣質平穩的人，雙唇也是平直而恬靜的。

由此可見，一個人的嘴巴會反映出一個人的個性，下面介紹一些常見嘴部動作所表達的心理祕密：

🦇 說話時經常舔嘴唇

如果天氣不是很乾燥，一個人在說話的時候經常舔嘴唇，那麼說明這

個人此時內心是十分興奮或者緊張，他正在拚命地壓抑自己的情緒，這種內心活動表現在身體上就是嘴唇發乾。在生活中我們經常會看到因為緊張而舔嘴唇的人。

交流時愛咬嘴唇

在交談的過程中，如果一個人出現了咬嘴唇的動作，根據具體情形可以判斷出，此時對方的內心正在自我譴責，或自我反省。

關鍵時刻將嘴抿成「一」字形

在關鍵時刻，有的人會將嘴巴抿成「一」字形，這時候他們實際上已經下了決心，做了某個決定。一般來說，這樣的人比較好強，凡事喜歡親力親為，決定去做的事情會克服一切困難去做，即使中間困難重重，也會努力完成，有種絕不輕易服輸，不達目的不罷休的韌性。

嘴唇兩端稍稍向後

在與別人交談的時候，有的人嘴角的兩端會稍微向後，這時候，說明他對對方的談話十分感興趣，正在專心致志地聽對方的講話。此時，假如是你在與之對話，你可以將對話繼續下去。一般來說，這樣的人容易受到對方的影響，自己沒有什麼主見，容易人云亦云，隨波逐流，做事不長久，很容易半途而廢。

嘴唇往前撅

有的人在與人交談的時候整個嘴唇會往前撅，一般來說，這是一種防禦心理的表現，而有人在撒嬌時也會做出這樣的動作。有的人僅僅是下嘴唇往前撅，這就表明他對接收到的資訊有疑惑，希望對方能夠給他一個確定的答覆。

牙齒咬住下嘴唇

有人在聽對方說話的時候，會用牙齒咬住下嘴唇，這時候，說明他正在認真地聽對方的話，並且在心裡仔細分析對方的話，也有可能是對方的話引起他的一些思考，他此時正在反思自己。這類人在生活中比較愛思考，對於某件事情有自己獨特的思考，有主見，不會因為自己的意見跟別人不同而屈從於別人。

說話時用手掩嘴

有的人說話的時候習慣用手掩嘴，這樣的人一般都是個性內向的人，害怕與陌生人交往。另外，有些人在說錯話、做錯事或者要掩飾什麼時也會做出用手掩嘴的動作。

喜歡縮起嘴巴

有的人在跟人交談的時候喜歡把嘴巴縮起來，這種人工作認真負責，做事很細心，是工作中的好搭檔，但不適合做管理者，因為他們疑心很重，很難相信別人。

嘴角稍稍有些向上

有的人在與人交談的時候嘴角會微微翹起，一般這樣的人個性開朗活潑，心胸寬闊，為人比較豁達，很隨和，能夠與他人很好地相處。這類人在生活中朋友很多。

下嘴唇往前撇

有的人在與人交談時會做出下嘴唇往前撇的動作，做出這個動作，表示他對對方的話持懷疑態度，並且此時他想找到一些證據來反駁對方的話。這類人在生活中大多比較固執。

✎ 清嗓門且聲音變調

有的人在開口講話時會特意清嗓門，這說明對方此刻心裡非常緊張，對自己沒有信心，因此，他透過清嗓門的方式來掩飾自己內心的緊張不安。這類人疑心很重，有很強烈的不安全感。

舌頭的祕密「語言」

舌頭不僅是我們品嘗味道和輔助發聲的器官，它自身也是一位「語言專家」，能夠透過豐富的動作訴說千言萬語。根據語言環境的不同，舌頭動作所傳遞的訊息主要有以下幾種：恐懼、欲望、拒絕等。

在舌頭的諸多功能中，其中一個就是其語言功能，我們也常用舌頭的靈活程度來形容一個人的口才好壞。比如不善言辭的人叫心拙口夯，伶牙俐齒的人叫舌綻蓮花，喜歡附和別人叫鸚鵡學舌，與人激烈爭辯叫唇槍舌劍，大吃一驚時叫瞠目結舌……舌頭不僅可以輔助發聲，還能做出其他各式各樣的動作，而這些動作並非毫無意義的，學會解讀舌頭的動作「語言」，可以讓我們窺探出很多隱藏在其中的祕密。

吞吐舌頭的動作是最常見的，也是含意最豐富的。從嬰兒開始，人類就互用吞吐舌頭來表達各種意思。比如嬰兒感覺飢餓時會伸出舌頭做出吮吸的動作，這時家長就知道應該餵奶了。嬰兒吃飽之後，就會用舌頭將乳頭推開，這個動作中就含有拒絕的意思。很多嬰兒喜歡吃手或者啃咬玩具，這是嬰兒探索世界的一種方式，也是吞吐舌頭這個動作的進一步發展。成年之後，人們在受到驚嚇或者身體受到傷害時，也會本能地吐出舌頭，這同樣表示拒絕，意思是不想面對殘酷的現實，希望這一切都從未發生。

有人在集中精力做一件事時，也會不自覺地吐露舌頭，這其實也是一種表示拒絕的身體語言，意思是我正沉浸在自己的世界中，不希望被打擾。有些人在做了錯事或者遇到令人尷尬的情況時也會吐舌頭，這當中也有拒絕的意味，像是在說：「哦，不不，這不是我的本意」或者「真是不好意思」。孩子們經常會在緊張、焦慮、犯錯時吐舌頭，現出頑皮的樣子，所以，吐舌頭也被認為是可愛的舉動。而那些本身已經過了可愛年齡的人，或者本身長得就不是可愛型的人若故意吐舌頭則會被認為是「裝可愛」，效果無異於東施效顰。也有些孩子在惡作劇時，會用「吐舌頭，扮鬼臉」的動作來嚇人，這種「侵犯式的吐舌頭」從本質上來說仍是由拒絕轉化為的「輕蔑」。

在一定場景下，吞吐舌頭的動作也代表著慾望，比如情人之間在接吻時會把舌頭伸出來，而女人在引誘男人時也會將嘴巴半閉，舌尖微露。這種與舌頭有關的動作，都與慾望有關，表明自己希望得到某些東西，可能是物質上的，也可能是情感上的。在一些影視劇中，為了誇張表達某人對某物的覬覦之心，在面對那件物品時，此人最典型的動作就是把舌頭吐出來，在上唇間來回舔動，其中雖然有誇張的成分，卻是表達人類慾望的最赤裸、最直接的方式。動物有時也會有類似的反應，比如狗在見到喜歡吃的食物時，就會開始搖尾巴、吐舌頭，饞涎欲滴，表現出強烈的食慾。

舌頭的「語言」不僅豐富，而且具有普遍性，舌頭所做出的動作幾乎代表著相同的意思。因此，我們一旦掌握舌頭的「語言」祕密，就能隨時識辨出他人的真實心思。

壓低下巴是在表達否定的態度

　　下巴位於人臉部的下方，很多時候，我們在觀察別人時會忽略對方的下巴，其實這是不應該的，因為下巴也是我們了解他人的媒介之一。透過觀察對方下巴的動作，我們可以從中窺探出對方的態度。

　　當你向一群人或朋友發表自己的意見時，如果你留心觀察他們，可能會發現這樣一個有趣現象：在你發言的過程中，很多人會將手放在臉頰上。一般情況下，他們的這種姿勢表明他們正在認真地聽你的發言。當你發言接近尾聲的時候，如果你請他們對自己剛才所說提出意見或看法時，你就會發現一個更有趣的現象：很多人會把手從臉頰上挪開，將手移到下巴的位置，並且輕輕撫摸下巴。這時候，他們實際上是在思考，並對你剛才的話加以考量。但是隨後，他們每個人的下巴可能會做出不同的動作——抬高或壓低。這兩種不同的動作，此時代表著兩種不同的態度，因此，若想知道眾人的態度，你最好先冷靜地觀察一下他們的下巴做出怎樣的動作。

　　如果他們在撫摸下巴之後，將自己的手臂和腿交叉起來，並將身體後仰在椅子上，壓低下巴，這種情況下，他們的最終決定可能是否定的。萬一出現了這種情況，你也不必驚慌，因為事情還沒有到完全無法挽回的地步。此時你應迅速徵求一下他們的意見，請他們說出心中的疑惑、不滿，然後對其進行一一解答。這樣一來，那些原來心存疑惑、不滿的聽眾很可能就會改變他們的決定了。

　　如果他們在輕輕撫摸自己的下巴後，身體後靠，同時手臂張開，抬高下巴，這就表明他們的決定很可能是肯定的。一旦出現此種情況，你就可

以接著在臺上盡情地「縱橫馳騁」了。

　　下巴的動作除了與對方態度的認可與否定相關外，下巴的角度還和威嚴感、傲慢有關。如果你留意過的話，你就會發現那些宣傳海報上的男星，很多時候他們的下巴總是抬得很高。這表明他們想藉此來顯示自己的雄性特徵。但是很多時候，抬高下巴的姿勢會給人一種盛氣凌人的感覺。比如，一位公司高管在出差的時候，因為一點小問題與下榻賓館的服務人員發生了爭執。高管很生氣地坐在沙發上，對站在他面前的說：「你不用跟我解釋了，叫你們經理來！」在說這話的時候，高管的視線始終在房間游移，但沒有看服務人員一眼，而同時高管把下巴抬得高高的。

　　生活中，在與別人對話時，當對方的視線位置比我們高時，我們可能會抬起頭來與他講話。但這裡的高管顯然不是為著這個目的才高抬下巴的。他的高抬下巴則顯示了一種傲慢和自認為高人一等的態度，高抬的下巴和望向另一邊的視線都在向對方表示「對與你繼續談話沒有興趣」。

　　一般來說，在生活當中，經常喜歡高抬下巴的人大多都比較傲慢，對別人不屑一顧。這樣的人經常給人一種拒人於千里之外的感覺。在工作上，這種人比較容易自大，喜歡誇誇其談，喜歡冒險，認為自己能夠勝任任何工作，但實際上並不是這樣。他們對自己的未來有著長遠的規劃，但是他們不夠踏實，因而在實現夢想的道路上極有可能會遭遇挫折。

　　當一個人經常性地壓低下巴展現的就是一種小心翼翼的個性。與喜歡高抬下巴的傲慢人士個性截然相反，他們比較謹言慎行，凡事都很小心，所以能夠辦好手頭上的工作。但他們只注重自己眼前的工作，相對保守和傳統。

　　下巴的動作雖然輕微，可是我們仍然可以透過對它的觀察進而對一個人的內心世界做出解讀。

🗨 下巴往前撅著

憤怒的人下巴往往會向前撅著，同時也傳達出了威脅和敵意。在日常生活中，如果你仔細觀察，你就會發現，那些不聽話的小孩，在回答「不」之前他們做的第一件事就是挑戰般地撅起下巴。

🗨 用手輕叩下巴

當你看到他手平展，輕叩下巴下面數次，這表示他正感到十分厭煩。最初這一動作只表示某人吃飽喝足沒事做，現在，它更多是暗示某人的厭倦之感。

🗨 用手輕輕地撫摸下巴

當你看到有人輕輕地、緩慢地撫摸下巴，就像摸著他的鬍鬚一樣，你最好不要輕易打擾，這表明此人正在精力集中地思索或聆聽。

下巴是了解一個人個性的媒介之一。如果你想了解自己是被接納還是被拒之千里，那麼看他的下巴就能知道他的態度了。

摸下巴的三種心理暗示

在童話故事中，充滿智慧的通常是長著長鬍子的老爺爺，而他們在想辦法時也都有一個幾乎相同的動作：撥撥自己下巴上的鬍子。這是為什麼呢？因為鬍子長在下巴上，而摸下巴也是一種心理暗示，其內涵非常豐富。

生活中，我們經常看到有些人在想問題、猶豫不決時都會習慣性地觸控下巴。雖然這是一個習慣性的常見動作，但其中有豐富的心理內涵，學

習讀心術就必須要掌握這一點。

通常，當人們將手蜷曲如拳狀，拄在下巴和嘴上時，就表示他在進行深度的思考，就像奧古斯特‧羅丹（Auguste Rodin）的雕塑作品——沉思者。當人們將食指或連同中指輕輕放在臉頰的一邊，拇指放在下巴上時，這表明人們正在思考當中。當然，有些人也會將一隻手蜷曲成輕握的拳狀，輕輕墊在下巴下面，或者拄在下顎的部位。雖然這幾種動作略有不同，但其心理暗示都是：我在思考問題，暫時不要打擾我。

關於觸控下巴最常表示思考的含意具有一定科學依據，是經過科學研究證實的。人們之所以會做出這樣的動作是因為摩擦下巴的動作可以刺激臉部的皮肉，激化腦部細胞，有助於產生新的想法。

另外，有時人們在對一件事情表現出極大的興趣和注意力時，也會做出這個動作。比如小孩子在聽家長講故事或者觀察大人的活動時，就會用手拄撐著下巴，有些成年人在注視某些事情時，也會不自覺地採用這樣的姿勢。

人們在做決定時，會將拇指放在下巴下面，用食指或中指摩擦自己的嘴唇或者下巴，然後才給出肯定或否定的答案。

觸碰下巴還可能有一個很重要的含意，就是表示厭倦。這個動作要比前面的動作都要用力一些。因為，當人們做出用手支撐著下巴，防止自己的下巴低垂的時候，則說明他們已經對談話的內容極度厭倦了。此外，用食指或中指支撐靠近太陽穴部位的皮膚，拇指支撐下巴，其他手指散蜷在嘴部或鼻部，也是表示同樣的意思。也許，這樣的動作是人們想借用手指按摩太陽穴的動作來表達「這個話題聽得我頭都痛了」、「很煩」之類的意思。如果你在與人交談時，對方做出了這些動作，你最好識趣地閉嘴，不

要再繼續說下去了，否則你們的溝通效果會大打折扣，甚至對方因為實在無法忍受而起身離開。

臉上無表情的人，內心可能波瀾起伏

生活中，一個人面無表情的時候，並不一定就代表他此刻內心平靜，也許他的內心深處正進行著激烈的思想鬥爭而波瀾起伏。只要我們善於觀察，就能發現對方「面無表情」背後真實的情感。

生活中，我們經常會看到一些人，不管別人說了什麼，或者有怎樣的舉動，他們都是一副面無表情的樣子。事實上，面無表情並不一定就代表這個人的內心沒有任何的波瀾起伏，恰恰相反，這個人極有可能內心活動強烈，只不過沒有表現在臉上罷了。有的人在內心情感極其強烈，如極其憤怒或者不滿的時候，往往就會做出一副面無表情的樣子。

生活中，面對父母的責罵，很多孩子都是只能忍，因此大多會表現出一副面無表情的樣子。事實上，此時孩子心中可能有著強烈的不滿，只不過他們不表現出來罷了。

生活中，有一些人十分善於掩飾自己的表情，他們表面上給人的感覺是在笑，而實際上他們心裡已經在哭了，但是他們仍然能跟別人談笑風生，沒有任何的外在表現。這樣的人往往城府極深，他們具有很強的掩飾能力，用外表的堅強掩飾自己的憤怒或悲傷。

此時，雖然他們在極力掩飾自己的情感，盡量讓自己不把內心活動表現在臉上，但由於此刻他們內心深處活動強烈，臉部的肌肉會在無意識中透露出一些訊息，如他們可能會有皺鼻子、眨眼等細微的動作表現。

因此，儘管有些人會極力掩飾自己的表情，但是我們仍能透過一些蛛絲馬跡辨識出對方此刻的情感。

🐟 對方臉部的重要線條表達某種情感

有研究發現，人的臉部特定的部位對於表達某種情緒很重要。比如：對於表達悲傷與恐懼而言，眉毛和額頭十分重要；對於厭惡與喜悅來說，嘴巴的表情很有意義。因此，在生活中我們要學會抓住對方臉部幾個重要的線條，尤其是眼睛周圍和嘴巴附近的線條。我們要留意對方的嘴巴，看他的嘴角是上揚的還是下垂的，看他的嘴巴是微張的還是緊閉的；還要注意對方的眉毛，看他的眉毛是上揚的還是下垮的；另外還要看對方眼睛的形態，看他的眼睛是睜得大大的還是只瞇成一條縫；此外還要注意觀察對方的額頭。只要抓住了這些細節，我們就可以捕捉到對方稍縱即逝的微妙情感。

🐟 對方的無意識情態洩漏真實的情感

在日常生活中，人們大都善於偽裝，要探知一個人的真實情感是一件不容易的事情，但是不容易並不代表不能，我們可以透過對方的無意識情態來進行推斷。

當我們十分生氣的時候，要想控制自己不發怒，此時我們的神經會繃得很緊，表情也會隨之變得很僵硬，有時甚至會出現面部痙攣。同樣的道理，當一個人內在的情緒得不到適當宣洩的時候，它就會透過某些細節透露出來，如眨眼、鼻部出汗等，這些都是被壓抑的情緒在無意識地表露。因而，在與人交往的時候，我們可以透過這些不太「正常」的面部表情，初步判定對方是在隱藏自己真實的情感。

🗨 對方的「微表情」展現真實的狀態

微表情這一概念最早由美國心理學家保羅‧艾克曼（Paul Ekman）在1969年提出。當時，有一位名叫瑪麗的重度憂鬱症患者找到自己的主治醫生，說自己感覺病情已經好了很多，此時十分想念自己養的小貓和劍蘭，請求醫生讓她回去看看它們。瑪麗在跟主治醫生說這些話的時候表現得十分輕鬆，還不時地微笑著，根本看不出她是一名重度憂鬱症患者。於是主治醫生同意了。但是她回家後，卻試圖自殺，結果未遂。

後來，艾克曼反覆檢視了當時的影片，並且用慢鏡頭回放，終於發現了一個稍縱即逝的表情，那是一個生動又強烈的極度痛苦的表情，只持續了不到 1/15 秒。後來，艾克曼將那種稍縱即逝，但是能夠很清楚地表現出一個人的感情的表情稱為「微表情」。

微表情出現的時間很短，可能只有半秒鐘那麼短，之後就消失不見了。在與人交往的時候，人們往往不會有意識地去觀察一個人的微表情，但是我們常常會打斷我們自己的微表情，比如，當我們意識到自己感到害怕的時候，我們會用別的表情來代替我們一晃而過的微表情。

在現實生活當中，透過微表情來看穿對方的心思其實並不是難事，一個人只要稍加訓練就能捕捉到微表情。

笑容背後的祕密

笑是人類與他人交流的最古老的方式之一，事實上，笑也是一件很有意思的事情，因為不同的笑會反映出人們不同的心理。一旦我們明白了這一點，就能辨識不同的笑的真正含意了。

笑是一個人感情的流露。我們每一個人都會笑，不管是微笑、開懷大笑抑或是偷笑，它都有一定的意義。有心理學家對笑做過專門的研究，結果發現，不同的「笑」代表了人的個性的不同側面。每個人不同的笑容，其實都是在演繹其不同的心靈風景。

開懷大笑

一般來說，喜歡開懷大笑的人個性都很爽朗，他們待人熱情、真誠。這類人都是行動主義者，他們個性果斷，做事不會猶豫不決，一旦決定做某一件事情，就會馬上去做，絕對不會拖沓。在外人看來，他們很樂觀、堅強，但是他們內心深處也有脆弱的一面，只不過沒有表現出來罷了。

捧腹大笑

有的人很喜歡捧腹大笑，一般來說，喜歡這樣笑的人都是很坦誠的人，他們有著廣闊的胸襟，能夠寬容別人的過失，對於別人取得的成績，也能夠衷心地祝福。他們為人正直，疾惡如仇，同時幽默感很強，能夠給身邊的人帶來快樂，是大家的「開心果」。他們很有愛心和同情心，能夠竭盡所能幫助有需要的人。

放聲狂笑

有的人平時沉默寡言，不善言辭，但是笑起來卻毫無顧忌。他們個性直爽，儘管與陌生人交往的時候不夠熱情，但他們對真正的朋友卻非常看重，有時候甚至可以為朋友犧牲自我。因而，這類人的朋友很多，而且大多都是關係很好的朋友，他們的人際關係也很好。

悄悄微笑

有的人並不常當著別人的面笑，而是悄悄微笑，一般來說，這樣的人，個性比較內向，跟人交往的時候比較害羞，而且，他們的思維比較縝密，無論遇到什麼事情，他們都能保持頭腦冷靜，因此這類人在處理問題的時候會比較冷靜、客觀。但是他們很善於掩藏自己，不願意將自己的真實想法透露給別人。因而，這種人的朋友比較少。

笑起來幅度很大

有的人笑的時候動作十分誇張，全身都在抖動，這樣的人為人直爽，待人坦誠，人們都喜歡跟這樣的人交朋友。對於朋友的錯誤，他們能夠直言不諱，而不會有太多的顧慮。這類人待人真誠，樂於助人，會盡自己最大的努力去幫助別人。因此，他們的朋友也很多，當他們遇到困難的時候，別人也會盡力去幫助他們。這類人有著良好的人際關係。

看到別人笑，自己也會隨之笑起來

這類人大多數比較開朗，積極樂觀，生活中他們也是比較快樂的人，別人快樂的情緒會很容易感染到他們。

小心翼翼地偷笑

生活中，可能大家有過這樣的經歷，比如有人講了一個笑話，很多人都被逗得哈哈大笑，但是有那麼一兩個人卻在小心翼翼地偷笑。一般來說，這樣的人都是個性內向的人，他們為人處世很小心謹慎，生怕自己什麼地方做得不好引起別人的反感。這類人通常都不太善於與別人打交道，而且他們對與之交往的人要求也很高，一旦對方達不到自己的要求，他們就會很沮喪。因而，與這類人交往的時候會感到比較頭痛。但是這類人一旦認定對方為自己的朋友，就會對他很好，能與朋友共患難。

🐦　笑的時候用雙手遮住嘴巴

笑的時候用雙手遮住嘴巴，表明他是一個相當害羞的人，他們的個性大多比較內向，還比較溫柔。他們通常不會輕易地向別人說出自己內心的真實想法，包括親朋好友。

🐦　笑出眼淚

這類人感情豐富，具有憐憫心和愛心。在生活中，他們也是比較積極樂觀的，對成功有著強烈的欲望。但即便成功對他們有著極大的吸引力，他們也不會為達目的不擇手段，相反，他們樂於助人，即使吃點虧，也不在意。

🐦　笑起來斷斷續續

有的人笑起來斷斷續續，不連貫，聽起來讓你感到彆扭，這樣的人大多個性孤僻，為人冷漠。這類人為人比較圓滑，很善於察言觀色，能夠看透別人的內心，投其所好。一般人們都不太喜歡與這類人交往。

手部動作裡的玄機

在日常生活中，雙手是我們使用得最多的身體部位，很多時候，手部的動作是一個人內心世界的反映。只要我們仔細觀察，就能發現手部動作背後隱藏的祕密。

很多時候，一個人的手部動作能在相當程度上揭示出他的內心情感。

外出應酬回來的小何一進辦公室，便注意到了剛剛放下電話的好友小李正十指相交，雙手痛苦地緊握在一起，雙肘支撐在桌子上，緊握著的手頂著腦袋，一副頭痛欲裂的樣子。小何趕忙過去詢問原委，才知道原來小

李剛剛得到通知，由於他上個月工作失誤，對公司造成了很大的影響，因此公司決定將他辭退，而禍不單行的是，偏偏這個時候小李接到了家裡的電話，正在上高中的妹妹得了一種很罕見的疾病，治癒的希望很渺茫。

小李由於遭受了一系列打擊，他的內心受到了嚴重的創傷，於是開始自我封閉，緊握的雙手所形成的閉合空間就是他封閉內心的外在表現，所以明眼人一看，就能知道小李情緒的一二了。

其實，生活中我們經常可以看到手部動作反映心理的例子。比如，人們在猛然想起一件事情的時候，會用手掌猛拍一下自己的大腿或者頭部，這實際上就是表示對自己健忘的懲罰。

為什麼一個人心裡的想法會很容易透過他的手部動作表現出來呢？這並不是虛妄之談，科學上也有相關的證據。現代科學證明，人的手部有著豐富的神經末梢，是人體神經末梢最多的地方之一。因而，手部也是一個人感覺最為敏銳的部位。我們常說「十指連心」，就是說手部的痛覺十分發達，稍有痛楚，就會馬上傳遞到我們的神經中樞去。很多人不知道，我們在運動手指時，也會刺激大腦不同的神經中樞。而腦部活動也會透過神經傳達到手部，其中也包括各種潛在意識。你可能自己還沒有覺察到，但這些意識已經傳導到手部，因此，你的手部動作就反映了這些意識。

一些有經驗的識人者往往透過別人的一言一行就能夠判斷出對方的心理狀態。有人透過研究發現，不同的手部動作意味著不同的心理狀態：

🗨 雙手放在腰部

經常把雙手放在腰部的人都是急性子，他們希望能夠用最短的時間完成任務，這樣的人在重壓下能夠激發出自己的潛能。很多人在下定決心要做某一件事情時，也會有這樣的動作。

攤開雙手

我們經常會在影視作品中見到攤開雙手這一動作，一般外國人做這個動作比較多，這個動作一般都表示無奈。有的時候人們做出這個動作實際上是想得到別人的幫助，因為他們此時遇到了麻煩不知道該怎麼辦。另外有些人做錯了事，別人指出來時，他也做出這一動作表示他很無奈。

雙手背後

生活中，喜歡將雙手背在身後的人大多數比較尊重權威，比較有責任感，但是他們情緒不太穩定。他們的優點是很有耐心，能夠接受新思想和新觀點。在與人交往時，他們也會很好地處理與對方的關係，他們很少會拒絕別人。

手插褲子口袋

有些人站立的時候習慣把手插在褲子口袋裡，這樣的人很謹慎，警覺性很高，遇事會思考再三，但是即使這樣也難以做出決斷和行動。在工作中，這樣的人缺乏靈活性，喜歡用呆板的方法解決問題。

拍打掌心

生活中，有些人在說話的時候會配合很多手勢。一般來說，此時拍掌心的手勢是對說話人所說內容的強調。這樣的人個性外向，具有男子漢氣概，非常有自信，做事雷厲風行，喜歡領導別人。

觸摸頭髮

有的人經常喜歡觸摸頭髮，這類人通常都比較有個性，他們疾惡如仇，具有憐憫心。而且這類人具有冒險精神，喜歡做一些有刺激性的事

情。在生活中，他們喜歡拿別人開玩笑，給人一種缺乏修養的感覺，但是他們很會處理與別人之間的關係，一般都能與合作對象相處得很愉快。

拍打頭部

生活中，我們經常能看到人拍打頭部這個動作。這個動作有時候是表示恍然大悟。很多人可能有過這樣的經歷，因為一件事情一直陷入困境當中，突然靈感來了，問題也迎刃而解了，這時候大多數人會下意識地拍一下自己的頭部。然而，有的時候，拍打頭部表示的是懊惱、後悔，比如當我們忘記某件事情，突然想起來的時候，也會拍打自己的頭部。另外，有的人拍打自己的頭部則是表示想讓自己放鬆一下。

手摸頸後

一個人用手摸頸後時，大多數時候是表示懊惱。另外，人們在遇到危險的時候，常常會不由自主地用手抱住自己的頭部，但是很多時候，人的手並沒有放在腦後，而是放在頸後，因此，人們又把這個姿勢稱為「防衛式的攻擊姿態」。如果是女性把手伸到頸後，然後撩起自己的頭髮，說明她是想透過這個動作來掩飾自己內心不快的感覺。

「交叉雙臂」的人需要你的安慰

雙臂交叉就是我們常說的「抱胸」，這也是個很常見的動作。想想看，當你面對一個雙臂交叉的人時，第一感覺是什麼？你可能會覺得這個人很冷漠、拒人於千里之外，不好接近。那麼，對方為什麼要傳達出這樣的訊息呢？弄清楚這個問題就是看透對方心理的關鍵。

通常，在感覺自己受到威脅時，人們會將手臂護在身前，而在需要判斷或躲避某種負面情況時，人們又會做出雙臂交叉胸前的動作。這代表著一種潛意識中的自我保護，好像在身體外面設立了一道屏障，將自己與他人隔離開來。因此，雙臂交叉的動作表示排斥、冷漠甚至是抗拒。

比較標準的雙臂交叉姿勢是指雙臂交叉抱於胸前，右手放在左手的上臂，左手放在右臂下（兩手姿勢可以互換）。這是典型的排斥動作，是全世界通用的防禦性或表示負面含意的動作。人們如果在公共場合，置身於陌生人之間，很容易做出這種動作。

還有一種姿勢是在交叉雙臂的基礎上，用手緊握住上臂。由於它在交叉的基礎上，雙手用力，因此常會展現出極度的壓抑態度。人們透過這種姿勢來安撫、寬慰自己。一般人在醫院、診室和第一次坐飛機的情況下，會出現這種動作。

如果有人是在兩手握拳的基礎上交叉雙臂，同時出現拒人千里的表情，這是一種更明顯更堅定的拒絕，表明他不僅有強烈的防禦意識，還有很強烈的敵意。緊握的拳頭表明他隨時會發動攻擊，其潛臺詞就是「不要再激怒我，否則有你好看」。這種情況下的人處於爆發的邊緣，再說什麼都無濟於事。如果他露出牙齒，滿臉漲得通紅，即表明怒氣將無法壓抑，很可能就會大發雷霆。

當你與他人交談時，如果看到對方擺出了雙臂交叉的姿勢，不要置之不理，而應該想到自己是否說了一些令對方抗拒的話，然後「見機行事」，盡快採取一些對應的措施，使對方改變帶有負向意涵的姿勢。比如找出一件物品讓對方拿著，你可以隨手拿起身邊的一本書讓他瀏覽一下，或者請他做某一動作，這樣就會讓他沒有機會交叉雙臂，而他的抗拒心理

也會隨之減輕。或者暫時轉移一下敏感話題，談論一些與之無關且相對輕鬆的事情來軟化對方情緒，或者你可以詢問對方的意見，給他表達的機會，以便使溝通能夠順利進行。

雙手叉腰的人準備要進攻對方

當人們在與別人聊天的時候，他的站姿會透露出對對方潛在的態度。假如一個人在與別人交流時做出了雙手叉腰的姿勢，那麼就需要留心了，因為很多時候，雙手叉腰是準備進攻的姿勢。

在美國西部牛仔片中，我們經常能看到這樣的場景：代表正義的牛仔昂首挺胸地面對敵人，他們雙手叉腰，一臉的大無畏精神。

事實上，西部牛仔的這個姿勢可能要表達的意思是 —— 這裡屬於我，我要支配一切。有人認為，雙手叉腰可以讓人的身軀看起來更加偉岸，尤其是對於男性來說。因為這個姿勢會讓人占據更多的空間，從而使一個人顯得更加引人注目。

因而，在生活中，當男人感覺自己的領地被其他男性覬覦時，他們就會用這樣的姿勢向入侵者發起無聲的挑戰。所以，我們可以這樣說，雙手叉腰是一種明確的警告姿勢，如果警告不管用的話，那接下來就可能會發起攻擊了。

在第二次世界大戰後期，日本人宣布無條件投降。當時，在日本的美國將領道格拉斯·麥克阿瑟（Douglas MacArthur）接受了日本天皇的無條件投降。之後，麥克阿瑟將軍和日本天皇合影，天皇站在麥克阿瑟旁邊，雙手小心翼翼地置於身體兩側，給人的感覺是謹小慎微，而麥克阿瑟將軍

則把手置於髖上。照片出來之後，日本人把麥克阿瑟這個漫不經心的姿勢視為大不敬的代表。

從這一事例我們可以看出，雙手叉腰在很多人看來是充滿敵意的一個姿勢。在生活中，我們經常會看到吵架的雙方擺出雙手叉腰的姿勢，等候在場外準備就緒的運動員也會做出雙手叉腰的姿勢。由此可見，雙手叉腰在大多數時候表示的是準備就緒、準備進攻的意思。

一般來說，雙手叉腰表達的意義有下面幾種：

表示對立

當我們兩手叉腰的時候，我們所占據的空間會加大，同時，向外凸出的手肘就像是武器一樣，可以造成震懾他人的作用，可以防止別人靠近自己。大自然中，當動物在搏鬥或者向異性求愛的時候，也會擺出讓自己的身軀看起來更偉岸的姿勢，如鳥兒會抖動自己的羽毛，貓和狗會努力豎起身上的毛，等等。

表示準備就緒

在運動場上，我們經常能看到一些運動員準備就緒後雙手叉腰站在一旁，因而，有些時候，雙手叉腰是準備就緒的表現。在很多影片中，尤其是在一些發生衝突的場景中，衝突的雙方一般都會做出雙手叉腰的姿勢，這時候，就說明雙方都作好衝突的準備了。

成功者特有的姿勢

如果你留意身邊的人，你會發現有些成功者經常做出這樣的姿勢，因此，有人把雙手叉腰當成是成功者特有的姿勢。因為這個姿勢容易讓人聯想起那些雄心勃勃、豪情萬丈的人，這些人在向自己的目標前進的時候，

一般會做出這樣的姿勢。有些男士經常喜歡在女士面前擺出這樣的姿勢，以此來維護自己的男子漢形象。但是女人運用這樣的姿勢的話，則會給人一種霸道、潑辣的感覺。

表示疲憊

生活中，當人們疲憊的時候也會做出雙手叉腰的姿勢，這時候，雙手叉腰的動作跟表示警告、攻擊時的姿勢有所不同，此時雙手的位置是在後背，手掌就有支撐的作用，腰部的不適感就會得到一定程度的緩解。

表示炫耀

時裝模特兒也會做出雙手叉腰的動作，她們的這個動作是為了更好地展現自身的魅力，也包含著一種炫耀的意味。有很多人在照相的時候，也會做出叉腰的動作，在這時，他們也是為了展示個人魅力，沒有其他更深的含意。

因而，在生活當中，當我們看到一個人兩手叉腰的時候，應該結合具體情境以及對方的言語、表情等眾多的因素綜合考慮，這樣我們才能對他的態度做出準確的判斷。

腿部的非語言訊息

腿部雖然沒有表情，但這並不代表它的動作毫無意義。實際上，一個人可能會有意識地控制自己的手部姿勢及面部表情，卻經常忽視腿部的動作。也就是說，腿部動作在反映人的心理變化方面更真實更可信。

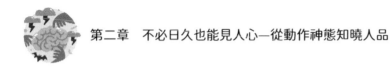

身體語言學家認為，腿部動作雖然經常被人們所忽略，但它在無形中展現著一個人的欲求、個性和人際關係。所以，當與人交談時，尤其是與不太熟悉的人交談時，很多人只有坐在寬大的能擋住身體下半部分的辦公桌後面才會感覺舒適，因為這樣他們的雙腿便不會暴露在對方的視線當中，從而增加了安全感。也有研究顯示，人們在撒謊時，腿部動作的確會增多，這也給我們提供了一個判斷對方是否在撒謊的方法，那就是：觀察他的雙腿。

有些人坐著時會將一條腿搭在另一條腿大腿的部位，甚至緊緊扣在大腿上，這種姿勢同蹺二郎腿不同，看上去顯得更加僵硬些，說明這個人有些緊張，感到不自信，正試圖用腿部施力的動作增加自信。有時，人們在說謊時也有此類舉動。

很多男人在坐著時喜歡將雙腿分開，分開的雙腿就像敞開的心扉，這種腿部動作表明這是個很自信、坦誠的人，他熱情、開朗，願意與人溝通和交往，這種爽直的個性會為他帶來很多朋友。

有些男人更加不拘小節，他們會將一隻腿抬起來放在椅子扶手上。這個動作顯得比較慵懶、舒適，一般不會出現在比較正式的場合。如果在別人面前做這樣的動作，則會顯得有些霸道，似乎帶著挑釁的意味。

有時候，你可以看到有人在聽別人說話時會不斷地、有節奏地拍打大腿。這是一種希望結束談話的訊號，他是想說：談話到此結束吧，我要走了。但出於禮貌，他可能不好意思直接說出離開的話，但拍打大腿的舉動暴露了他內心的真實想法。

假如有人在你說話的同時，扳起腿部，這表示他對你的談話未必認同。因為扳動的動作在身體語言中可以被解釋為固執。它下意識的話是：不要再勸我了，我的身體和想法都一樣，是固定的，不會有任何改變。

當人們發現對方吸引自己的時候，就會不自覺地撫摸自己的腿部，這

就表示他認為你很有魅力，他對你很感興趣，想接觸你；也表達了想對對方做出這樣動作的感受。在通常的社會交往場合，這種動作並不多見，因為它的暗示意味極濃，無論是有意無意，它都暗指希望被撫摸或者撫摸別人的欲望。

「坐」出來的心理活動

坐是一個簡單的動作，卻可以變化出千奇百怪的姿勢。有人坐得很端正，像小學生聽老師講課；有人坐得很懶散，不是東倒就是西歪；有人坐得很舒服……不同的坐姿代表著不同的個性與心理狀態。

我們經常說要「坐有坐相，站有站相」，坐的姿勢不同會影響一個人的氣質，比如累極了的人坐下時可能就會一下子癱在椅子上，看起來非常沒有精神。這當然不能說明這個人平時就是這種狀態，不過由此可以明白，坐姿的確能夠為我們提供一些識人讀心的有用資訊。

我們形容一個人嚴肅認真喜歡用「正襟危坐」，喜歡這種坐姿的人看起來有些古板，但他們辦事周密、講究實際，做事喜歡盡善盡美，但他們只做有把握的事，不喜歡冒險，也不擅長創新。他們為人正直、忠誠，值得交往。

有些人喜歡側身坐在椅子上，在他們心裡，自己的感受是第一位的，只要自己覺得舒服，根本不在乎給別人留下怎樣的印象。這樣的人通常個性外向，喜怒哀樂都寫在臉上，而且豪爽大方、不拘小節，待人也非常熱情，但心思不夠細緻。

有人坐在椅子上會把整個身體蜷縮在一起，雙手也會分別壓在大腿下面或者夾在大腿中間，看起來好像很局促很緊張的樣子。這種人往往比較

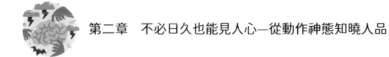

自卑、謙虛、自信心不足，而且個性軟弱，多屬服從型個性。

有人坐著時會攤開手腳，擺出一個「大」字。這種人是有野心的，喜歡掌握大局的感覺，也希望能夠主導、支配一切。他們通常自信心比較膨脹，甚至有點不知天高地厚。

有些女性比較習慣雙腿平衡傾斜或者小腿交疊的坐姿，同時雙手交握放在腿上，這種姿勢傳達出來的訊息就是拘謹、害羞、緊張，不夠大方和自信，一般下級向上司彙報工作時會採取這種坐姿。平時喜歡這種坐姿的人自我防範意識較強，涉世未深的女孩較為常用。有些男人在非常局促的情形下也會用這種坐姿，這樣的男人通常比較內向，個性比較懦弱。

有些人在情緒比較激動、與人爭辯時會把椅子轉過來，騎跨著坐在上面。這是一種典型的不服氣的表現，這種坐姿的人通常情緒比較激動，已經準備好與他人辯論或是發表自己的不同見解。如果有人總是習慣這樣坐，那他很可能是一個妄自尊大、喜歡稱王稱霸的人。

在別人面前猛地一下坐在椅子上的人可能表面上看起來很隨便，似乎不大懂禮貌，其實他可能有心事，內心感到不安，需要借這一動作來掩飾或抑制。這時如果稍加引導，他可能就會對你大倒苦水。

有些人坐著時，會無意識地抖腿或者腳尖拍打地板，這樣的人內心肯定非常焦躁不安，可能是因為緊張，也可能是遇到了什麼棘手的問題。

「睡相」能夠解讀出你的個性人生

睡覺時是一個人最放鬆最不設防的時候，因而人的個性或最近的心理狀態都可以透過「睡相」反映出來。有的人睡相很美很優雅，像個睡美人；

有些人的睡相很「霸道」，四肢完全伸展，要占很大地方；有些人在睡覺時則隨時改變方位……總之，每個人的睡相都有自己的特點。

每個人的形象都是獨一無二的，就連雙胞胎也會有很多差異，睡相同樣如此，沒有哪兩個人的睡相完全相同。透過這些不同的睡相，我們可以看出一個人的大致個性。

比較常見的睡覺姿勢是身體平躺在床上，雙臂高舉過頭，睡相很平穩、踏實。擁有這種睡相的人生活穩定，沒什麼煩心事，個性比較開朗，善交際，朋友也多。這樣的人比較低調，不愛張揚，也不喜歡高談闊論，這種個性會讓他們非常受歡迎。

有些人的睡姿非常「規矩」，手臂不會隨意舒展，而是緊靠在身體兩側，保持正面平躺的姿勢，像是訓練有素的士兵一樣。這些人通常有著很強的自制力，對自己的要求很嚴格，個性稍顯內向、保守。

有些人會選擇側臥，然後將雙臂彎曲著放在頭部附近。這種睡相的人個性比較偏激、多疑，對什麼事都看不慣，經常憤世嫉俗。

有人睡覺時喜歡蜷縮成一團，就像嬰兒在子宮中的姿勢，這樣的人可能正在承受著極大的痛苦，內心缺乏安全感。在平時的生活中，這類人表現出來的就是非常小心眼，喜歡斤斤計較，容易被激怒並且會嫉妒和報復他人，在他身邊的人都要非常小心。

有人則喜歡採取側臥並躺在手臂上睡覺的姿勢，這種睡姿的人與蜷成一團的人正好相反，他們溫和有禮、誠懇可愛，喜歡美好的事物。這類人的缺點是不夠自信，不能正視挫折和困難，容易否定自己。

有人睡覺時喜歡平躺並彎曲著一條腿，這種人的個性比較誇張，有點小事就會大驚小怪，而且喜歡抱怨。要取悅他們非常困難，因為他們的神

經總是時刻緊繃著，把自己和別人都搞得很緊張。這類人最應該學會的是放鬆，告訴自己沒什麼大不了。

還有些人睡覺時喜歡平躺然後將雙臂枕在後腦勺下，這樣的人有點難以捉摸，一方面他們很聰明，也喜歡學習，對新事物的接受能力非常強；另一方面他們又總是會有荒誕的想法，讓人覺得無法理解。在生活上，他們很會照顧人，卻又很難愛上任何人，這樣的人可以說是一個矛盾綜合體。

還有一種比較少見的就是整個身體趴在床上的俯臥睡姿。這種姿勢會壓迫心臟，不太舒服，一般人不會嘗試。但有些人在極度勞累或者腹部不舒服的時候，俯臥會感覺好一點。喜歡俯臥睡姿的人通常個性外向，人際交往能力強，缺點是有些剛愎自用，不能心平氣和地接受別人提出的意見或批評。

第三章
秉性天成
── 行為習慣透露的個性密碼

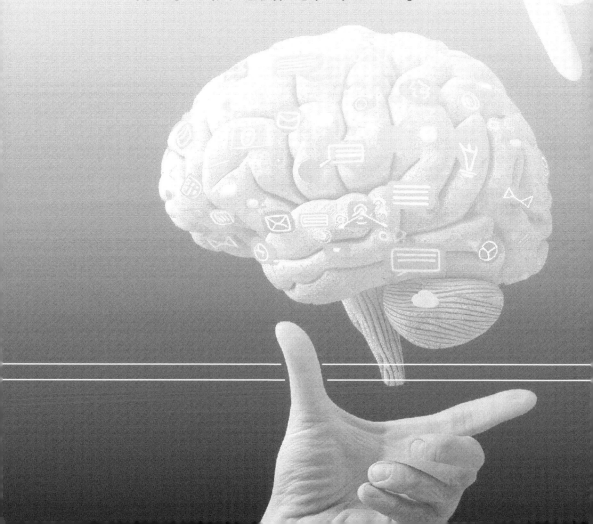

喜歡的寵物不同展現不同的個性

　　一個人穿什麼樣的衣服會反映出他的個性，同樣，我們也可以透過一個人喜歡看的書來判斷一個人的個性，另外，從一個人所喜歡養的寵物也能看出一個人的個性。心理學研究顯示，人們通常會喜歡跟自己相似的人，同樣的，也喜歡與自己類似的動物。

　　如今，寵物已經成為人們生活中很重要的一部分，我們身邊總是不乏愛貓愛狗的人士，其實，只要你留心觀察，你就會發現，不同個性的人所養的寵物也是不同的，因此我們可以從寵物的身上判斷出主人的個性來。

喜歡養狗的人

　　喜歡養狗的人通常隨和溫順，顯得很親切，個性外向，待人親切熱情。他們能十分融洽地跟身邊的同事朋友相處，也善於和人打交道，交際能力出眾，為人爽快、開朗，人情味濃，心無城府，內心的想法會立即從臉上或行為舉止中表現出來。他們喜歡去熱鬧的地方和朋友在一起，無法忍受一個人孤單地度日。

　　另外，從狗狗的類型也可以窺見主人的個性：喜歡獅子狗的人活潑好動，像個大孩子；喜歡名貴狗的人一般家境殷實，事業也比較成功；喜歡牧羊犬的人愛表現自己，時刻想引起別人的注意；喜歡收留流浪狗的人一般都是些極富愛心和同情心的人，這也能反映出有的人童年有過被遺棄的經歷。

喜歡養貓的人

　　喜歡養貓的人就跟貓似的，內心嚮往慵懶而高貴的生活。因為貓不會主動討好你，如果你想逗它玩還得看它心情如何。它也不負責看家，偶爾

捉捉老鼠，白天就在外面悠閒地散步或者乾脆趴下來晒太陽，儼然一位驕傲的公主或者王子。喜歡養貓的人也具有類似的個性特質。他們不喜歡奉承討好別人、言不由衷，說話總是直來直去，與人相處的時候不太懂得照顧別人的感受；他們崇尚獨立，不善於與陌生人打交道。他們大多時候都會表現得比較內向安靜，如果你對他們太熱情，他們反而會討厭你。他們的戒備心很強，很少有人能夠走進他們的內心世界，因此身邊的朋友不是很多，但個個都是知心朋友。

生活方式上，他們希望擁有一份體面而輕鬆的工作，他們無法接受那種經常需要討好別人、低聲下氣的工作，或者常常加班沒有週末的工作。他們非常重視休閒生活和發展業餘喜好，他們認為，工作只是生活的一部分，為工作犧牲掉難得的週末時光是不值得的。

喜歡養魚的人

喜歡養魚的人有生活情趣，是個充滿自信的樂天派。大多數的魚的記憶很短，只有幾秒鐘，當它們從魚缸的一頭游到另一頭時，大概已經忘記自己曾經到過這個地方，一切又是嶄新的。因此，喜歡養魚的人也總是無憂無慮的樣子，他們活在自己的小世界裡，不容易受外界的刺激和誘惑，世俗的名利對他們來說並不重要。他們也不會因為別人的豪宅豪車而眼紅。因而，他們顯得有些缺乏進取心，不喜歡競爭。喜歡養魚的人一般都比較內向，不太愛動，但是有著天馬行空的想像力。同樣，他們不喜歡太熱情的交往方式，但是他們會很真誠、很用心地對待朋友。

喜歡養鳥的人

在古代，人們養得最多的寵物就是鳥。人們發現不同的鳥有著不同的個性：老鷹十分好鬥，喜歡攻擊其他動物，但是比較細心；相思鳥機警，

一般都藏身於茂密的樹林中；戴勝鳥喜歡熱鬧，比較外向，但是容易招來天敵……不同個性的人會選擇不同種類的鳥來養。一般來說，喜歡養鳥的人個性細膩、心胸狹窄，會精心打點自己的空間，但是他們大多都較為孤僻，不善於與人打交道，認為處理人際關係是一件很麻煩的事情。喜歡養鳥的人，基本都有雙重個性，一方面他們渴望飛翔，渴望自由，另一方面則害怕失去現實的生活。所以和他們打交道要非常注意，千萬不要被他們的雙重個性弄得一頭霧水。

🐾 喜歡養烏龜、蜥蜴等小動物的人

有些人喜歡追求新奇，他們會飼養烏龜、蜥蜴這類比較另類的寵物。一般來說，喜歡餵養這類寵物的人，大多戒備心都很強，因為這類動物本身防禦心就比較強，就像人為了保護自己而做某些防護措施一樣。這類人對別人的看法比較敏感，不善於與人交往，因此身邊的朋友不是很多，和他們打交道要循序漸進，注意說話的分寸並且不要太熱情。

很多人認為，養一些個性的寵物會引起別人的注目，有一種獨特感和優越感，但是，這種優越感和個性往往是內心軟弱、無助的表現。

從吃飯的方式看對方的個性

吃飯是我們每個人每天都要做的事情，從生到死一直會持續下去，所以會在不知不覺中養成一些習慣，而這些習慣又能展現出一個人的個性。因此，我們可以透過觀察一個人的吃飯方式來判斷這個人的個性。

一個人的個性能夠透過他日常生活中的言行反映出來。因此，我們可以

透過觀察一個人吃飯的姿勢、習慣等，對這個人的個性作一個大致的判斷。

小王是剛畢業的大學生，畢業後進入一家私人企業，公司的待遇、氛圍都很不錯，小王自己也暗自下決心要好好做，爭取能在這裡做出一番事業來。

小王有個壞毛病，那就是喜歡晚睡，這還是大學時養成的壞習慣，一時也難以改過來。睡得晚，自然早上起床就很困難，每天早上鬧鐘響了，小王都要閉眼掙扎一下，但很多時候就會睡過頭。所以，小王總是一路狂奔到公司。雖然時間很緊張，但是不能不吃早餐，因此小王每次都會在公司樓下買了早餐，然後一邊吃一邊趕往公司。有好幾次，小王在電梯裡吃早餐時都遇到了老闆，小王有些不好意思，但是也沒把這事放在心上。

後來，有一個很好的專案，經理推薦小王去做，小王很開心，雖然來公司時間不長，但是經理這麼信任自己，說明自己還是有能力的。但是當經理把計畫報給老闆的時候，老闆卻說小王並不是合適的人選，經理只好換了其他人。

後來小王從經理那裡了解到，正是那幾次在電梯裡的「偶遇」，讓老闆對自己的印象很不好，老闆認為小王是一個缺乏自制力、沒有紀律的人。小王後悔不迭，從那之後，再也不敢睡懶覺了，更不敢邊走邊吃東西了。

其實，小王的老闆做出那樣的判斷是有一定的依據的，因為不同的人在吃飯時有不同的表現方式，不同的方式展現了不同的個性，只要稍加留意，我們就能對其做出一定的判斷。

喜歡站著吃飯的人

這種人一般對食物不太講究，只要能填飽肚子即可，因而他們會盡可能要求方便、簡單，既省時又省力的食物。這種人在生活中沒有太大的理

想和追求，胸無大志，很容易滿足，他們個性溫和，懂得關心別人，為人一般比較大方。

🦇　邊工作邊吃的人

這種人一般生活節奏很快，在生活中他們有很多事情要處理，因而表現得很繁忙，但他們並不因此而煩惱，反而以此為樂。這種人在生活和工作中做事效率較高，能很快完成手頭的事情，不喜歡拖延，有事通常會立即著手解決。

🦇　邊吃飯邊看書的人

這種人吃飯僅僅是為了活著，若是不吃飯也仍舊可以活著的話，他們就會放棄這件既費時又費力的事情。一般來說，這種人的時間表都是排得滿滿的，為了能夠做更多的事情，他們總是千方百計地擠時間。這種人比較有野心，並且也會制定實現夢想的計畫。他們樂觀向上，一旦決定做一件事情，就會不遺餘力地去做，並且盡力將它做好。

🦇　邊走路邊吃東西的人

這種人給人的感覺是來去匆匆的樣子，似乎時間很緊迫，但實際情況或許並不一定如此，他們之所以表現得如此緊張是因為自己缺乏組織性和紀律性造成的。這種人大多比較衝動，常常會意氣用事，有時候會把事情搞到不可收拾的地步。

🦇　吃飯時狼吞虎嚥的人

有人吃飯速度很快，這種人做任何事情都比較重視效率，而且也追求速度，希望能在最短的時間內將事情做好。結果與過程對他們而言，結果更重要。生活和工作中這種人比較雷屬風行，手頭的事情會馬上去做，一

秒都不願意耽誤。

🗨 吃飯時細嚼慢嚥的人

與吃飯時狼吞虎嚥的人相反，這種人屬於慢郎中，做任何事情都以緩慢而又悠閒的方式來做，可以做到「泰山崩於前而不變色」。這種人比較會享受生活，他們不願意把自己逼得很緊，崇尚自然。

🗨 喜歡在外面飯店吃飯的人

這種人一般都比較懶惰但懂得享受生活，他們不喜歡自己動手做飯。這種人大多不善於照顧自己，他們希望能夠有人來照顧自己，因而他們不懂得付出，往往在別人付出以後才會有所行動。

🗨 喜歡在家吃飯的人

這種人一般都比較重視家庭，具有一定的責任感。這種人善於照顧自己和他人，不喜歡被人照顧，因為這會讓他們感到不自在，因而他們更願意自己動手。

烹飪習慣也隱藏著不同個性

我們可以從一個人吃飯的方式看出一個人的個性特徵，同樣的，一個人的烹飪習慣也會透露出他的個性。因為一個人在準備食物時所持的態度，往往就是他對生活的某種感受。從準備到製作過程，都是一個人內在心理的一種外在表露。

生活中，有很多人十分喜歡自己烹飪食物，他們認為烹飪是一種藝術，更是一種享受，他們願意自己動手，準備一切。一般來說，喜歡自己

動手烹飪食物的人，大多都是獨立意識較強的人，他們不習慣依靠他人來達到自己的目的，他們有很強的自我意識，但是他們對別人缺乏信任感，不會輕易相信別人。這類人很滿足獲得成功後的成就感，他們的自信心非常強，即使身處困境也依舊樂觀。而那些從來都不自己動手烹飪食物的人，大多缺乏獨立意識，沒有冒險精神，為了安全，他們寧可選擇妥協退讓，也不願意去嘗試。

具體來說，不同個性的人有不同的烹飪習慣。

有的人在烹飪的時候多採用剁、揉等方法，這類人個性外向，踏實能幹，有吃苦耐勞的精神。他們屬於腳踏實地型的人，很注重現實，總是能夠以非常積極和誠懇的態度來面對生活中的各種問題。他們的生活節奏很快，有很多有意義的計畫正在不斷地實施。一件事情，他們只要下定決心去做，就會全身心地投入，盡力把它做好。

有的人在烹飪的時候沒有什麼固定的習慣，僅僅是憑著自己的感覺進行烹飪。這樣的人比較善變，常憑著一時的衝動感情用事。他們很容易喜歡什麼東西，也會很輕易地放棄。喜歡的時候，是真心實意，不喜歡了，也是發自內心的厭惡。他們不願受人束縛，喜歡隨心所欲，為所欲為。這類人比較有自知之明，他們知道自己難以實踐對別人的諾言，因此他們很少對人承諾什麼。他們心地善良，並不願意去傷害別人，但是會在無意之中傷害到別人。

有些人經常在烹飪的時候參考相關的書籍，這樣的人個性內向，活在自己的世界中，不與世人相爭，生活追求平淡；他們顯得有些呆板，凡事喜歡依據一定的規則，如果沒有這一類指導性的東西，就會顯得手足無措。這類人沒有什麼主見，容易隨波逐流；十分重視細節，力求做到精確

無誤，有時候比較倔強，自己認為重要的事情一般會堅持做下去。他們不夠有自信，不懂得隨機應變，缺乏應對突發事件的能力。

有的人喜歡向美食家請教烹飪方面的問題。這樣的人在生活中氣量都比較大，能夠虛心認真地接納別人給自己提出的意見和建議。但只是接納並不是全盤接受，他們仍然有自己獨特的思維，會充分考慮別人的意見和建議，但在此基礎之上，最後決定的還是自己。

有的人喜歡烤肉。這樣的人大多比較外向，個性開朗，待人很熱情，而且樂於與陌生人交往，喜歡向別人介紹自己。他們比較有同情心，做事的時候不拘小節，有點粗心大意，常常會製造一些麻煩。這類人沒有太大的追求，得過且過。

不同的烹飪方式，代表了不同的個性特點，只要我們平時注意觀察，就能判斷出他們有怎樣的個性。

從所戴手錶看透對方

手錶是人們日常生活的必需品之一，一個人佩戴的手錶，在相當程度上反映了他對時間的態度和看法，而一個人對時間的態度和看法，恰恰能反映出這個人的個性。從一個人佩戴手錶的款式上，我們可以推測出他的個性。

俗話說：「一寸光陰一寸金，寸金難買寸光陰。」在如今這個高速發展的時代，時間更是寶貴。雖然時間很寶貴，但是不同個性的人對待時間的態度是不同的，有人惜時如金，有人卻眼睜睜地看著時間從眼前溜走。很多時候，我們可以從一個人所佩戴的手錶來判斷他的個性。

喜歡戴電子錶的人

如今市面上有一種比較新型的手錶，平常的時候表面漆黑一片，但是按一下顯示時間的按鈕，表面就會顯示出時間。有的人喜歡佩戴這樣的手錶，一般來說，這類人喜歡標新立異，想顯示自己與眾不同，他們有著強烈的獨立意識，喜歡自由自在地生活，喜歡做自己想做的事，不希望別人約束和控制自己，不願意做自己不喜歡的事情。

喜歡戴鬧鐘型手錶的人

這種人大多對自己要求很嚴格，總是把神經繃得很緊，一刻也不放鬆。這一類型的人雖算不上傳統和保守，但他們習慣於按一定的規律和規定辦事，他們在爭取成功的過程中，任何一件事都是以非常直接而又有計畫的方式完成的。他們很有責任心，有時候會在這方面刻意地培養和鍛鍊自己。

喜歡戴具有幾個時區手錶的人

這種人比較聰明，也有一定的智慧，想像力豐富，但是很多事情只是在想，而不會付諸實際行動；做事不夠專注，經常三心二意；缺乏責任感，常常會想盡辦法逃避自己的責任。

喜歡懷錶的人

這種人多對時間具有很好的控制能力，雖然他們每天的生活都是忙忙碌碌的，但是並不是時間的奴隸，而懂得如何在有限的時間裡讓自己放鬆並且尋找快樂。他們善於控制自己，適應能力非常強，能夠很好地調整自己的心態。他們多有較強的懷舊心理，樂於收集一些過去的東西。他們言談舉止高雅，有一定的文化修養。他們為人浪漫，經常會製造一些驚喜。待人很有耐心，十分重視與別人的感情。

✿ 喜歡戴沒有數字的錶的人

這種人抽象化的理念較為強烈，他們擅長於觀念的表達，而不希望什麼事情都說得十分明白。他們很在意對一個人智力的鍛鍊和考驗，認為把一切都說得太明白就沒有任何意義了。他們很喜歡玩益智遊戲，而且他們本身就是相當聰明的。他們對一切實際的事物似乎並不是很在乎。

✿ 選擇專門的設計師為自己設計手錶

這種人虛榮心較強，喜歡在別人面前炫耀自己，他們想透過自己的手錶，讓別人覺得自己的時間很寶貴，實際上，他們對時間的觀念並不是很強。這種人喜歡將一件事情誇大，期待引起別人的注意，從而表現自己。他們常常覺得自己戴的手錶是獨一無二且高人一等的。

✿ 喜歡穩重務實型手錶的人

這種人大多會選擇佩戴正裝系列的手錶。儘管由於經濟條件的差異，各人之間手錶的等級也各不相同，但是這類人共同的特點就是追求樸素踏實的生活。在生活中，他們是「好男人」的代表，踏實能幹，不會亂花錢，不會為了滿足自己的虛榮心而去買一些奢華的東西，對生活有明確的規劃，這類人作為終身伴侶是十分可靠的，但是有時候會有點死板，不會製造浪漫。

站姿裡的個性「訊號」

如果細心觀察，你會發現每個人站立的姿勢都是不同的。有的人站得非常標準，有的人則東倒西歪，有的人站立時喜歡靠在某些東西上……這些不同的站姿並非有意為之，而是人的潛在個性使然。

站姿是人的精神和心態的集中展現，不同的人站姿也大不相同，從中我們可以捕捉到豐富的訊息，並可以根據這些來判斷一個人的個性。

　　最常見的是標準立正的站姿，兩腳併攏、自然站立，通常不帶任何情緒和去留的傾向。這種站姿比較正式，學生在和老師說話以及公司下級向上級彙報工作時，常採用這種站姿表示服從。經常使用此類站姿的人，性情比較「中庸」，他們喜歡「隨波逐流」，不會輕易拒絕別人，不愛爭強好勝。在工作中也是屬於表現不是很突出但也不會太差的那類員工，遇到需要表態的事情時，他們經常會保持中立，不置可否。

　　有些人的站姿則不太好看，彎腰駝背，一副站不直的樣子，看上去似乎承受著巨大的壓力。這種站姿的人一般生活上都不是很如意，經常遭受各種打擊，個性也比較內向、消極、為人處世不夠有自信，容易逃避壓力和風險。

　　有些人站立時或選擇雙腿交叉，或同時交叉雙臂。這是一種拘謹的表現，大多數人在身處陌生的環境時會有這種下意識的反應。如果是與較熟悉的朋友談話時出現這種站姿，就表明這個人個性比較拘束保守，缺乏自信心，不喜歡展現自己。

　　最佳的站姿是「站似一棵松」，這樣的人站立時挺胸、抬頭、兩腿分開直立，有軍人氣質。一般具有這樣站姿的人都很自信且有魄力，做事雷厲風行，而且為人正直、有責任感。通常有這樣站姿的多為男性。

　　有些人站立時則喜歡將雙手插在褲子口袋裡，然後時不時地拿出來摸摸頭髮或者扶扶眼鏡，像是在思考問題。喜歡這種站姿的人做事比較謹慎，在反覆思考後才會做出決定，但又有點瞻前顧後，不夠乾脆。在工作中他們同樣會有些拖泥帶水、不靈活、效率不高。在感情上他們非常堅

定，輕易不會背叛。這類人經常對現實不滿，更喜歡活在自己幻想的未來中，他們腦子裡總是會有很多想法，但很少付諸實施。

有人喜歡雙手抱胸的站姿，這樣的人看起來有些不好接近，事實上，他們也的確屬於相對有個性的群體，通常具有較強的挑戰意識和攻擊意識。無論是在工作中還是在生活中，他們都喜歡打破傳統的束縛，充分發揮創造能力，並且勇於表現自己。

也有人站立時喜歡靠在某些東西上，看上去好像全身無力的樣子。這樣的人多半是失意者，對外界缺乏安全感，容易依賴外力來保護自己。他們個性隨和，坦誠，容易與人相處，但也很容易受到別人影響。

理財方式不同代表不同個性

投資理財近年來已成為人們關注的焦點，那麼，一個人的投資行為與他的個性是否有關呢？心理學家透過研究發現，一個人的個性往往會影響到他的投資理財行為，同時也會決定其理財績效。在生活中，我們可以透過一個人的理財方式判斷出一個人的個性。

現代社會，有的人把投資理財當成賺錢發財的副業，有的甚至當第一職業。不同個性的人理財方式是不一樣的，所以，從一個人的理財習慣和方式上，可以推測出這個人的基本個性。

🗨 保守型

一般來說，選擇保守理財方式的人在投資理財方面十分謹慎，他們寧可選擇一些收益低但比較保險的理財產品，也不願意冒險去嘗試一些收益

高但風險較大的理財產品。在日常生活中，他們也是保守型的人，他們喜歡安定的生活，不願意嘗試新事物，討厭變化無常的生活，不願意冒任何風險。在投資理財方面，他們一般會以儲蓄為主，同時會購買一些利息較高但風險較低的國庫券，或者參與一些保險，其餘的理財產品一概不沾。假如他們貸款買房，那麼在以後的生活中，他們會節衣縮食爭取早日還清。

穩健型

這類人一般有著豐富的社會經驗，做事考慮周全而穩妥，不會隨意冒險，他們會專門抽出一定的時間去理財，但是在理財的過程中始終能夠保持頭腦冷靜。對於新興的理財產品，他們也樂於嘗試，但比較謹慎，對於那些高風險高收益的產品，還是會持反對態度。他們主張理財應該以安全和長期收益為主，他們一般更願意接受專業理財機構的服務。

這類人在理財過程中有著明確的目標，對於沒有把握的理財產品堅決不去涉足。一旦有看中的目標，他們會毫不猶豫地買下。在理財過程中，他們很少失敗。他們一般會選擇收益和風險處於中上游的理財產品，傾向於穩妥，他們頭腦清楚，注重理財方法的實用性。

進取型

這類人大多為年輕人，在理財的過程中，他們願意嘗試一些新的理財產品，但前提是他們對這種產品的風險和收益較為了解。他們很好學，自身具備一定的理財知識，喜歡自己選擇理財方式和理財產品，專業理財機構的建議對他們來說僅僅是一個參考。

這類人中有一部分人會選擇投資房地產，因為他們認為房地產是長期最賺錢的投資，這種人比較踏實；也有一部分人會選擇投資收藏品，在怡

情養性的同時，也能累積財富。他們一般都具備一定的經濟基礎，不會期望一夜暴富，同時，假如投資失敗，他們最基本的生活還是有所保障；有人選擇外匯和黃金，這部分人膽大心細，不滿足於小富，往往不達目的不罷休；還有人喜歡投資股票，這類人喜歡尋求刺激，把冒險當成生活中的一項重要內容。

激進型

這類人與保守型恰好相反，他們喜歡嘗試新的理財產品，是各類理財新產品的大膽試行者。他們喜歡冒險，信奉高風險高收益的原則，喜歡投資一些短期投機型的理財產品，渴望能夠一夜暴富。

但是這類人缺乏專業的理財知識，大多數時候是在盲目跟風 —— 今天有人說買某某股票賺錢了，他們就會跟著買一大堆同樣的股票；明天有人說買某某基金賺錢了，他們就會賣掉手中的股票轉而購買基金……這類人，經常忙來忙去，結果卻是一場空。

隨遇而安型

生活中，還有一類人，他們對於理財沒有明確的目標，理財喜歡隨遇而安，不會很執著於理財規劃所要達到的效果。

這類人個性多變，做事容易虎頭蛇尾，他們不大善於理財，需要有專業的人士進行指導。但是他們心態比較好，容易接受他人的意見和建議，勝不驕敗不餒，不會在理財方面給自己太大的壓力，不管結果如何，他們都能坦然接受。

根據人們不同的理財方式，我們可以推斷出一個人的個性特徵。同理，我們還可以根據一個人的個性特徵，推測出其大概的理財方式。

字如其人，從寫字形狀辨識個性

有個腦筋急轉彎說：你一生中寫得最多但唸得最少的字是什麼？很多人猜不到，其實答案很簡單，就是自己的名字。我們經常會有寫自己名字的機會，卻很少有人把自己的名字唸來唸去。而每個人寫下自己名字的樣式不同，可以在一定程度上展現人物的個性特點。

有人說名字不過是一個代號，而實際上，名字對於每個人的意義遠不止這些。從古至今，人們將名垂青史看作是極大的榮譽，而在很多科學研究方面也規定第一個發明人或發現人擁有命名權，這都足以展現人們對名字的極高關注。

如今，電腦高度普及，人們用筆寫字的機會越來越少了，但很多時候還是需要本人來親筆簽名的，於是，簽名也成了人們社交活動中的一項重要內容，並催生了一些專門為人設計藝術簽名的行業。但所謂字如其人，無論一個人的簽名如何藝術化，其基本特徵是無法改變的，不同的人，其簽名也有著千差萬別，字型或美或醜、或大或小，字的排列方向或左或右、或上或下，都能在一定程度上反映出人的個性特徵。這絕對不是隨意的猜度，世界上就有專門的筆跡心理分析學，就是透過筆跡來分析一個人的個性。所以，如果你想了解一個人就可以多多觀察他寫的字，這裡面能夠帶給你大量的相關資訊。

喜歡寫方塊字的人

喜歡寫方塊字的人，一般來說都品行端正、為人正直、有責任感。這些人也都比較傳統、自我約束力強，感情不易外露，可以很好地遵守各種社會行為規範。在辦事能力上，他們表現得穩重踏實、細心謹慎，原則性強。

🐾 字型向右傾的人

喜歡這種簽名方式的人通常個性開朗，待人友好，富有同情心和奉獻精神，喜歡參加社會活動。在生活態度上，他們精於進取，能動性強，不會輕易向困難低頭；在思維上，他們對精神領域的東西感興趣，並經常能夠有創造性的想法。

🐾 字型向左傾的人

這一類型與上一類型的人個性恰恰相反，他們比較內向，為人處世也比較冷漠，與外界相比，他們更關注自身情感並經常自省。他們不喜歡參與社會活動，更相信個人奮鬥的力量。

🐾 喜歡寫細小字的人

這一類型的人最大的特點就是細緻，這可以說是他們的優點，也可以說是他們的缺點。因為細緻，在辦事時他們非常謹慎，警覺性高，很少出錯。但這也導致他們非常在意別人的意見，容易受到外界環境的影響。

🐾 喜歡寫大字的人

大字比較有視覺衝擊力，容易引起別人的注意，喜歡寫大字的人也有著同樣的個性特點：好大喜功，愛表現，往往頭腦一熱就去做某事，受外界影響較少，以自我意識為導向，但缺少周密的思考。他們最大的缺點就是：不夠細心。

🐾 喜歡寫圓形字的人

字如其人，喜歡寫圓形字的人個性也比較圓融、溫和，待人真誠、善良，能夠為他人著想，中庸之道是他們一貫奉行的原則；他們有很強的適應社會的能力，並且個性堅韌，能夠自我控制，不會輕易與人發生衝突；

做事之前，他們會制定詳細的計畫和部署，行事審慎。但有時候也因為想得過多，所以又有點瞻前顧後、猶豫不決的缺點。

喜歡寫長方形字的人

長方形字型常給人挺拔、幹練的感覺，喜歡寫這種字型的人亦是如此。他們比較具有開拓精神，敢想敢做，生活態度積極、自信，為人處世愛憎分明、態度明朗。

喜歡寫扁形字的人

寫扁形字的人就像彈簧，能屈能伸、抗壓性強、具有堅定的信心和頑強的毅力，認定某件事就會義無反顧地做下去，並且條理清晰、計畫周密。這種個性的缺點是很容易固執、鑽牛角尖，或聽不進別人的意見，甚至刻板僵化、缺乏彈性。如果扁形字右傾，則表明書寫者個性中正向的成分比較多，有理想、有抱負並且具有進取精神，為人處世也非常熱情、好相處，這樣的人比較容易成功。如果是扁形字左傾，則個性中會有一些叛逆的因素，雖然同樣具有吃苦耐勞、做事堅忍不拔的優點，但很多時候過於清高孤傲、憤世嫉俗，總感覺胸懷大志卻無處施展，內心的想法複雜而又糾結，這樣的人社交範圍比較窄，而一旦感覺遇到志同道合的人就會與之深交。

當然，一個人的簽名習慣也是會發生變化的，比如在沮喪失意的時候，簽名就可能寫得比較小，力度也小，看起來不是很灑脫；而人在意得志滿的時候，寫出來的簽名很可能就是龍飛鳳舞，透著一種張揚與霸氣。但不管怎樣，他的筆跡是不會發生變化的，這就像「江山易改，本性難移」，一個人最基本的個性特徵還是可以從他親筆所寫的字中觀察出來。

運動方式透露人的個性

生命在於運動，運動對於人而言是一種必需的活動，生活中很多人都有運動的嗜好。不同的人會熱衷於不同的運動方式，這其實就是個性方面的外露。

如今，人們對自身的健康越來越重視，每天清晨，我們都能看到很多人在公園裡跑步、打太極拳……他們透過不同的運動方式來健身。其實，每個人都有自己喜歡的運動方式，在各式各樣的運動方式中，選擇哪一種運動方式和人的個性也有關係。只要留心觀察，我們就可以從不同的運動方式來判斷出一個人的個性。

喜愛打籃球的人

喜歡打籃球的人大多數都對自己有著很高的要求和期望，他們希望最出色的那個人是自己。因此，為了實現自己的目標，他們可以為此做出很大的努力和犧牲。即使遭遇失敗，他們也能夠勇敢地面對，不會被擊倒。他們的抗壓性較好，跌倒後能夠重新站起來。

喜愛打網球的人

一般來說，喜歡打網球的人文化素養較高，因為網球運動本身就具有貴族的氣息和很高的格調，並不是所有人都可以加入到這項運動中來的。喜愛網球運動的人大多文質彬彬，待人禮貌，他們對自己要求很嚴格，為的是讓自己能夠更進一步，他們大多追求完美和完善。

喜歡踢足球的人

喜歡踢足球的人大多都富有激情，喜歡刺激的事物。無論是生活中還

是工作中，他們的態度都十分積極，有很高的「戰鬥欲望」，拚勁十足。

喜歡高爾夫球的人

一般來說，凡是能夠玩得起高爾夫球的人，大多都是有著比較強大的經濟基礎，而他們本人也大多是成功人士。喜歡高爾夫球的人大多都有遠大的目標和堅強的毅力，會為自己的目標做出不懈努力，做事能夠堅持到底；而且他們胸襟廣闊，能夠忍受常人不能忍受的一些痛苦。

喜歡冬泳的人

這種人有著超強的意志力，尤其是冬天也到江河裡進行長距離游泳的人，他們的毅力更是令人欽佩。這種人遇事能夠冷靜處理，不管是做什麼事情，都不會貿然行事。即使遇到險境，他們也能保持清楚的頭腦，一般不會被外界干擾自己的判斷力，他們十分相信自己的分析能力。在事業方面，他們會追求很高的專業知識和地位，希望能夠得到大家的尊重和賞識。而他們的缺點就是待人不夠熱情，讓人難以接近。

喜歡舉重的人

這種人在生活中大多喜歡追求一些外在的東西，而不去考慮事物的內在。這種人自我意識較弱，在與人交往的時候，他們十分在意對方對自己的看法和意見，會為了迎合別人而委屈、改變自己。

喜愛慢跑的人

這種人大多數待人十分熱情。生活中，他們心態比較平和，對於身邊發生的事能夠以平常心去對待，遇事能保持冷靜，比較容易滿足現狀，沒有太大的理想和抱負。

🗣 喜歡競走的人

有人喜歡競走，並且把競走當成一種運動方式。一般來說，這類人比較喜歡標新立異，希望與眾不同，希望自己能夠引起別人的注意。這類人個性強烈，喜歡自由自在的生活，不喜歡受到別人的約束，更不會為了迎合別人而改變自己。

🗣 喜歡散步的人

這種人個性溫和，在生活中也是那種不常生氣的人，待人熱情，但他們不喜歡在別人面前表現自己，對名利也十分淡漠。他們通常很低調，不喜歡大張旗鼓，也不喜歡湊熱鬧，只希望能夠靜靜地做自己喜歡的事情，他們很有耐心，決定去做的事情一定會把它做好。

🗣 邊做事邊運動的人

這種人在生活中非常積極樂觀，具有很強的想像力，無論是多麼枯燥無味的事情，到了他們那裡，都會變得十分有趣。這類人自制力很強，即使是做一件不喜歡的事情，也不會抱怨，他們十分善於自我調節，具有良好的心理調節能力。這類人一般不會患上憂鬱、強迫等心理疾病。

此外，有些人喜歡自己去編排運動項目。一般來說，這種人生活態度比較嚴肅，無論是做什麼事情，他們都能夠非常認真地對待，並且會盡量把它們做好。他們對自己要求很嚴格，對別人也是。

總之，不同的人喜歡不同的運動方式來鍛鍊身體，而不同的運動方式也可以反映出他們的個性。只要我們注意觀察他們最喜歡哪種運動方式，就可以初步判斷他們具有怎樣的個性。

從駕車習慣和車型選擇看對方個性

　　心理學家研究發現，人的個性會透過人們生活的各方面展現出來。因而，透過一個人的駕車習慣和車型選擇，我們就可以從中讀出對方的個性來。

　　如今，汽車已經成為人們生活中常用的交通工具。或許有人有這樣的發現：有人在現實生活中很有紳士風度或淑女風範，但是一旦坐上駕駛員的位置，就突然像是變了一個人一樣，變得狂躁無禮，跟人對閃遠光燈、狂按喇叭，與之伴隨著的還有一連串的髒話，甚至會在超車後對後車比中指。

　　一個人為什麼會在車上車下判若兩人呢？事實上，我們每個人的人格與氣質都不是單一的，而是多層次、多面向的。車內相對比較封閉的空間，會讓人們不自覺地放鬆對自己某些個性的壓抑和掩飾，就好像暫時逃離了這個世界對我們的監管，我們的心理就會或多或少發生一些變化。因為車外的人們面對的僅僅是一個鐵盒子，除了從車的外形看出車主的經濟水準，其他的一無所知，所以，在車內的人們，會比較放鬆，言行也會很隨意。就像很多人在網路上，言行也經常和平時生活中大不相同，這其實是同樣的道理。

　　有的人在開車的時候十分小心謹慎，平穩駕駛，十分在意行車安全；有的人在開車的時候脾氣十分暴躁，一點小事就會讓他們火冒三丈，容易跟別人發生口角；有的人喜歡開快車，總想超越別人，一旦有人超過他們，他們就會很不服氣……事實上，不同的駕駛習慣是由一個人的個性決定的，因此，我們可以根據一個人的駕駛習慣判斷出對方的個性。

有人喜歡一邊開車一邊抽菸，停車時會把腳抬到方向盤上

這種人個性獨特，為人剛正不阿，做事的時候喜歡按照自己的方式來做；這種人大多是理想主義者，能力比較突出，在生活中不會巴結、奉承他人；做事很有自己的主見，喜歡把事情安排妥當並且不失新意。但是他們容易以自我為中心，為人處世的時候不懂得考慮別人的感受。

有人開車時嚴格遵守交通規則，開車也很平穩

這種人是真正的君子，腳踏實地，做事一絲不苟，會嚴格地按照計畫執行；但缺點是容易固執，不懂得變通，有些死板；在生活中與這種人相處會覺得了無生趣，缺乏生氣。

有人在開車時喜歡賣弄車技，不允許別人超車

這種人比較自信，喜歡爭強好勝，或許在某些方面會比較出色，但是處世不夠圓滑，常常表現得傲氣十足，容易引起別人的反感。這類人嘴巴很甜，喜歡奉承別人，在生活中很會哄別人開心。

有人在開車時力求穩當，稍有意外就會立即煞車

這種人為人耿直，善於和人相處，適應能力很強，辦事乾淨俐落，在各種場合都是受人尊重和注目的對象。不管是在生活中還是在工作中，他都會制定詳細的計畫，然後按照計畫循序漸進，因而深得別人的信任。這種人做什麼事情都會盡職盡責，但是在內心深處，他們也不是很有自信。

除了透過駕車方式來判斷一個人的個性，我們還可以從車型選擇上來判斷一個人的個性，選擇不同的車型，從某種意義上來說，就展現了某一類型的個性。

🦇 喜歡豪車的人

這種人個性外向、自信，希望自己能夠表現得與眾不同，能夠引起別人的注意。他們常常覺得自己很成功，因為他們經常能夠得到別人的讚美，但是很多時候別人的讚美不一定是發自內心的肯定。

🦇 喜歡吉普車的人

這種人有強烈的虛榮心，求勝欲望強烈，做什麼事情都希望能夠勝出，把別人甩在後面。這種人通常較有自主意識，做吃苦耐勞，就像吉普車一樣，能夠不辭辛苦地進入許多交通工具無法到達的地區。

🦇 喜歡進口車的人

這種人個性外向，比較好強，在生活中是現實的利己主義者，缺乏團隊精神，只要是能帶給自己好處的事情都會接受。這種人有很強的社交能力，但是大多時候是以物質利益為優先的，因此，一旦在這方面出現問題，他們就會翻臉不認人。這種人在生活中很難交到知心朋友。

🦇 喜歡旅遊車的人

這種人一般性情溫和，為人誠實、可靠。這種人在生活中很節儉，喜歡精打細算。他們總是能夠利用有限的時間、精力和金錢做出不等量的事來。這種人在生活中通常很受人尊敬。

🦇 喜歡雙門車的人

這種人控制欲和占有欲都很強，他們希望自己能夠領導他人而不是被別人領導。一旦見到自己看中的事物，就要想方設法得到。這種人在生活中較難相處，跟人在一起的時候總是喜歡發號施令，希望別人按照自己的意願做事，而很少去顧慮別人的感受，因而，在生活中這種人沒有什麼朋友。

喜歡敞篷車的人

這種人個性外向，他們樂於與外界進行各式各樣的接觸，他們喜歡熱鬧，不喜歡死氣沉沉的生活。對於色彩鮮豔、造型獨特的事物情有獨鍾。他們對人通常都很熱情，富有同情心，能夠給予他人關心和幫助。這種人很容易接受新事物。

衣服穿出的個性密碼

在與人交往的過程中，我們要學會觀察一個人的服飾儀表，因為一個人的服飾不僅能反映他的個性，更能透露他對待事物和生活的態度。如果我們能夠掌握住人們關於服飾的獨特心理，那麼在生活中就可能會有意想不到的收穫。

西方有句俗話：「你就是你所穿的。」說的是一個人的服飾與一個人的個性緊密相聯。如今人們穿衣服早已不僅僅是為了蔽體，因此更多的時候，服飾能透露出一個人的內心世界，因為不同個性的人會選擇不同的服飾。在生活中，我們可以從一個人的服飾來對其個性和內心有一個大致的了解。

喜歡簡單樸素服裝的人

這類人個性沉穩、簡單自然，待人真誠熱情。他們在生活和工作中都非常踏實、肯做事，並且勤奮好學，遇到問題常能表現得客觀、理智。做事踏實、仔細，但不善言談。只是如果過度樸素，則說明這種人對待自己很吝嗇，缺乏對自己的關愛和主體意識，且很容易屈服於別人。

🐑 喜歡穿華麗衣服的人

這類人一般都具有很強的表現欲，愛出風頭，喜歡顯示自己。這類人比較虛榮，喜好排場，在生活中也是一個華而不實的人，做事不夠踏實，但是大多比較活潑、開朗、坦率和豁達，對生活的態度也比較積極、樂觀和向上，而且具有較強的感染力。

🐑 喜歡單一顏色服裝的人

這類人往往性情多正直、剛強，且善於理性思考。但若選擇的單一顏色越深，則說明此人越沉默，性情穩重，且有城府，讓人有些思索不定。他們做事前會詳細考慮，並在想好後突然出擊，帶給人意外之舉。

🐑 喜歡穿同一款式服裝的人

這類人個性鮮明、爽朗正直。他們做事很自信，乾脆俐落，並且愛恨分明。時刻遵守自己的承諾，一旦對他人應允什麼，就一定要竭盡全力去完成。但缺點是清高自傲，容易孤芳自賞，有時候會自以為是，與他人之間形成矛盾。

🐑 喜歡穿長袖衣服的人

希望用長袖的衣衫遮擋自己的身體，這類人若不是身體上有缺陷需要遮掩，則說明是非常傳統和保守的人。他們為人處世一向循規蹈矩，從來不會跨出傳統禮節半步，缺乏冒險精神，但又希望能收穫名利，所以他們的人生理想會定得很高，但是不容易得到實現。

🐑 喜歡寬鬆自然服裝的人

這類人，不講究剪裁是否合身、款式如何，只是追求穿著舒適，他們多是內向的個性，有時顯得非常孤獨。雖然很想與他人交往，但是往往會

因遇到一些困難而後退，在人際交往中，他們絕不是順風順水的那一個。個性中，害羞、膽怯的成分比較多，不容易接近別人，也不易被人接近。但一旦有了朋友，一定會非常要好。

💬 喜歡穿流行時裝的人

這類人最大的特點就是沒有自己的主見，不知道自己有什麼樣的審美觀。這類人一般都有孤獨感，情緒不穩定，他們不知道自己真正喜歡什麼，只是以流行為風向標，隨著潮流走。在工作和生活中，這類人也沒有主見，遇到事情經常會猶豫不決，遲遲難以做出決斷，而且很容易情緒化。

💬 喜歡穿色彩鮮豔、亮麗服裝的人

這類人一般都比較活潑、開朗，個性坦誠，對生活的態度也比較積極、樂觀和向上。他們大多聰明睿智，具有很強的幽默感。這類人也喜歡表現自己，經常會在生活和工作中製造一些小意外，期待引起別人的關注。這類人善於交際，他們能很快進入一個陌生的圈子而不會不知所措。

除此之外，有些人在穿著上很不講究，他們不喜歡打領帶，甚至不修邊幅，這樣的人一般都比較有活力，精力旺盛。這類人在生活中都比較隨意，我行我素，獨來獨往。這類人不喜歡屈居人下，總喜歡指揮別人做事。另外，穿著馬虎的人通常在做事時，缺乏計劃和邏輯推理的能力，這類人比較有行動力，一旦下定決心做某事，就會言出必行。但是這類人受挫後容易一蹶不振。

透過一個人的衣著，我們就可以對他產生大概的了解。因此，在與人接觸的過程中，當我們不了解對方時，不妨觀察一下他的衣著，這往往是我們走進對方內心世界的途徑之一。

第三章　秉性天成─行爲習慣透露的個性密碼

第四章

細節的魔力

—— 看透瑣碎事才有好人緣

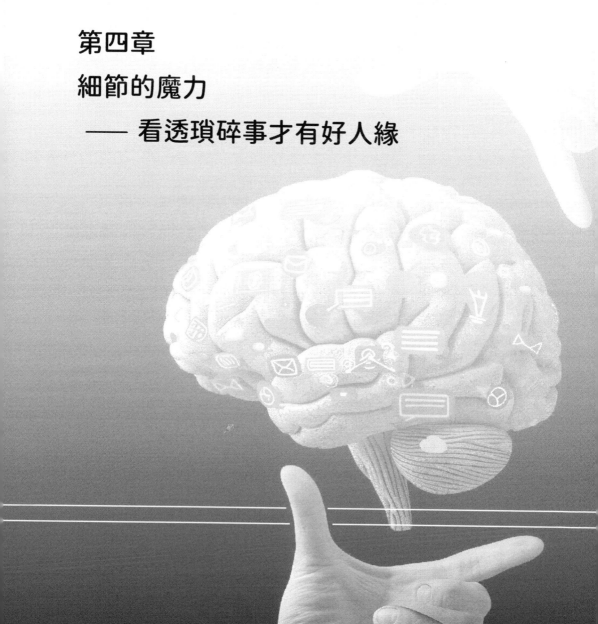

生活細節裡的蛛絲馬跡

俗話說，知人知面不知心，一滴水能折射出太陽的光輝。同樣的，人的一舉一動都是其內心世界的反映，我們應學會從對方每一個細微的動作、每一種習慣中，窺一斑而知全豹，分辨出人的本質和心智。

世界上最難做的事情是什麼？就是清楚地辨識一個人。因為人是世界上最複雜的動物，我們無法從一個人的表面去辨識他。有些人的外貌和本質有著很大的差異：有的人看起來溫文爾雅、嚴肅端莊，但是私生活卻很糜爛；有的人外表看起來敦厚善良，卻在背地裡偷雞摸狗、損人利己；有的人表面看起來待人很熱情，實際上心裡卻對對方厭惡至極……

要想清楚地理解一個人是很困難的，但是這並不是說我們就無法辨識一個人，我們可以透過一些生活細節來了解一個人，比如從站相、談吐、辦事方式等方面來辨識一個人。

古代著名的文學家蘇軾就是一位識人高手，他很會從細節看一個人的品格。

蘇軾一生喜歡遊山玩水，有一次，蘇軾應好友謝景溫的邀請去郊外遊玩。一路上，兩個人談天說地，聊得十分開心。在經過一棵樹的時候，突然從上面掉下來一個黑影，把兩個人都嚇了一跳。兩個人停下腳步，仔細一看，原來是一隻雛鳥，或許是太好動從窩裡掉了下來。這時，受了傷的雛鳥，叫得很淒慘。蘇軾正準備撿起雛鳥，沒想到謝景溫卻一腳把雛鳥踢到了一邊，對蘇軾說：「這隻小鳥已經摔成這樣了，肯定活不成了，兄臺何必為它費心思呢。我們繼續走吧。」謝景溫的言行讓蘇軾心中大驚。遊玩回來之後，他就與謝景溫絕交了。

有人問蘇軾為何要這樣做，蘇軾回答說：「他是一個漠視生命的人，

這樣的人很自私，不能深交。」朋友聽了蘇軾的話，覺得他小題大做了，也沒放在心上。

後來，依靠與王安石的關係，謝景溫謀到了御史的職位。他記恨蘇軾，於是在神宗面前誣告蘇軾，說蘇軾當年隨同父親靈柩回老家時販賣私鹽，企圖以此置蘇軾於死地。但是神宗派人經過多方調查取證，最終消除了謠言。

蘇軾透過一個小動作，就看出了謝景溫是一個不可深交的人，這是為什麼呢？其實，在日常生活中，我們的一些自然而然的小動作是在不知不覺中形成的，具有很強的穩定性，因而，日常生活中的一些小動作就能讓我們認識、了解、觀察一個人。

下面我們就介紹一些透過生活細節來觀察人的方法：

🐾 兩手習慣插在衣服口袋裡，並不時地抽出來然後再插進去，兩腳自然站立

這種人個性謹慎，遇到問題，想的比做的多，但這同時也成為他的缺點，可以想像，這種人做事缺乏果斷，往往是瞻前顧後，前怕狼後怕虎，因而最後的結果都不是很好。在生活和工作中，這類人缺乏靈活性，因為擔心失敗，所以總是用老一套的辦法解決問題。這類人抗壓性較差，害怕失敗，遇到挫折、打擊的時候，往往不能正視，喜歡怨天尤人，而不從自身找原因。

🐾 兩腳自然直立或併攏，雙手背後

經常做這個動作的人通常都比較自信，在某些方面具有優越感。這種人可能是具有一定的知識水準和社會地位，能夠擔當起領導他人的職責。他們一般都能和他人很好地相處。

❦ 常常觸碰自己頭髮

經常觸碰自己頭髮的人一般個性鮮明，他們善惡分明，不願有一絲的馬虎和遷就。這種人有魄力，也有膽識，喜歡尋求刺激，經常做一些冒險的事情。這種人為人處世比較慷慨大方，不會斤斤計較，因此，他們的朋友很多，具有良好的人際關係。這種人很有心，在生活和工作中能夠透過一個細節來尋找和製造機會以發展和完善自己。

❦ 習慣用腳尖或腿使整個腿部顫動，有時候還用腳尖或者腳掌拍打地面

經常做這個動作的人比較懂得自我欣賞，有一點自戀情結。他們封閉又保守，與人交往的時候常常會有所保留，並且不太容易與他人建立良好的關係。在與人交談時，時常會做一些手勢或動作，身體語言比較豐富。一般來說，有這種習慣的人，比較有自信心，遇事能夠果斷地做出決定，不拖泥帶水；行動力較強，做事雷厲風行。

❦ 抽菸時喜歡吐菸圈

這種人突出的特點就是占有欲和支配欲較強，特立獨行，凡事喜歡我行我素，不喜歡受人限制。他們大多個性外向，樂於與人交往，並且為人比較仗義，不拘小節，凡事只要過得去就可以了，因而在生活中比較得人心。有意思的是，我們可以從一個人吐出來的菸圈的形狀來判斷他的個性。如果他吐出來的菸圈是向上的，那麼這個人應該是一個積極向上的人，或者說此時他對待事物的態度是樂觀的；如果一個人向下吐菸圈，那麼不難看出這個人是消極的，至少此時的他對待事物是消沉的，沒有足夠的自信。

與別人交談的過程中，自然地解開外衣的鈕扣，或者乾脆把外衣脫掉

一般來說，做出這樣的動作表明這個人是很真誠友善的，他對交談、交往的對象並沒有太多虛偽的禮節，他是很信任交談對象的。因為在很多場合，這個動作極有可能會被對方誤解為對自己不尊重、不禮貌，而他並沒有過多地注意這些，顯然是沒有把對方當作外人。

自言自語的人有精神問題？

不知你是否留意過：我們身邊總會有一些人喜歡坐在一個地方或邊走邊旁若無人地自己跟自己對話。看到這樣的人不要大驚小怪，也不要認為他們有某方面的精神疾病，或許他們正是在用這種方式來緩解自己的壓力呢。

「自言自語」是一種自己與自己的對話，透過這種對話，我們可以更好地整理心情梳理思路，幫助我們消除緊張、鬱悶、憤怒等不良情緒。所以，不要一遇到自言自語的人就認為人家「不正常」，也不要自己一出現自言自語的情況就擔心是不是心理出了問題。每個人都有多重個性，每當遇到難以決定的問題時，內心就會出現矛盾，各種不同個性之間就會展開鬥爭，這些鬥爭過程有些人是完全在內心完成的，有些人則會不由自主地說給自己聽，這就是我們所說的自言自語。從心理學的角度來看，當人們思慮重重時，若有機會與自己對話，聽聽自己內心真實的想法，並對自己提一些問題，那麼看問題時鑽牛角尖的可能性就會減小。

小吳從高中起就被父母送到了國外讀書，身邊沒有什麼朋友，認識的人也很少，周圍更是沒有幾個說母語的人，小吳覺得非常孤獨，遇到煩心

事也找不到人傾訴，時間長了就養成了自言自語的習慣，鬱悶的時候自己與自己說說話，感覺就會舒服很多。自己獨自在國外生活，不可能每件事都與家人商量，內心矛盾的時候也會自言自語，自己和自己商量。

小吳並沒有意識到這種自言自語有什麼問題，直到有一天他在網路上看到一則新聞，說一個人因為沒有考上大學，心理上難以接受，又不喜歡與人交流，經常自言自語，後來發展到自殘甚至有傷害別人的傾向，被醫院診斷為思覺失調症。這讓小吳嚇了一跳，他不知道自己的自言自語是不是也屬於一種精神疾病。

有天，小吳自己一邊走路一邊思索著假日的活動安排，想著想著就不自覺地說出聲來，正好被旁邊經過的同學聽見，同學用很奇怪的眼光看著他，並且問他為什麼嘀咕。這更讓小吳覺得不安，生怕別人認為他有問題，也更加擔心自己是不是心理上出了問題。

其實，小吳完全不必如此擔心。區分是正常的自言自語還是精神疾病導致的自言自語有一個很關鍵的標準，就是正常的自言自語是人們在思考問題時所發生的，而由精神疾病導致的自言自語是在精神恍惚的狀態下產生幻覺，在幻覺中與實際不存在的人進行言語溝通。正常的自言自語能夠幫助人們梳理思路，從而更加冷靜地分析問題和解決問題，一旦遇到難題，用自言自語的方法可以替自己進行心理減壓。

要注意的是，自言自語只是一種舒緩壓力的方法，可以偶爾使用，但不能長期依賴於此。遇到問題還是應該找人溝通，否則長期的自言自語極可能引起心理問題。一個人如果總是無意識地自言自語，而且頻率非常高，甚至幾乎隨時都會發生，這種情況就比較嚴重了，應該及時就醫。

吵架方式也能看出個性的差異

生活中，人們在相處的時候難免會發生一些誤會、爭執，有的時候甚至可能會引發爭吵。不同個性的人在爭吵中也有不同的表現，根據一個人在吵架時的表現，我們可以窺探出其個性。

在生活中，很多人都有過吵架的經歷，其實，很多人都有控制不住自己的時候，也難免會吵架，即使是兩個感情很好的朋友，他們之間也會吵架。從一個人吵架時的反應，我們可以看出一個人的個性。

🗨 對對方進行人身攻擊

有的人在吵架的時候會對對方進行人身攻擊，可能剛開始的時候他只是針對某一件事情而吵，但是很快他的怒氣會越來越大，他的言辭也很快從具體的事件的言說變成語言的攻擊，甚至會攻擊對方的家人。這樣的人大多個性暴躁，生活中，可能極小的一件事情也會讓他們怒髮衝冠，這類人經常會跟別人發生爭吵，在跟朋友相處的時候，或許一件小事就會讓他們翻臉不認人。這種人的優點是不記仇，吵完就吵完了，就像沒有發生過吵架這件事一樣。

🗨 揭對方傷疤

有人在與別人爭吵的時候，喜歡揭對方的傷疤，或者用惡毒的語言攻擊對方的缺陷。這樣的人在生活當中也是比較陰險、狠毒的人，在他們那裡沒有什麼道德規範可言，在吵架的時候就更別提了，他們會盡量挑那些最難聽的話來罵對方，對方越生氣，他們就越有成就感。

與對方講道理

有的人在吵架的時候喜歡跟對方講道理，企圖用自己的三寸不爛之舌扳倒對方。這樣的人在生活中是比較理性的人，能夠理性地控制自己的感情，不管什麼時候，都不會讓自己陷入情緒化當中；他們認為有理不在聲高，吵架只是無能的表現，是解決不了任何問題的。他們會試著講道理，最終讓對方認可自己的觀點；他們大多都是能言善辯之人，即使別人情緒再激動，他們也會慢悠悠地跟對方講道理，對方經常會被他們說得啞口無言。

無視對方

有的人在遇到別人與他爭吵的時候，他們會無視對方，繼續做自己的事情。這類人對吵架沒有太大的興趣，他們認為吵架本身就是一件很無聊的事情。但是他們置之不理的態度容易被認為是高傲自大，反倒會更加激怒對方。這類人在生活中比較理性，但是不太善於與人交往，他們不懂得站在別人的立場上考慮問題，他們可能並沒有惡意，但是他們的表現卻容易讓人誤解。

情緒激動

有的人在與別人吵架的時候情緒激動，尤其是跟陌生人吵架，嚴重時可能會臉部發紅、聲音顫抖、說不話來。這樣的人個性內向，在生活中通常比較謹小慎微，很少與他人發生爭執，如果不是很嚴重的事情，他們基本上不會與別人爭吵；與人交往的時候，大多抱著息事寧人的態度，朋友並不是很多；他們做事缺乏決斷力，總是猶豫不決，難以下定決心。

🗨 揮拳揮腳的暴力肢體語言

有的人在跟別人發生爭執後，雙方說不了幾句就會動手動腳，這樣的人往往是男性，他們在講理沒有結果的時候，就會被憤怒沖昏頭腦，大打出手，儘管事後他們會後悔。這類人只要察覺吵架快輸了，或覺得無法再用言語與別人溝通時，就會選擇直接地正面攻擊。這類人天生容易衝動，脾氣暴躁，只要事情不如所願，就覺得有挫折感，生氣鬱悶的時候，會拿身邊的東西出氣，如扔東西、踢桌椅或者咒罵他人等。他們自控能力不是很好，不懂得如何控制自己的情緒；他們缺乏責任感，常常會因為自己的過錯而去責備他人，甚至會責怪吵架的對手不該逼自己攻擊他們。這類人在生活中通常較難相處。

🗨 哭得淅瀝嘩啦

有的人一遇到爭執就會哭泣，這類人大多是女性，而且也大多發生在情侶、夫妻吵架的時候。對於這類人來說，哭訴正是直接表達自己情感的絕招。很多時候，她們會把哭泣當成「武器」，有時候甚至會選擇在大庭廣眾之下哭得淅瀝嘩啦，這樣對方就會不知所措，不想成為眾矢之的，就會乖乖地「繳械投降」。這類人在生活中偶爾會鬧點小脾氣，有時候會很固執，但是比較聰明，她們懂得如何經營自己的愛情和婚姻。

不停讚美別人的人，是想聽別人讚美自己

喜歡讚美別人的人，肯定對讚美的重要意義心知肚明，另外，他們還有一個隱藏的目的，就是希望得到別人同樣的讚美，因為喜歡聽好話是人類的共性。所以，當你在別人的讚美聲中陶醉時，別忘了回報給別人同樣

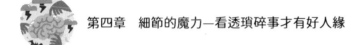

的讚美。

　　西方學者亞伯拉罕‧馬斯洛（Abraham Maslow）在研究人的需要的五個層次時，把人的尊嚴和成就感放到較高的層次上，而恰恰讚美便是滿足別人較高層次需要的一種方式。無論怎樣低調或者不慕虛名的人，內心都是希望得到肯定與讚美的。於是就有這樣的人，他非常了解人們的心理，他會隨時將讚美掛在嘴邊，表面上來看，他是在滿足別人的虛榮心，實際上，這也是他獲得他人讚美的一種手段，畢竟很少有人面對別人的讚美會「無動於衷」，總會謙虛幾句「哪裡哪裡，我比你還差得遠」，對他來說，這是最喜歡聽到的話。

　　張娜之前公司裡有個同事，是個很不起眼的一個女孩，其最大的特點就是嘴甜，不管見了誰都能讚美幾句。

　　那時張娜剛進公司不久，跟大家都不熟悉，有天中午吃飯的時候遇到了那個女孩。知道大家是同事，出於禮貌，張娜就跟她打了一聲招呼，女孩也很熱情，主動跟張娜攀談起來。聊天的時候，她讚美張娜漂亮、皮膚好，張娜覺得有點不好意思，就說：「其實我皮膚不是很好，經常會長痘痘，我覺得你皮膚挺好的，很乾淨，毛孔又細，你都是用什麼護膚品的？」聽了張娜的話，女孩笑了：「我用的護膚品都不貴，也不是什麼名牌，但效果還不錯，也可能是天生皮膚底子就不錯，也不用怎麼保養。」語氣中竟然有些自豪，張娜當時的感覺就有點怪怪的。

　　後來接觸多了，張娜才看明白，原來她對別人的讚美都是「有目的」的，只是為了聽到別人對她同樣的讚美。比如有時她穿了件新衣服，如果沒人主動讚美她的衣服漂亮，她就會先去讚美別人：「你今天穿的衣服真漂亮，很襯你的膚色。」對方很可能會說：「哪有，我就是隨便穿了一件。咦，你這件衣服挺好的，新買的嗎？」這樣她就很成功地把話題轉移到了

自己身上，也如願以償地聽到了別人的讚美。這種做法雖然無可厚非，但張娜總感覺不太舒服，而且，她也思索不透這個女孩為什麼要這樣做，挖空心思地去「獲取」讚美，這樣有必要嗎？

其實，那個女孩的做法並不難以理解。因為她自身比較普通，不太容易引起關注，獲得肯定和讚美的機會比較少，但她又非常渴望得到別人的肯定與讚美，於是便透過先去讚美他人的方法來獲得關注和讚美，並由此樹立自信。

讚美其實也是迅速縮短人與人之間心理距離的有效方法，沒有人會拒絕肯定和讚美，即使是「過獎了」也仍然掩飾不住內心的喜悅，而且人們會自然地對讚美自己的人產生好感。所以，肯定和讚美也是一種有效的交往技巧，能迅速縮短人與人之間的心理距離。

但讚美也是需要技巧的，尤其是對於自己不太了解的人，最好不要急著恭維和讚美，先要找出對方的喜好，再用對方喜歡的方式讚美，這樣才能收到效果。如果隨便地恭維別人，可能會產生相反的效果，所謂「一把鑰匙開一把鎖」，讚美也要準確，對不同的人要用不同的讚美方式。

點菜方式是了解人的個性的「試金石」

如果細心觀察的話就會發現，不同的人在點菜時的表現也不同，有大呼小叫者、有默默無聞者、有以自我為中心者、有跟風隨從眾者。因此，點菜也是我們了解他人的重要途徑，從中可以解讀出不同的交際心理。

東方國家有著極具特色的飯局文化，什麼事都能跟吃連繫在一起，遇到不好解決的問題，大家湊在一起吃個飯，席間聊聊八卦拉拉關係，也就

大事化小、小事化了了。不過，有時候湊在一起吃飯的也不都是我們認識的人，陌生人也會出於各種原因坐在一個飯桌上。這時誰能夠先了解對方的個性，誰就擁有了社交主動權。而如何了解對方個性呢？有人說「酒品如人品」，一個人的酒量以及如何喝酒的方式、拒酒的方法等都能在相當程度上反映他的脾氣個性。但在這之前，一個人的點菜方式也能成為他人了解其個性的「試金石」。

我們經常看到這樣的情形：一群人進入酒店之後，總會有其中一個人大呼小叫地喊：「服務生，拿菜單過來。」這樣的人通常不會是這個小群體中的核心人物，但他又樂於表現，唯恐他人忘了自己的存在。但這類人通常心機不深，不會搞老謀深算那一套，他的自我表現欲很明顯，雖然有時令人生厭，但還是值得交往。

也有這樣的人：他對服務生說話總是一副命令的口氣，喜歡擺出「上帝」的架子，自認為高人一等。這樣的人在骨子裡其實是自卑的，在他們心裡有著很深刻的等級觀念，對身分地位極其看重，一旦感覺別人對自己不夠尊重就會反應強烈。

有些人則比較低調，他們通常會用打手勢的方式招呼服務生過來，這樣的人不喜歡過多地出風頭，懂得分析環境和考慮別人的反應，但他們同樣有種「當仁不讓」的氣質，一旦發現機會則馬上出手。

也有人會選擇坐等服務生過來，這種人個性溫和、耐心極好，天生樂觀、穩重，不愛招搖，自我意識也不強烈。但長期壓抑可能會導致壓力過大。

到了具體的點菜環節，人與人之間的差別就更明顯，有的人根本不考慮餐廳等級、也不考慮主人的想法，完全是從自己的喜好出發，自己愛吃

什麼就點什麼，不管價錢高低也不論是否應時應景。這樣的人個性很粗線條、不拘小節、做事也比較果斷，很容易就做出決定。這也是他的缺點所在，一旦決策失誤，就會帶來很多麻煩。所以很多人對這種人的態度就是：又愛又恨。這種人也分為好幾種類型，有的雖然點的是自己愛吃的菜，但也會參考價格，這種人比較理性；有的是只管自己愛吃根本不看價格，這種人是享樂型的；還有的是兼顧價格和內容，這種人是比較謹慎的。

有些人在點菜時則會選擇很安全的做法，他不會第一個點菜，而是等有人點好之後，選擇與之相似等級的，就是一種隨波逐流的心態。這樣的人做事比較謹慎，一般不會出現太大太貴的食物，但過於流俗，缺少創造性。而且這樣的人通常耳根子比較軟，容易受到別人的影響而放棄自己的立場。

也有的人在點菜時很快就能做出決定，但在大家都點完之後，他會叫住服務生把自己點的菜再改動一下。這種做法雖然比較謹慎，但可以看出一個人在做事方面優柔寡斷的個性，給人的印象也是個性軟弱、囉唆、易變，缺少對全域性的掌控能力。

另外有些人在點菜前會讓服務生先介紹一下菜品情況，比如飯店的招牌菜、特色菜是什麼，有沒有特價菜等等，然後再做出決定。這種人個性獨立、自信，一旦做出選擇就會堅持到底，而且他們自尊心極強，討厭別人的指揮，很少受到他人的影響。在做事方面，這樣的人會有完美主義的傾向，自我期待較高，希望能夠做出一番成績。在為人處世上，他們細緻周到，每一件事和每一個人都會認真對待，讓大家都感覺很舒服。

喜歡玩手機的人缺乏安全感

如今，手機已經成為年輕人生活的主流，他們可以不出門不逛街不與人交流卻不能沒有手機。於是，我們看到越來越多的人在吃飯時玩手機、坐公車時玩手機，甚至和朋友一起聚會時也玩手機，這些人看上去很寂寞，其實他們只是內心缺乏安全感。

科技在帶給我們越來越多便利的同時，也讓我們變得越來越孤獨。而且，與人性的險惡相比，科技顯得安全了很多，至少它不會處心積慮地傷害一個人。所以，人們越來越喜歡沉浸在屬於自己的虛擬世界中，而不願意參與現實社會中的一些活動。這不僅是對現實的逃避和拒絕，更是因為在一個人獨處的氛圍中，他們能夠獲得更多的安全感。

畢業五年時，當年的班長大強在同學群組裡號召大家聚一聚，響應的人不是很多。「或許有些同學混得不是很好，不願參加同學聚會吧。」大強這樣想。

不管怎樣聚會還是如期舉行了，答應參加的同學基本上都到了，大強還是挺開心的。但是後來的情況讓他很鬱悶，幾年不見，大家似乎生疏了很多，不像原來那樣親密和熱鬧了，取而代之的是彬彬有禮的客套和寒暄，在大家彼此詢問了工作、家庭的情況之後，除了小部分同學湊在一起繼續聊天外，其它同學都自顧自地玩起了手機，又是 Line 又是 Instagram，自己忙得不亦樂乎。

大強遇到的情況其實也是現代人的一種尷尬：在通訊技術如此發達的年代，人們的交際圈子看似變大，天南海北的人都能隨時聯絡到，但這種關係都是不穩定的，一旦遇到什麼事情真的需要幫忙時，卻發現沒有幾個

朋友可以幫助自己。而人們越是習慣高科技下的虛擬生活，就越是不適應現實世界裡的真實生活，所以他們只能隨時擺弄手機，從中尋找一些誠信、愛和安全感。所以當你看到一個人總是沉浸在自己的世界中玩手機，就說明這個人缺乏安全感，這樣的人看上去很「酷」，其實他也渴望與人交流，只是內心的不安全感讓他不敢邁出主動的一步。

與這樣的人溝通，你可以從他喜歡的話題聊起，比如聊聊他的手機是什麼牌子，有什麼功能，他最喜歡的手機遊戲等，一旦開啟他的心結，相信他的話匣子也會隨之開啟。

喜歡「晒幸福」的人，其實是渴望被關注

不管在網路上還是在現實生活中，總有一些人喜歡「晒幸福」，無論大事小事他們都愛拿出來與人「分享」一番，而且單方面地「報喜不報憂」，似乎只有這樣才能證明自己過得非常好非常幸福。這些人在心理上其實是極度缺乏安全感並渴望被關注的。

現在網路上活躍著各種「晒客」：晒薪水、晒工作、晒照片、晒裝修，甚至有晒男友（女友）、晒美食、晒自己買到的各種東西或者各種經驗等。閒來無事的時候，瀏覽網頁看看別人晒出來的五花八門的內容也是很好玩的一件事，但如果有這樣的一些晒客，他們最喜歡渲染自己的「幸福生活」，今天老公送了件首飾，明天自己家買了名貴家具，後天全家人又去上等餐廳消費等，事無鉅細，似乎都是為了印證他們比別人過得好，是值得羨慕的對象，當你遇到他們時，恐怕你再也不會覺得有意思。

小陳與同事小劉一起進入公司，又在一個辦公室，平日裡私交不錯，經常一起吃飯、逛街。可最近小陳越來越不願與小劉打交道了，理由是：她實在受不了小劉時時刻刻地「晒幸福」。

　　小劉最近交了個男朋友，聽說條件還不錯，是某家私人企業的總經理，看起來對小劉也比較用心。可能是覺得自己的男朋友非常優秀吧，小劉總喜歡炫耀男朋友對她有多麼好。他們出去吃一次飯，小劉回來就會跟小陳說他們去的地方有多麼高級，一頓飯要吃五千多塊，男朋友又是多麼殷勤地夾菜給她；男朋友買件名牌衣服給她，小劉就會跟小陳說這個牌子有多麼好，男朋友說只有這樣的衣服才能襯托出她的氣質；他們出去旅遊幾天，小劉也要跟小陳說他們去的地方有多麼美麗，要是不去一次這輩子都會覺得遺憾……開始，小劉還只是跟小陳一個人炫耀，後來在辦公室也會隨時說，再後來發展到在公司的群組裡說……開始大家還會表示羨慕，後來聽得多了就沒人回應了，再後來大家都開始覺得厭煩並且開始對她冷嘲熱諷，甚至有人說：「那個男人要是知道他早就被晒得『體無完膚』，肯定也受不了這樣的女人。」

　　為此，小陳還曾經提醒過小劉，希望她低調點，不要把自己的事情都主動拿來「曝光」，誰知小劉卻理直氣壯：「我說我的，跟別人有什麼關係，我看他們就是羨慕嫉妒恨，吃不到葡萄就說葡萄酸。」一句話噎得小陳啞口無言，從那以後，她就跟小劉慢慢疏遠了，她也實在搞不明白，小劉這樣執著地「晒幸福」到底是出於什麼心理。

　　其實，小陳的困惑並不難回答，小劉這樣無休止地「晒幸福」，只是因為她的內心極度虛弱，需要透過這種方式來博取關注。形成這種心理的原因有很多，大致說來主要分為以下幾個方面：

　　首先，這些人的骨子裡可能是很自卑的，或許是與生俱來的自卑感也

或許是小時候的某些經歷在他們的心裡留下了陰影，所以他們下意識地就會透過各種方法來獲得別人的肯定和讚揚，而「晒幸福」就是非常明顯的一種方式。他期望人們能夠因為對他的生活的關注進而關注他自身，他最喜歡聽到的話是：「你真棒」、「你真厲害」、「你怎麼能做得這麼優秀」。

其次是虛榮心的驅使。虛榮其實是人類的共性，但有些人會把這種虛榮發展到極致，即使他的生活並非如他所說的那樣美好，但他還是會抓住任何一點在他看來可以作為炫耀的資本去炫耀。這種人最喜歡的就是別人羨慕甚至嫉妒的眼光，因為他們需要從中得到極大的心理滿足。

缺乏安全感也是有些人喜歡「晒幸福」的重要原因。他們非常明白各種事情都存在一定的不確定性，但在心理上他們不願看到不好的結果發生，於是他們便用「晒幸福」的方式不斷暗示自己：一切都很順利，不好的情況不會發生。實際上，這無異於一種自我麻醉。

還有一些人將「晒幸福」作為一種精神寄託，他們的生活很無聊，沒有太多的事情可做可被關注，唯一的樂趣可能就在於此。他們甚至會慶幸還有這樣的方式能夠證明自己的存在。這類人主要以單純的家庭主婦為主。

當然也有人「晒幸福」只是為了將自己的美好生活曝光，從而得到更多的祝福，這本來無可厚非，但凡事都要有個限度，「晒幸福」也要適可而止，不要隨時隨地談論的都是那些事情。任何事情說太多都會失去吸引力，還會讓人感覺厭煩。最後還要奉勸一句：幸福不是晒出來的，而是用心經營才能得到的。一個只會「晒幸福」而不懂經營幸福的人，幸福遲早會離他而去。

經常「晒不幸」的人，多是自我中心主義者

　　與喜歡「晒幸福」的人正好相反，有些人喜歡到處訴說自己的不幸。在這些人看來，似乎只有他們才是這世界上最不幸的人，其實他們的不幸只是因為太過關注自我，以自我為中心而導致的。

　　很多人身邊幾乎都有這樣的人：他們總是用一種悲嘆的口氣說：「為什麼我這樣不幸」、「為什麼哪件好事都輪不到我」，這樣的語氣再配上一副慘兮兮的表情，似乎他們的確生活得非常悲慘。可事實真是這樣嗎？

　　王麗有個朋友叫林琳，她們關係不錯，住得又近，經常會在一起聊天、逛街。王麗聽到林琳說得最多的話是：「我覺得命運很不公平，有些人就總是走運，可我卻總是不幸的那一個……」比如，林琳的單位要提升一位部門經理，她認為無論是資歷還是能力，自己都是最好的人選。可是，後來林琳生請病假休息了幾天，再回到單位後，部門經理的任命通知已經下來了，升遷的人當然不是她。林琳就跟王麗抱怨：「我真是不幸，怎麼就在那個節骨眼上生病呢，上司肯定以為我不夠敬業，本來好好的機會等於拱手送給了別人，真是鬱悶。」王麗只好安慰她：「別往心裡去，以後機會還很多。」其實她真正想說的是：「或許上司根本就沒有考慮提升你，否則不會因為你休幾天病假就把機會給了別人。」

　　在林琳的生活中，似乎到處是「不幸」的事，早晨上班擠不上公車是不幸，工作時遇到難度比較大的專案是不幸，月底拿不到獎金是不幸，就連男朋友不夠帥氣不夠有錢也是不幸……每次跟她在一起，王麗都要聽她控訴自己的「不幸」，時間長了，王麗覺得自己的心態都受到了影響，於是開始有意識地疏遠林琳，她不想自己也變得和林琳一樣，總是把「不幸」掛在嘴邊。

我們生活中像林琳這樣的人有很多，從心理上來說，這些人之所以覺得自己不幸，其根源就是太以自我為中心，凡事都站在自己的立場上考慮，只要不符合自己的理想就會覺得「不幸」，這是人性的劣根性，也是很多人的共性。著名武打明星李連杰曾在一篇文章中說，自己以前是替人工作才拍電影，當時總會跟老闆提條件要這要那，也沒覺得有什麼不合適，後來自己有了錢，也開了公司做了老闆，就發現手下的員工就像以前的自己，也會跟自己提各種要求。他開始思考這個問題：為什麼每個人都在重複過去的自己？後來他發現人們之所以這樣做，是因為每個人考慮問題的時候都是站在自己的立場上，工作的時候認為老闆應該以員工為中心，把一切都準備好，當了老闆之後就覺得我是老闆，應該以我為中心，大家都要圍著我轉。在文章的最後，李連杰說：「人生不能太以自我為中心，否則會感到很多痛苦。」

的確，一個人如果太以自我為中心，凡事都用自己的標準來衡量，那他會覺得到處都是不如意的事。人應該學會從自己身上找缺點，不要總是怨天尤人，遇到一點不順利就認為命運對自己不公平，要知道付出才能有收穫，做事只要自己問心無愧，不必苛求結果如何。常懷一顆平常之心，「得之吾幸，失之我命」，所謂人生的「不幸」就會減少許多。

打電話的方式顯示你的個性

打電話的時候你在做著什麼動作？是愜意地躺在床上還是順手收拾下桌子或者拿著手邊的筆隨便寫點什麼？這些看似不經意的小動作其實都是由一個人的個性決定的，從中我們就可以看出他的個性玄機。

所謂「個性決定命運」其實是因為個性決定了一個人的行事風格與做事方法，所以要想了解別人的個性並不是難事，只須透過他平時的一些動作就能得出大概的結論，比如他打電話的方式。

　　一般人打電話時並沒有明顯的特點，只是根據不同情況做出不同的反應，這些人的個性也是如此，平淡無奇，生性友善，能夠很快適應環境並很好地調適自己的生活，而且相對自信、能屈能伸。

　　有的人喜歡一邊打電話一邊拿起手邊的紙和筆隨意寫畫，或者用手指代筆在桌上塗抹。這類人大多具有藝術才能和氣質，富有幻想，個性樂觀，經常具有天馬行空的想法，這會幫助他們順利渡過一些難關。

　　有人在打電話時會緊緊握著聽筒的下端而不是中間，這些人可能在表面上看上去溫順，甚至有點怯懦，實際上他們有著強大的內心世界，個性堅毅，不容易受到別人的影響，一旦認定某事就會一直堅持到底。

　　有些擅長一心二用的人，在打電話的時候也不會閒著，他們會一邊通話一邊做些力所能及的事，比如收拾房間、整理文具等。這類人是典型的行動派，而且進取心強，他們希望自己所有的時間都用來做有意義的事，很少浪費精力在一些無關緊要的事情上。

　　有人打電話的時候喜歡不斷地用手玩著電話線，當然這指的是座機電話，如果是打手機的話，他們就會玩弄自己手邊的任意一件東西。這些人玩興較重，生性豁達、樂觀，天塌下來當被蓋，但凡事都滿不在乎的態度又讓他們顯得有些玩世不恭。

　　有些人在打電話的時候會找一個自己感覺最舒服的姿勢，躺著或者坐著，這些人很懂得享受生活，遇事沉穩鎮定，「泰山壓頂而面不改色」，總是一副遊刃有餘的感覺。

有人在撥號時不是用手，而是直接用手裡的東西代替，可能是筆也可能是其他任何東西，這樣的人一般都個性急躁，想到打電話就馬上去打，根本來不及放下手中的東西，他們的工作生活都經常處於緊張狀態，沒有一刻空閒，否則他們就會覺得無所適從。

還有的人不喜歡站在固定的位置打電話，而是一邊拿著話筒，一邊走來走去。這種人就像好動的孩子，對一切都充滿了好奇，善於接受新事物，討厭生硬刻板的東西，但也有做事缺乏耐心、容易焦躁、急於求成的缺點。

女人與飾品的密切關係

「愛美之心，人皆有之」，喜歡戴首飾則是人們愛美追求美的一種表現。在人類社會尚處於刀耕火種階段時，首飾就已經誕生。如今，首飾變得越來越精美，而其所承載的意義也越來越豐富，透過一個人佩戴的首飾，我們可以看出他的喜好、品味甚至是個性。

有人說：每個女人都應該有一件屬於自己的首飾，它可以不貴重，但一定要能夠襯托女人的氣質。因此，不同個性的女人選擇的飾品是不同的，有人喜歡鑽石，因為它高貴典雅璀璨；有人喜歡金飾，因為它價值不菲富貴雍容；有人喜歡銀飾，因為它精緻婉約古樸質感；有人喜歡玉飾，因為它玲瓏剔透輕靈無瑕……人們選擇首飾時，總會受到自身個性、觀念甚至信仰的影響，因此一個人對飾品的選擇，也是其自身個性的展現。

很多女人喜歡金首飾，無論黃金、白金都是她們的最愛。自古以來，金飾就比較貴重，對它的擁有是生活條件優越的象徵。有些女人喜歡在全

身戴滿各種金飾，金項鍊、金耳環、金戒指、金手鐲等等，缺一不可，這樣的女人一般經濟條件較好，個性也比較開朗、樂觀、自信，善於與人交往，但也有一部分人會顯得過於高調甚至是傲慢。有的女人只在全身佩戴少許金飾，比如一條金項鍊或者一只金戒指，也可能是一塊金錶，這樣的女人喜歡「低調的華貴」，她們注重生活品質，具有出眾的品味，氣質高雅脫俗，她們的缺點是曲高和寡，讓人感覺不好接近。

有些女人喜歡銀飾。銀飾的價格比金飾要低很多，但同樣光滑閃亮，裝扮作用毫不遜色。喜歡戴銀飾的女人比較正統，在外會嚴格遵守公共秩序，工作時則喜歡按部就班，她們不喜歡突如其來的挑戰，也不喜歡沒有計畫地做事，通常情況下，她們不會犯什麼錯誤，但也不會有什麼創新。

最近時尚界「復古風」盛行，對了一些女人的胃口。這些女人就是喜歡一些看上去很有歷史感的東西，比如故意經過仿舊處理的首飾，當然如果有家傳的舊式手鐲、舊式耳環或者很古老的戒指等，更是她們的最愛。喜歡這些首飾的女性是典型的「賢妻良母」，她們骨子裡就非常傳統，喜歡相夫教子、持家守業。在為人處世方面，她們也非常忠誠正直，不會背叛朋友，更不會挑撥是非。正統的她們很難接受一些新鮮且標新立異的思想或行為，有點跟不上潮流，這也決定了她們的交際圈子不會很廣泛。

有些女人佩戴的首飾總能迅速吸引別人的目光，可能是一對很誇張的耳環，也可能是一個很大的胸飾，或者是大顆的彩色珠寶，總之，都能讓人感覺眼前一亮。這樣的女人是人群中的「開心果」，她們愛表現，個性幽默風趣，樂觀自信，有很強的包容性，幾乎可以和任何人和睦相處。而且她們樂於助人，有「女俠」風範，無論走到哪裡，都會很快成為「焦點人物」。

　　有些女人則偏愛 DIY 的比較有特色的飾品，這樣的女人頗具藝術氣質，有著與眾不同的審美情趣，她們勇於探索，勇於突破，不喜歡墨守成規。與喜歡復古首飾的女人正好相反，她們最討厭那些既定的規則和條條框框，她們思維新穎，想法獨特，解決問題時總能夠另闢蹊徑。在與人交往時，她們也有著獨特的判斷標準，那些個性明顯的人最能引起她們的興趣。

　　也有些女人喜歡戴小十字架或其他具有宗教象徵意義的首飾，她們普遍注重內心力量的修養，思想豐富、深刻但從不炫耀。在外表裝扮上，她們討厭花俏的首飾、前衛的服裝及髮型等一切膚淺的東西；在為人處世上，她們嚴肅認真，注重實際，不會花言巧語，更不愛擺架子。

　　有些女人身上首飾很多，看上去又都相當名貴，其實可能都是模擬的贗品。這種女人通常虛榮心很強，對物質要求較高，也非常關注自己的外表，只要能為自己增色添彩的東西她們都很喜歡，並不在意是不是真的。

　　當然也有不喜歡戴首飾的女人，這與經濟條件無關，很多家財萬貫的女性都不戴首飾，她們並不羨慕別人的滿身珠寶，甚至可能對此嗤之以鼻。這類人很實際，不會做一些毫無意義或是意義不大的事情，更不會為了迎合他人而改變自己。與外表相比，她們更注重內心世界的充實。

從洗澡方式了解一個人

　　隨著生活水準的提高，如今洗澡已經不單單是洗去汙穢這一簡單的功能了，它被人們賦予更多的含義。人們發明了花樣繁多的洗澡方式，人們在選擇不同洗澡方式的同時，也暴露出他是一個什麼樣的人。

根據一個人不同的洗澡方式，我們可以判斷出一個人的個性。這是因為一個人在洗澡的時候展現的是一個真實的自我，這時他們會卸下虛偽的面具和偽裝。

有人喜歡洗熱水澡

喜歡洗熱水澡的人，一般都非常熱情。因為他們的熱情，不僅對別人，也對自己，所以，他們會對自己的另一半表達出自己熱烈的情感，從而又接收到另一半反射回來的熱情。因此，他們的感情，通常都是轟轟烈烈的。他們處理每一件事都可能感情用事，所以，如果他們被對方拒絕，可能很快面紅耳赤、無地自容。

有人喜歡跟一群人一起洗澡

很多男性喜歡到大眾浴池去洗澡，他們喜歡赤身裸體跟一群人一起洗澡。一般來說，這類人崇尚自然，喜歡自由，不願意受到社會常規或道德規範的約束。這類人比較前衛，喜歡做一些離經叛道的事情，尤其是在自我意識膨脹的時候，更是如此。

有人喜歡洗冷水澡

喜歡洗冷水澡的人一般都比較理性，他們會盡量克制自己的情緒，不讓強烈的外界反應影響自己的判斷。在生活中，他們大多頭腦冷靜，做事認真，而且非常專業。他們總是會隱藏自己內心的真實情感，所以，即便是喜歡一個人，或者對一個人有看法，也不會輕易開口。

有人喜歡泡泡浴

喜歡泡泡浴的人大多數是女性，她們大多童心未泯，有點拒絕長大。她們當中的有些人儘管年紀已經不小了，但是給人的感覺卻是還沒有長

大，希望別人能夠幫她們安排好所有的事情，希望有別人來照顧自己，而不願意去照顧別人。

在個性方面，這種人比較隨和，沒有什麼主見，與人很好相處，屬於比較弱勢的人物。在工作中也表現得比較聽話，是那種很乖的員工，上司交代的事情會完全按照著執行。但是由於缺乏主見，沒自己的想法，這種人經常會無緣無故成為別人的代罪羔羊。

有人喜歡用牛奶泡澡

喜歡用牛奶泡澡的人大多有一定審美情趣，他們有良好的工作習慣和生活習慣，他們喜歡追求美好的事物和那種纏綿悱惻的愛情，他們喜歡浪漫的情感。這種人喜歡獨來獨往，不習慣過集體生活，也不愛湊熱鬧，比較有自己獨立的個性，即使跟朋友在一起，也不會因為將就別人而委屈自己。在工作方面，他們不太喜歡受拘束，他們喜歡從事與美有關的工作。

有的人喜歡洗桑拿

喜歡洗桑拿的人總是堅持由內向外發掘問題。他們深信，只要徹底流一身汗，就沒有治不好的病症。而且，在桑拿室裡面蒸也是一種放鬆的方式，這樣可以把體內的汙穢清除掉。在生活中，他們是非常愛乾淨的人，想要從內而外地徹底清洗。

總而言之，因個人個性和習慣的不同，每個人都有屬於自己的洗澡方式，透過人們各種不同的洗浴方式，我們就可以判斷出他們都有怎樣的個性。

從對金錢的態度看透人心

不同的人對金錢有著不同的態度，一個人對金錢的態度，往往是其個性的反映。因而，在了解了一個人對金錢的態度之後，我們就可以對其個性進行大致的判斷。

俗話說：「一分錢難倒英雄漢。」由此可見，金錢對人們的生活有著很大的影響，從一個人對待金錢的態度，最能看出這個人的內心。

生活中，有些人十分愛錢，他們視金錢如生命，喜歡不勞而獲，大多數時候都是在拚命地賺錢、存錢。他們會因為擁有了金錢本身而快樂，他們要的就是財富的增加，無論以什麼形式擁有了金錢，他們都會十分欣慰。他們在生活中十分節儉，最怕的就是別人跟他借錢，這如同要他的命一樣。他們十分小氣，喜歡占人便宜。因為他們對金錢太過執著，這類人在生活中幾乎沒有朋友。

有的人對錢比較粗心大意，喜歡把錢隨處亂塞。如果你到他們家去，會發現到處都是他們隨便亂放的零錢或者鈔票。他們也很少把錢整整齊齊地放進錢包裡，而是胡亂塞在錢包、手提袋、衣服口袋裡。這樣的人，通常對創作比較感興趣，他們能夠欣賞藝術與大自然的優美，把宇宙視為樂趣的泉源，而不認為金錢最重要。

有的人非常省吃儉用，用錢時十分謹慎。他們的成長經歷通常比較坎坷，所以對沒有錢的體會非常深刻。一般情況下，這樣的人工作都很努力，因為他們知道只有努力工作才能擺脫貧困。但是，他們雖然知道勤奮工作，卻不知道怎樣與人相處，而且，由於他們把錢看得太重，也沒有什麼真心的朋友。

有的人非常喜歡把錢藏起來，因為他們經常擔心被小偷光顧。這樣的人通常很難相信別人，總是懷疑對方。他們對什麼都不確定，買東西也沒有明確的目標。有的時候，甚至是因為到處藏錢，最後藏得自己都找不到了。

有的人會對錢斤斤計較。這種人通常分兩種情況。第一種情況是，對任何金錢交易都十分小心，不管是零錢還是大錢，不管是鈔票還是硬幣，在付錢找錢時都會清點得十分仔細。這樣的人，通常都有很重的猜忌心理。在他們看來，世界上到處充滿欺詐，所有的人都不可信。另一種情況是，他們可能會因為一塊錢和別人爭吵得面紅耳赤，卻肯花幾萬元去國外旅遊。這樣的人，沒有什麼金錢概念，喜歡享受，比較任性。

有的人在付錢的時候掏錢速度很快。不管是吃飯，還是買什麼東西，剛吃完或者拿到東西，就立刻掏錢付帳，這樣的人其實最怕被人看不起，他們內心深處其實很自卑。他們怕掏錢慢了對方會認為自己沒錢，會看不起自己。因此，他們通常會在口袋裡放一疊厚厚的鈔票，目的是為了顯示自己很有錢。他們認為錢是最好的身分象徵。為了讓別人知道自己有錢，他們有時還會把整疊的鈔票拿出來張揚。在整理錢包時，也會把面值大的鈔票放在外面，把小額鈔票夾在裡面。當你和這樣的人接觸時，應該要注意自己的語言，因為他們比較容易受到刺激。

有的人對金錢十分漠視，他們喜歡簡樸的生活。錢對他們來說不過是實現夢想的工具。即使十分窘迫的時候，他們也不懂得理財，他會借錢消費，但是很多時候，即使借來錢，他們的第一選擇也不是購買生活必需品，而是購買自己喜愛的奢侈品或者其他一些不實用的物品。這類人崇尚簡樸的生活，穿什麼衣服、住什麼房子對他們來說都無所謂。

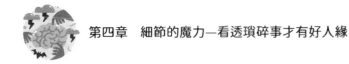

有的人對金錢十分恐懼，認為金錢讓自己的生活陷入了混亂當中，因而他們會把自己多餘的錢用來做定期儲蓄，認為這樣自己就不會隨心所欲地亂花錢了。

有的人很喜歡衝動購物，在購物時他們從來不考慮自己的購買能力，也不願意記錄自己的開銷狀況，他們不願意記帳，也不願意去了解自己的收支情況。他們一看到大降價就會忍不住買東西，儘管那樣東西對他來說並沒有多大的用處。

有的人把金錢當成滿足虛榮心的手段，他們最喜歡做的事情就是跟別人炫耀自己所擁有的奢侈品，他們經常會為了滿足自己的虛榮心而購買一些奢侈品，儘管自己囊中羞澀，但是同學、朋友聚會的時候他們還是會咬牙為整個飯局買單——只為了顯示自己混得不錯。

回答問題的表現揭示人的個性

生活中，面對同樣的問題，每個人會有不同的回答，即使答案相同，不同的人也有不同的表達方式，有的甚至會大相逕庭。之所以會這樣，主要還是由於人們的個性不同導致的。因而，在生活中，我們可以透過一個人回答問題的表現來讀懂對方。

要想了解一個人，僅是透過他說的話是遠遠不夠的，因為他的話可能是真也可能是假，還有可能半真半假。在日常生活當中，我們不能僅靠一張嘴來完成交流溝通，同時我們還應該觀察對方回答問題的習慣，因為這也是一個了解對方的有效途徑。

回答問題時習慣性點頭的人

這類人是社交場上的高手，他們十分了解別人的心思，懂得怎麼配合他人，在與別人交往的時候，也會對對方十分關心和照顧。與別人交談時，他們會專心聆聽，認真思考，並且會及時表達自己的觀點，這樣會讓對方有一種被認可的感受。與他們交談是一件很愜意的事情，因而很多人願意把自己的心事告訴他們。

在生活中，他們待人也十分熱情，具有同情心，會竭盡所能幫助那些需要幫助的人。他們樂於交朋友，而且別人也喜歡與他們交往，在日常生活中，他們對朋友也十分照顧，處處為朋友著想，朋友有了困難，他們會及時伸出援助之手。

回答問題時東拉西扯的人

這類人思維比較活躍，屬於跳躍思維的人，他們在生活當中做事不穩重，有點冒失，給人毛頭小子的感覺。他們耐心不夠，很少能靜下心來與朋友談心，因而他們的朋友很少。他們做事的時候容易虎頭蛇尾，很難堅持做完一件事情，經常半途而廢，因而這類人不會有太大的成就。

回答問題時心不在焉的人

這類人屬於精神渙散者。在與別人談話的時候他們總是表現得心不在焉，說明他們不重視談話過程，自然不會在意談話內容。他們做事的時候總是粗枝大葉，丟三落四，辦事效率很低，容易拖拉，經常一拖再拖。他們沒有明確的目標，得過且過，即使遇到合適的機會，也難以集中精力去做。這樣的人缺乏責任感，大多難有成就。

🐗 回答問題時躲躲閃閃的人

有些人在回答問題時躲躲閃閃，而且還會趁對方不注意時窺視對方。一般來說，這類人心術不正，他們自身並沒有什麼特長和驚人之處，但是總幻想能夠一鳴驚人。這類人喜歡做白日夢，但是不會付諸實踐。在現實生活當中，很少有人會喜歡這樣的人，他們也因此覺得受到了傷害。為了向別人證明自己的價值，他們會使一些小陰謀，耍一些小心機，以引起別人的注意。

🐗 回答問題時盯著對方的人

有些人在回答問題的時候喜歡用眼睛盯著對方，給人一種咄咄逼人的感覺。這類人在生活當中大多也是扮演強者的角色。很多時候，他們的眼神可以成為致命武器，讓人感覺具有攻擊性。但有時候，某人盯著你看，有可能是想透過觀察你來看透你的內心，並沒有攻擊的意圖。

🐗 回答問題時動作誇張的人

這類人天性好動，哪怕是雞毛蒜皮的小事，他們也要竄上竄下，攪得周圍的人不得安寧。但他們的本質是好的，並沒有存心要這樣做。他們情感熾熱，認為僅僅透過語言無法表達自己內心的想法，因此加進了許多誇張的動作。他們表面上看起來十分開朗大方，但是內心深處存在著極度的敏感和不安。

🐗 回答問題時喜歡目光接觸的人

眼睛是心靈的視窗，回答問題時與別人目光接觸，無疑是主動向對方展示自己的內心，他們這樣做的目的是希望對方能夠坦誠地跟自己交流。這類人比較自信，為人直爽，懂得站在別人的立場考慮問題，因此在與人

交往的時候比較能照顧他人，滿足大家的需求。這類人在社交中會表現得彬彬有禮，能夠很好地掌握交往的分寸，他們適合做諸如心理師等與他人面對面交流的工作。

愛抽菸的男人們是怎樣的人

自從香菸誕生之後，它就受到了很多人的青睞，很多人把抽菸作為緩解壓力、釋放心情的手段。對許多人來說，抽菸是不自禁卸下面具的「休閒時光」，因此，若能趁他抽菸的時候觀察一下他抽菸的動作，你一定能更準確和精妙地了解他的心事。

在古代，人們並不吸菸，也不知道有菸草這種植物。據說，吸菸的習俗是在克里斯多福‧哥倫布（Cristoforo Colombo）發現新大陸之後，當他看到當地的居民在吸菸，才知道有菸草這種植物。後來，菸草就從美洲傳遍了世界各地，人們也漸漸開始學會吸菸。

儘管香菸的歷史並不長，不過是幾百年的時間，但是在世界各地，吸菸的人數和吸菸的數量卻在以難以置信的速度增加，遠遠超過了喝酒的人。心理學認為，選擇不同的香菸可以反映出吸菸者的個性特徵。

🗨 選擇低焦油含量的人缺乏必要的果斷力

生活中，有些人喜歡吸焦油含量比較低的香菸，這樣的人清楚地知道吸菸的害處，但是他們又無法下定決心把菸戒掉，於是就選擇了低焦油含量的香菸。這樣既滿足了自己抽菸的欲望，又使得香菸對自己的傷害能夠降到最低。這類人意志和信念都不夠堅定，遇到挫折和困難容易放棄，在

生活中喜歡為自己找藉口開脫。

🐛 喜歡自己捲菸的人比較有耐性

除非是經濟條件不允許，要不很少有人會自己捲菸。但是生活中也有一小部分人，他們經濟條件很好，卻喜歡自己捲菸抽。一般來說，他們比較享受捲菸的過程，這類人通常很有耐性，但是也非常固執，很倔強，自己決定的事情不會輕易更改，也不會輕易接受別人的意見或建議。

🐛 喜歡吸進口菸的人虛榮心較強

有些人並沒有在國外生活的經歷，但對進口菸情有獨鍾，而且養成了抽進口菸的習慣。這說明這個人有較強的表現欲，並且虛榮心比較強，愛出風頭，希望吸引別人的目光。他們追求完美，對自己要求很嚴格。

除此之外，吸菸時的一些小動作也能反映出一個人的個性特徵。

🐛 夾在食指和中指的尖端

這類人情感細膩，在工作上缺乏果斷力，雖然有很好的想法，但是很難將想法落實執行。對工作缺乏積極性，因此，即使能力出眾，也難以得到上司的肯定。這類人對女性謙恭有禮，非常有紳士風度，而且很會領導女性，在與女性打交道時能做到遊刃有餘。

🐛 夾在食指和中指的深處

這類人比較有執行力，做事乾脆俐落，一旦決定做一件事情，就會馬上行動起來。這種人大多是工作狂，做什麼事情都非常有衝勁，只要是自己決定的，別人很難改變，有時候會比較固執，因此很容易樹敵。這類人在做事的時候比較有激情，會投入很多精力和時間，但抗挫折力不行，一旦失敗，很容易喪失信心。

🗨 手掌向外，用大拇指和食指夾

這類人擅長交際，不太會隱藏祕密，屬於開放型的人，很容易跟人打成一片，非常有人緣。對事情的態度常常表現得很積極，表面上看起來是個很積極的人，但是做事容易半途而廢。

🗨 掌開啟，用中指和食指夾

這類人具有很強的攻擊性，而且警戒心也很強。他們個性很強，善惡分明，很容易接受朋友或異性朋友，但是愛憎分明，喜歡時會敞開心扉，與朋友共患難，一旦厭惡時，會變得很冷漠，好像不認識一般。決定要做的事情，即使困難重重也會堅決去做，但是在做之前會經過慎重考慮和詳細計劃。

被忽略的走路姿勢可看出眞實個性

每個人在走路時都有自己的特點，這一點很多人或許都沒有注意過，但它確實存在。從一定程度上來說，我們可以從一個人的走路姿勢中看出他的個性特徵。因此，在日常生活中，只要透過觀察他人的走路姿勢，就能從中發現他們的眞實個性。

走路是我們每個人每天都會做的事情，生活中，我們會發現有些人總是步履匆匆，而有些人走路的時候總是慢條斯理，即使有急事，他也走不快……其實，這些都是我們日常生活中的一些非常微小的細節，但是這些小細節裡面都有很大的學問。

那麼，怎樣的姿勢反映怎樣的個性特徵呢？下面介紹一些相關的知識。

🐦 走路時昂首挺胸的人

一般來說，走路時昂首挺胸的人，個性比較外向、自信，而且自尊心也較強，愛爭強好勝，但有時會比較自負、狂妄自大、清高。這類人思維比較敏捷，有一定的組織能力，做事也比較有條理，能夠成就一番事業；缺點是有時候太過自負，太相信自己了，聽不進其他人的建議。

🐦 步履矯健的人

這種人比較注重現實，大多是現實主義者，他們精明能幹，凡事都會三思而行，不論做什麼事情，都能腳踏實地，一步一個腳印地往前走；重信義，信守承諾，對於自己承諾的事情，一定會想法去實現；不輕信人言，有自己的主見和辨別能力。這種人在生活中值得交往。

🐦 走路健步如飛，不顧左右的人

這種人執行力很強，一件事情，一旦有了想法就會去做，他們精力充沛，具有魄力，喜歡迎接各種挑戰，適應能力很強，尤其是凡事講求效率，從不拖泥帶水。但是這種人個性急躁，愛與人一爭高低，容易感情用事，是個急性子；做事比較毛躁，雖然比較有效率，但是往往會草率行事，缺乏耐性。

🐦 走路時身體前傾的人

這種人大多是個性內向的人，為人比較謹慎，具有良好的修養。他們做事的時候喜歡按部就班，沒有冒險精神，缺乏膽識和魄力；與人交往時不願意過多表達自己的感情，習慣於隱藏自己的真實情感，這類人在生活中並不是很好相處。

走路時手足協調的人

這種人個性比較沉穩，善於思考，對自己很嚴厲，不允許自己有絲毫的差錯，希望自己的一舉一動都能成為他人效仿的榜樣；這種人意志力堅強，組織能力較強，但是容易武斷獨裁；對信念執著專注，不易為別人和外部環境所干擾，為實現目的會不惜一切代價。

走路時雙足內斂的人

這種人個性內向，頭腦聰明，不善言辭，也不喜交際，認為那是無聊的人才做的事情，不願為此浪費時間和精力；這種人做事比較有原則性，平時沒什麼特別之處，一旦做起事來，就會非常認真，並且能帶給人意外的驚喜，但是有保守和虛偽的傾向，因而他們很難有知心朋友。

走路時橫衝直撞的人

這種人走路的時候速度很快，不管是在擁擠的人群中還是在寬闊的馬路上，他們都會風風火火的，更多的只考慮自己的感受。這種人在生活當中也是個性急躁的人，做事雷厲風行，一般來說，他們比較坦誠，喜歡與人交往，他們的朋友更是遍布五湖四海，這種人對朋友比較忠誠，通常不會做對不起朋友的事情。

走路時猶疑緩慢的人

這種人大多個性比較懦弱，遇到事情容易退縮，不喜歡張揚和出風頭；遇到事情會考慮很久，不會貿然行事，但是由於考慮時間較長，往往會錯失良機；這種人胸無城府，重視感情，交友謹慎，一旦與他們成為朋友，他們可以為朋友兩肋插刀。

🐑 走路時蹦蹦跳跳的人

一般來說，這樣走路的人一定是聽到了某種極好的消息，或是得到期盼已久的物品。這種人會把自己的喜怒哀樂都表現在臉上，不會把自己真實的心思藏起來，因而他們的人緣很好，有很多朋友，因為跟他們在一起會比較輕鬆，不用去揣摩他們的心思。

🐑 走路時故弄玄虛的人

有人走路的時候會左搖右擺，一副弱不禁風的樣子，這種人遇到難題不是推卸責任就是不了了之，對別人要求很苛刻，不允許別人做對不起他的事情，否則會睚眥必報。

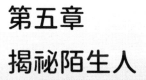

第五章

揭祕陌生人

—— 瞬間贏得信任與好感的心理策略

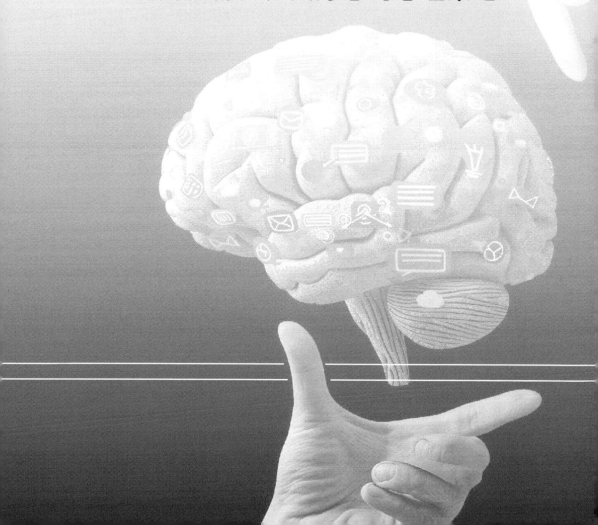

透過音調判斷人心

一個人的聲音可以表現出說話者的個性，而一個人說話時的音調，往往也能揭示出這個人說話時的心理。在生活中，當我們無法從一個人的面部表情、動作以及語言掌握其情緒及心理狀態時，不妨仔細聽聽他說話時的音調。

俗話說：「聽話聽音，澆樹澆根。」掌握一個人的音調，就有可能了解一個人。

事實上，我們每次的談話都會有兩種對話產生：一種是使用文字，一種是使用音調。有的時候，文字和音調表達的意思是一致的，但是有的時候它們卻表達著相反的意思。比如，你買了一件新衣服，上班第一天問一個同事：「你看我昨天買的這件衣服好看嗎？」大多數時候我們得到的回答是：「挺好的。」但是，我們通常不會僅憑一句「挺好的」來判斷對方的感受，而是會根據他的音調來判斷他是真的覺得很好，還是覺得一般或者是不好。很多時候，怎樣說話比說什麼樣的話更為重要，因為很多時候我們的態度是透過說話的音調表現出來的。

有時候，人們希望表達自己的情緒，但是又不願意直接說出來，比如：「你傷害了我的感情」、「我好難過，希望你能幫我減少痛苦」、「工作讓我感到沮喪，我需要你聽我訴苦」。在生活中我們很少聽到有人說這些話，但是我們可以從一個人的音調中聽出這樣的訊息：一般對方在說話的時候會不停地嘆息，語速會比平時慢，說話時聲調很低沉，而且回答問題時比較簡短，還伴有一些肢體語言，比如雙目下垂、整個人顯得沒精神等。根據這些綜合訊息，我們就能知道對方真正的情緒和態度。

在生活中，音調的作用很大，尤其是在電話、廣播等看不到對方的交

流形式中，透過電波，主持人的聲音傳到你的耳中，你從中可以得知主持人對所說內容的態度，他是贊成還是懷疑，是喜歡還是厭惡，是熱情還是冷淡，你都能得知。所以，即使看不到電臺主播們的模樣，聽眾們還是會被他們的聲音所征服。在電話裡，我們也能根據對方的音調來判斷出對方的喜怒哀樂等。

事實上，很多時候，音調在說話中的重要性遠遠超過了語言，但是在日常交流中，大多數人往往會把注意力集中在語言上，而非音調上。其實，這是片面的做法，只有透過語言，再加上對對方音調的判別，我們才能真正理解對方所要表達的真實意圖。

有的人在說話的時候音調很高，他們這麼做的目的是為了控制環境。說話時提高音調通常是表示獨斷、強制且具威脅性的意思。如果一個人想控制或支配他人，他說話的時候就會提高音調。在學校裡，如果學生很調皮，老師就會大聲高聲地喝斥他們。很多人認為說話大聲、音調低沉是自信的表現，但是有些人說話大聲則是害怕對方聽不見，比如長期在部隊的人說話的嗓門會比其他人大。

有的人說話輕聲細語，一般女性說話時都比較小聲，如果一個人偶爾說話比較小聲，那就說明他此刻缺乏自信或優柔寡斷。有人認為，說話音調比較輕柔說明對方此刻心裡很平靜。有的人說話的時候總是輕聲細語的，這時就要留意他是否有抑揚頓挫的變化，當所在場合比較混亂時，他是否會放大音量，提高音調，如果不是的話，那就說明這個人不夠細心，不能體貼別人；如果是的話那就說明這個人很在意對方的感受，是一個比較體貼的人。如果有的人說話的時候聲音比較輕柔，而且不與對方有眼神交流，那就說明這個人不太有自信。人在身體不舒服的時候說話也會顯得很輕柔，我們要注意辨別，通常身體不舒服，會有一些肢體語言，如一直

低著頭，面部表情顯得很痛苦等。

當然，透過音調我們只能對對方的內心有一個大致的了解，要想更準確地掌握對方的內心狀態，就需要了解更多的內容，比如觀察對方的肢體語言以及說話內容。因而，在與人交往的時候，我們不僅要用耳朵來聽對方的說話內容與音調變化，還要用眼睛觀察對方的肢體語言、表情變化等，只有這樣，我們才能更準確地掌握對方的內心世界。

面部表情裡的祕密

俗話說：「出門看天色，進門看臉色。」在與人交往的時候，無論對方是什麼人，只有讀懂對方的表情，摸清對方的心思後，然後再付諸行動，這樣才能做到得心應手，萬無一失。

德尼・狄德羅（Denis Diderot）曾說：「一個人，他心靈的每一個活動都表現在他的臉上，刻劃得非常清晰和明顯。」這句話說明，一個人的心理活動會表現在他的面部表情上，在現實生活中，語言的表達遠遠不及人們面部表情豐富和深刻。

研究發現，人的面部是最富表現力的部位，它可以表達很多複雜的訊息，如愉快、冷漠、驚奇、誘惑、恐懼、憤怒、悲傷、厭惡、輕蔑、迷惑不解、剛毅果斷等。而面部表情也能比其他身體媒介傳播更準確的情感訊息。因此，表情能夠清晰、直接地表達人們的內心想法。仔細觀察一個人的表情，我們就可以獲悉他的心理活動。

根據專家評估，人的表情非常豐富，大約有 25 萬種。面對如此豐富的表情，我們該如何進行辨別呢？

🗣 首先要觀察表情變化的時間

觀察表情變化時間的長短是一種辨別情緒的方法。每個表情都有起始時間、停頓時間和消逝時間。一般來說，我們很難對表情的起始和消逝做出固定的標準，因為不同的表情其起始和消逝的時間是不一致的。例如，一個驚訝的表情如果是真的，那麼它完成的時間可能不到 1 秒鐘。所以，判斷一個表情持續的時間更容易一些。因為通常的自然表情，並不會那麼短暫，有的甚至能持續 4～5 秒鐘。不過，要是一個表情停頓的時間過長，那麼這個表情極有可能是假的。除了那些表達感情極其強烈的表情，一般超過了 10 秒鐘的表情，就十分值得懷疑。因為人類臉上的面部神經非常發達，即使是非常激動的情緒，也難以維持很久。

🗣 其次要觀察面部的顏色變化

通常，人的面部顏色會隨著內心的轉變而變化，透過觀察一個人的面部顏色，我們也可以判斷出不同的表情。因為面部的膚色變化是由自主神經系統造成的，是難以控制和掩飾的。在生活中，面部顏色變化常見的是變紅或者變白。通常來說，人在說話的時候，如果臉色變紅，往往是他們遇到了令他們羞愧、害羞、尷尬的事。有時，人在極端憤怒的時候，面頰的顏色會在瞬間變為通紅。而人在痛苦、壓抑、驚駭、恐懼等情形下，面色會發白。

人們的表情變化能夠反映其內心世界，而且人們的表情是可以超越文化和地域的，因為表情並沒有國界之分。不同的國家、不同的膚色、不一樣的語言，都可以用笑臉來傳遞共同的意願。但是，表情也具有迷惑性，因為表情對於人來說，是心情的寫照，很多人有意要隱瞞自己的情感，所以不會把所有的情緒都表現在臉上，有時候，我們很容易被一個人的表情

矇蔽，從而做出錯誤的判斷。正所謂「知人知面不知心」，生活中我們看到一隻狗氣勢洶洶地狂吠，我們可以確定它此時是憤怒的、有敵意的，甚至具有攻擊性。但是，面對一個笑容滿面的人，我們卻不敢確定他是不是「笑裡藏刀」。

在生活當中，儘管人們會刻意地去掩飾自己的內心，有意控制自己的表情，使得自己真實的情感不在表情上流露出來，但是人的微表情是無法控制的，因此，我們可以透過觀察一個人的微表情，來洞悉對方的內心世界。

如何看待第一次見面就有肢體接觸的人

人與人之間在交往的時候，由於關係的親疏，往往會有不同的空間距離：情侶和親人之間大多是親密無間的，好朋友之間的間際也比較小，普通朋友之間距離就會慢慢拉大……也就是說，兩者之間關係越生疏，其間的距離就越大。但是有些人，在初次與人見面的時候就會跟對方有身體接觸，這樣的人一般都過於自信。

在生活中，大多數人可能都有過這樣的經歷：在你加班到很晚的時候，你的上司或者其他一些同事，會過來拍拍你的肩膀，然後說一些「辛苦啦」之類的話；有的時候，當上司交給你一項很重要的任務的時候，他們可能也會拍著你的肩膀說些「好好做」之類的話；還有就是，當你把工作完成之後，假如上司對工作很滿意，他也有可能會輕拍一下你的背部，說些「做得好」之類的話。以上的一些場景，相信很多人都遇到過，當上司或同事跟我們有身體接觸的時候，大多數人會感到很踏實（當然要排除

一部分對身體接觸很敏感的人，因為他們不管是誰跟他們有身體接觸，他們都會很反感），會有一種被信任和重視的感覺。

為什麼我們會有那樣的感覺呢？這是因為，一般情況下，人會根據對象的不同來調整自己的位置。當我們和喜歡的人說話時，會不自覺地靠得很近，而和不喜歡的人說話，就會保持一定距離。當我們的上司或者資歷比較深的同事拍我們的肩膀時，已經不只是靠得很近，而是有了身體接觸，這是一種親近和信任的表現，他們的這些身體接觸往往就是表示對我們工作的肯定和鼓勵，所以我們能愉快地接受。

在人際交往的時候，儘管我們看不到，但是人與人之間還是會有一定的界限存在，不同的兩個人之間會採取不同的距離，這就是人際交往中的距離。因而，我們可以透過兩個人在交往時彼此之間的距離來對兩個人之間的關係做出一個初步的推斷。美國著名社會學家愛德華・霍爾（Edward Hall）博士將人們之間的距離分為四種：一是公共距離，指的是大於 360 公分的距離；二是社交距離，介於 120 ～ 360 公分之間；三是個人距離，在 45 ～ 120 公分之間；四是親密距離，從 45 公分到零距離。

一個不屬於某個親密圈子的人闖入這個空間是十分不禮貌的，因此在與人交往的時候要非常注意。

一般來說，如果兩個人是初次見面，大多數人會選擇社交距離，但是有的人在初次見面的時候就會觸碰對方的身體，這就是過於自信的表現了。因為一般情況下，人們都會覺得和自己不熟的人有身體接觸會令對方厭惡，所以初次見面時，會保持一定的距離。但是，這些初次見面就觸碰對方身體的人不會這樣認為，他們會有一種居高臨下的優越感，覺得自己拍對方的肩膀或者後背，對方會很高興，在他們的潛意識裡，是認為自己

很了不起的。

　　初次見面就跟對方有身體接觸的人雖說大多過於自信，不過，不同的身體接觸部位，也可以說明不同的含意。

🐏　輕輕觸碰你的手，是想給你留下好印象

　　美國心理學家研究發現，初次見面時有意識地輕輕觸碰一下對方的手可能會讓自己給別人留下很好的印象。因此，當有人輕輕觸碰你的手時，極有可能是想給你留下美好印象。而且，如果對方從事的是服務行業工作，那他的這一舉動就可能是想博取你的好感，從而使自己獲得更多的小費。心理學家專門做過一個小測驗，他將一家飯店的服務生分成兩組，然後告訴其中一組服務生，讓他們在客人結帳時有意識地輕輕觸碰一下客人的手肘或是手，而另一組則告訴他們按照平時的方式即可。結果發現，第一組的女性服務生從客人那裡得到的小費要比第二組的女性服務生多 40%左右，而第一組的男性服務生所得的小費也要比第二組的男性服務生多30%左右。

🐏　接觸你的手肘，是想拉近你們之間的距離

　　一般人們都不會把手肘當作個人的私密空間，因而當有人碰觸自己的手肘時通常都不會讓人感到被侵犯，也不會產生厭惡感。因此，如果對方輕輕地、短短地碰觸你的手肘，是想拉近你們之間的距離。

　　在生活中，當你與對方初次見面時，如果對方在跟你握手的時候會用另一隻手輕輕地碰一下你的手或者手肘，那麼這就表示他想獲得你的好感或者想拉近你們之間的距離，從而使你更加認真地傾聽對方，並加深他在你心目中的良好印象。所以說，初次見面時與對方有適當的身體接觸，可以留下良好的第一印象，也難怪會自信滿滿了。

如何正確掌握與初次見面人的握手技巧

兩個人初次見面，一般都要握手以示友好，但就是這一個簡單的握手動作，卻可以傳達出很多內容，如果運用得當，會給對方一個很好的第一印象，因此我們必須認真對待。

據說握手禮最早來源於歐洲，握手在當時是為了示好，同時表明自己手裡沒有武器，不會對對方有威脅，後來漸漸地演變成一種見面禮。

如今，握手已經成為人們日常交際的基本禮儀，一個人握手的方式可以展現出一個人的情感和意向，顯示一個人的虛偽或真誠。因而，握手在生活中是非常重要的。

章菲菲是某著名房地產公司的副總，為人熱情而敏感。有一天，她接待來訪的某公司主管銷售的王經理，祕書將王經理帶進她的辦公室，對她說：「章總，這是 XX 公司的王經理。」

章菲菲離開辦公桌，面帶笑容，走向王經理。王經理先伸出手來，章菲菲愣了一下，但還是伸出手去握了一下王經理的手，然後，章菲菲客氣地對他說：「很高興你來到我們公司，這樣吧，我先看一下你們公司產品的這些材料，然後再跟你聯絡吧。」王經理剛坐下不久，還沒來得及說幾句話就被章菲菲送出了辦公室。幾天後，王經理多次來電話詢問情況，但是祕書總是告訴他章總不在。

其實祕書的這番說辭都是章菲菲讓她這麼說的，但是祕書有點納悶為什麼章菲菲這麼反感一個只說了兩句話的人呢？後來，章菲菲告訴祕書：「第一次見面，那個人就給我留下了很差的印象，我覺得他根本不懂得基本的商務禮儀，作為男士，一點紳士風度也沒有。而且位置又比我低，握手的時候他卻先伸出了手。再者，握手的時候，他的手冷冰冰的，沒有任

何反應，讓我感覺像是在握一個木偶的手。作為一個公司的銷售經理，竟然連最基本的握手禮儀都不懂，讓我懷疑他是否參加過有關的職業培訓。他的公司僱用這樣的人做銷售經理，由此可見他們公司的整體素養也不會很高。這樣的公司，即使跟他們合作，也會讓我很擔心，我怕他們不會遵守商業道德，為我們提供優質、價格合理的建築材料。」

章菲菲的一番話，讓祕書恍然大悟，原來握手還有這麼多的學問。

握手雖然只有短短幾秒鐘的時間，卻十分關鍵。因為從一個人握手時的表現，可以看出他是否喜歡你以及喜歡或厭惡你的程度。握手時所用的方式、力度，都會透露出一個人的個性、可信程度以及心理狀態。我們可以從一個人握手的方式看出對方對自己的態度是熱情還是冷淡，是尊重自己還是敷衍了事。一般來說，我們在與別人握手的時候要積極熱情，這樣才會讓對方感受到我們的友好和可信，以及對對方的尊重和重視。如果在與別人握手的時候敷衍了事，別人是很容易察覺的。如果握手的時候手掌軟弱無力，這些訊息就會立刻傳遞到對方那裡。如果在握手的時候不能讓對方留下良好的第一印象，那麼在以後的交往中就可能產生不利影響。因此，握手在現代社會裡，從某個方面來說也意味著財富和機遇。

所以，要想在握手的時候給對方傳遞出熱情、真誠，我們必須掌握握手的分寸和時機。下面就有一些握手的技巧：

✎ 首先是握手的順序

一般的順序是長輩、女士、已婚者、職位高者先伸出手之後，晚輩、男士、未婚者、職位低者才伸出手回應。如果後者不了解這一順序而胡亂地伸手，那麼場面就會陷入混亂和尷尬。

朋友和平輩之間在握手時不用計較誰先伸手，一般來說，誰先伸手，

說明他更有禮貌。另外，如果是向對方表示祝賀、安慰對方或者雙方有誤解希望對方諒解，此時應該主動向對方伸手。當有客人來訪時，主人應該先伸手，以表示歡迎。在客人告辭時，則要等客人先伸手後主人再伸手，否則就有逐客的嫌疑了。

需要注意的是，男士和女士之間，男士絕對不能先伸手，因為這樣不但失禮，而且還有占便宜的嫌疑。

🐾 其次是握手的時間和力度

在與人握手的時候，要掌握好時間的長短，如果跟對方比較熟悉，而又好久沒見，握手的時間可以長一些。如果不是太熟，可以短些。初次見面握手時間以 3 秒鐘為宜，不易過長。在與異性握手時，千萬不可一直握著對方的手不鬆開，這是十分不禮貌的。

另外，握手的力度也要適度，可以稍微用點力以示熱情，但不可太過用力，切忌雙手無力，這會給人一種冷冰冰的感覺。男士握女士的手應輕一些，不能握滿全手，只握其手指部位即可。

🐾 再次是握手時的一些忌諱

1. 不能戴手套與人握手。

2. 不能用左手跟人握手。握手時必須用右手，在跟外國人握手時尤其要注意這點。如果必須用左手而不能用右手時，應先向對方解釋清楚，取得對方的諒解。

3. 不能三心二意。在與別人握手的時候應該專心致志，面帶微笑，萬不可心不在焉。

4. 不能顧此失彼。握手時如果當場有很多人，千萬不能僅與一個人握

手，而忽略其他人，這是很不禮貌的。另外，在同一場合與多人握手的時候，時間和力度都要相當，不能顧此失彼，否則也是沒禮貌的表現。

如何讓陌生人消除戒心，進入你的「領地」

與陌生人打交道的時候，第一印象十分重要，如果你能讓對方留下很好的第一印象，那麼對以後的交往是十分有利的。其實，我們可以運用一些技巧，消除對方的戒備心理，盡快地把對方引入自己的「領地」。

不論是誰，剛開始與一個陌生人打交道的時候，都會存有一定的戒心，這是初次交往的一種障礙。而初次交往的成功，關鍵要看如何衝破這道障礙。

那麼如何才能打破這道障礙，讓對方消除戒備心理，盡快把對方引入自己的領地呢？事實證明，如果你用第一句話吸引對方，或是講對方比較了解的事，那麼，第一次談話就不僅僅是形式上的客套了。如果運用得巧妙，雙方會因此打成一片，也就變得容易相處了。

舉一個簡單的例子，在寒風瑟瑟的夜晚，你在公車站等車，同時車站還有一個跟你同病相憐的人，這個時候，有關天氣的話題就可以成為你們之間的開場白，如「今晚好冷」等。但是，如果單純地使用這句話，雖然也可能會引出一些話來，但這些話也可能對彼此無關緊要，這樣，再深一步的交談也就困難了。但是，如果你這樣說：「哦，今晚好冷啊，風這麼大！像我這種在南部長大的人，儘管在這裡住了幾年，但對這種天氣還是難以適應。」假如碰巧對方也是在南方長大的，那麼這句話就會引起對

方強烈的共鳴，接下來你們之間的共同話題就會有很多。假如對方是在北部長大的，那麼他也會因為你在談話中提到了自己的故鄉在部，從而對你的情況產生興趣，有了想進一步了解你的欲望，這樣就可以把交談引向深入。而且把自我介紹與談話有機地結合，也不會令人覺得牽強、不自在。這樣，人們在不知不覺之中，就消除了戒備的心理，從而產生了「親切感」。

當然，如果你採用一種很自然的、敘述型的談話開頭，也能給人一種親切感，同時還能讓人想繼續向他詢問一些細節。

整體來說，雙方見面，第一句話說得如何至關重要，假如說得好，有一個好的開端，那麼接下來的事情可能就會比較容易了。說第一句話必須做到親切、熱情，這樣才能消除對方的陌生感，有一個良好的開端。下面介紹幾種比較常見而且有效的方式：

🗨 問候式

我們見到陌生人，第一句話一般都是「您好」，但是這句問候似乎顯得很普通，這時，我們可以根據對象、時間等不同而使用不同的問候語。如果對方是長者或地位尊貴的人，我們可以說「您好」、「先生您好」；如果對方和自己差不多年齡，可以直接叫他的名字姓名，這樣會顯得親切一些；假如對方是醫生、教師的話，則可以說「李醫生，您好」、「王老師，您好」，這樣加上稱謂顯得尊重對方。

🗨 攀認式

赤壁之戰時，魯肅與諸葛亮第一次見面。初次見面，魯肅就對諸葛亮說：「我是子瑜的朋友。」這裡的子瑜是諸葛亮的哥哥諸葛瑾的字，他是魯肅的摯友。魯肅的這句話很快就拉近了與諸葛亮的距離。

159

在生活當中，我們也可以學學魯肅，找出與對方的共同點或連繫，這樣會很容易拉近兩個人之間的距離。任何兩個人，只要稍加留意，就不難發現雙方都會有著許多的連繫。

例如：「哦，您是彰化人哪，我大學是在彰化讀的，我家在南投，這麼說來，我們還是同鄉呢！能在這裡遇到你，真是有緣哪。」

「您是××大學畢業的啊，我當年還在那裡培訓過半年，說起來，我們也算是校友啊！」

「您也認識老劉啊，他當時是我們的班長，那時候我跟他關係挺好的。真巧啊，我們居然都認識他，這世界未免有點小！」

🐦 敬慕式

初次見面，假如對方是比較有名望的人，這時我們可以對對方表現出敬重和仰慕。運用這種方式必須注意掌握好分寸，要恰到好處，不能胡亂吹捧，不要說「久仰大名」之類的過頭話。當然，表示敬慕的內容也應該因人而異。

例如：「我在上學的時候就讀過您寫的作品，沒想到今天會在這樣的場合見到您，真是太好了！」、「我和我的朋友都非常喜歡您，我們經常看您的電視節目，沒想到今天竟然能見到您，真是太高興了！」

以上的這些技巧僅供參考，在實際生活當中，還需要親自去實踐。需要注意的是，說好了第一句話，這僅僅表示有了一個良好的開端，要想交往能夠深入進行下去，還需要在談話的過程中尋找新的共同感興趣的話題，這樣，才能使得談話順利進行。

如何在瞬間征服對方

在生活當中，我們經常能夠看到一些社交高手，他們能夠在很短的時間內與陌生人打成一片，很多人都非常羨慕他們。其實，我們沒必要羨慕他們，只要掌握一定的方法，我們也能在很短的時間裡征服對方。

兩個人第一次見面，需要多少時間決定他們能否成為朋友呢？有心理學家認為，初次見面的兩個人能否成為朋友，建立良好的關係，關鍵就在於他們相互接觸的五分鐘內留給彼此的印象和感覺。

人們初次接觸，主要的了解方式就是交談，在交談中，你要對所接觸的對象談的任何事情都感興趣。無論他從事什麼職業，講什麼語言……對他說的話都要耐心傾聽。如果你這樣做了，那麼你將會交到無數的朋友。

很多人在遇到陌生人的時候都會感到害羞，不敢說話。因為我們對對方一無所知，不知該跟對方聊什麼話題。尤其是在那些有很多陌生人的場合，很多人會更加局促不安，甚至會產生緊張、恐懼的心理。這時候，如果要想盡快地與陌生人建立關係，首先要有樂於與對方交往的願望，只有這樣，才能在後面有所行動。

假如我們要到一個陌生人家裡去拜訪，首先要在拜訪之前盡可能多地了解對方，比如他的職業是什麼、有什麼興趣喜好、個性是怎樣的等等。

拜訪的時候，當走進陌生人的家裡，首先要觀察一下對方家裡的環境，比如是什麼樣的裝修風格，都有哪些裝飾物品。根據不同的裝修風格和房間裡的擺設，我們可以對主人的興趣喜好有一個大致的了解，或許室內某些特定的物品對於主人來說有很大的紀念價值，其中還有一段故事呢……我們可以根據這些來組織開場白，那樣效果會更好。

如果是參加一個有很多陌生人的聚會，也需要仔細觀察，可以在聚會開始的時候先坐在一旁觀察，然後選擇要接近的對象。一旦選定後，就可以直接走上前去跟他進行交流或簡單自我介紹，如果你這樣做，就會受到更多的關注和青睞。

在與陌生人交往的時候，我們可能會遇到一些讓人討厭的人，這時，儘管你不喜歡他們，但是你仍然要學會跟他們談話。假如你對自己不喜歡的人不看一眼、不說一句話，這是很不禮貌的，會讓別人留下不好的印象，讓別人誤認為你是一個很高傲、冷漠的人，有的人甚至會把這些冷落當成對自己的侮辱，從而對你有了偏見。

在與陌生人打交道時，需要注意以下幾點：首先要有禮貌，做到不卑不亢；其次不要談論比較私密的話題，這樣可以使雙方保持一定的距離，不會顯得冒昧。如果你願意跟對方深交，可以一步一步設法縮小與對方的距離，不能太著急。

在與陌生人交往的時候，不妨表現得主動一些，主動向對方介紹自己，比如職業、家鄉等這些比較中立的話題，這樣就能給對方一個接近你的線索。在介紹完自己的情況時，也可以問問對方的職業、家鄉等。一般情況下，如果你介紹了自己的相關情況，再詢問對方的時候，對方會很樂於回答的。

接著，你可以問一些有關他本人的而又不屬於祕密的問題。如果對方年紀比較大，你可以詢問他的子女以及他單位的情況。對方談了之後，你也應該順便談談自己的相應情況，這樣才能達到交流的目的。

在與陌生人聊天的時候，要注意比平時跟朋友聊天更加留心，因為你對他不了解，所以要多留意他的談話中所透露出來的訊息。除此之外，還

可以透過對方的眼神、音調變化、回答問題的方式以及一些小動作來了解對方，判斷是否能夠進一步發展。

如果遇到非常內向、很容易害羞的人，在跟他們交談時不妨先談些無關緊要的事情，使其放鬆下來，這樣對方或許會更加願意跟你交談。

與陌生人交往，當有了一個很好的開場白之後，我們就要非常注意話題的選擇了。一般來說，容易引起爭論、引發雙方對立的話題要盡量避免。在與對方交談的時候，要留意對方的眼神和下意識的小動作，一旦發現對方有厭倦、冷淡的情緒時，就要馬上轉換話題。

在與陌生人交往時，在得知對方的姓名後，一定要牢牢記住，然後在接下來的交談中直接稱呼他，這樣會讓對方有一種被重視的感覺。如果遇到一個忘記了姓名的人，你可以表示抱歉，「抱歉，不知該如何稱呼您？」也可以只說一半「您是 ——」如果對方經常出席各種社交場合，他會很自然地說出自己的姓名。

掌握並且精通於與陌生人說話的技巧，你就能開啟更多的友誼之門，獲得更多的朋友。

妙用「地形心理學」

與人交往，選擇在什麼地方會面很重要，如果選對了地方對自己的形勢會更有利，而一旦選錯了地方就會使自己處於被動狀態。所以在與並不熟悉的人見面時，對於約會地點的選擇一定要費點心思。

無論是誰，對陌生的地方總會感覺莫名的不安與恐懼，所以不管做什麼事情，人們總喜歡在自己熟悉的地方進行，這樣會讓他們更有安全感。

不過，選擇在自己熟悉的地方與人交往也並非都有好處。因為這樣雖然會比較放鬆，可以更好地展示和推薦自己，但人在自己熟悉的地方難免會放鬆警惕過於隨意，從而暴露出個人的一些缺點。若到陌生的地方，雖然可能略感緊張，卻能讓自己集中精力，用心觀察對方。但那些社交高手不會受到「地形心理學」的限制，無論在什麼地方，他們都能夠遊刃有餘，把事情辦得很漂亮。

　　與人交往時對於地點的選擇的確非常重要，首先要考慮交往目的。若是招待高級賓客並希望與之建立良好關係，肯定要選擇比較高級的飯店或餐廳；如果想與異性發展親密關係，那麼浪漫的場所與漂亮的桌布肯定是理想場所；辦公事可以選在公司或商務會所，辦私事則可以在自家客廳或符合雙方消費習慣的場所⋯⋯

　　地形心理學不僅包括雙方見面地點的選擇，還包括見面後雙方的位置，不要小看這個細節，它能夠直接或間接地決定著你的影響力。

　　與陌生人初次見面時，最好不要坐在他的對面，而應該坐在他的旁邊，這樣可以避免彼此的視線直接相遇，從而增加緊張感。坐在他旁邊的位置，不與他直接對視，可以讓人感覺輕鬆，自然，從而能夠迅速建立親近感。若座位的安排無法避免直接對視，則可以在兩人中間放一些轉移視線的東西，比如一盆花。

　　比較黑暗的環境也能減輕人們的尷尬。有些環境優雅的茶館或者咖啡廳故意把燈光調得比較昏暗，就是為了創造心理上的安全感。在這樣的環境下，人們根本看不清對方的表情，戒備心理也會隨之得到緩解，彼此間的對立情緒就會比在光線明亮的場所裡要弱，這樣就有利於雙方溝通。

　　若想讓對方感覺到你的恭敬，那就不要在他面前「深坐」，也就是

說，落座時應該選擇坐在椅子或沙發前端的三分之一處，這種姿勢可以讓上半身自然前傾，形成聽話的最佳姿態，容易讓對方留下好印象。如果你整個人都坐下去，甚至蹺起二郎腿，會讓人感覺你缺乏誠意，而且對人不夠尊重。

經常感覺羞怯的人自我關注度過高

大多數人都有過羞怯的現象，不過有的人會隨著年齡和閱歷的成長而逐漸淡化，有的人卻在成年之後仍表現得比較明顯：他們對社交有一種恐懼感，見人就臉紅，甚至緊張得手足無措……而這些人如此羞怯的根本原因就是自我關注度過高。

幾乎每個人都有過羞怯的經歷，只是羞怯的程度有輕有重。大部分人只是在兒童和青少年時期有過明顯的羞怯，成年之後則能在相當程度上克服這一問題，從未感到過羞怯的人幾乎絕無僅有。有些人可能在平時並不會感到羞怯，但當處於某種場合或見到某些人時，仍然會有羞怯的現象。在現代社會，人的交際能力相當重要，而羞怯會對人們的社交活動造成障礙。

小潘是一個大學畢業剛開始工作的年輕人，這個年紀的他正應該是「初生之犢不畏虎」，但他卻靦腆得像個小女孩。他害怕與人交往，一見到陌生人就臉紅，不知道該說什麼好，甚至手腳都找不到安放的地方。還記得他在找工作的時候，從來不敢抬頭看面試官，而且一緊張就語無倫次，為此失去了不少好的工作機會。好不容易找到了這份工作，來到公司的第一天，上司請他自我介紹，他磕磕絆絆了半天只說出了自己的名字，就再

也沒了下文。

　　由於小潘的這種個性很難交到女朋友，家裡人就開始安排他相親，這也讓小潘非常為難。每次一見到相親的女孩，他就會覺得心慌、神情緊張、面部發熱，根本不敢抬頭正視對方，更不敢開口跟女孩交談。所以每次相親他只好能躲就躲，實在躲不過去了，也是說不了幾句話就匆匆離開。其實小潘也想好好找個女朋友，可又無法克服自己的羞怯，這讓他感覺非常痛苦。

　　小潘的情況屬於典型的社交羞怯，這類人的典型表現就是過度關注自我，他們心裡總想著：如果我這樣，別人會怎麼評價我？會不會取笑我？就像做了錯事怕被別人發現一樣，對將來充滿恐懼，以致心跳加速、面紅耳赤，無比緊張。羞怯者的心靈完全被脆弱無助、疑懼他人的評價所占據。在某些時候，他們的羞怯會更加突出，比如與一些重要人物接觸時，或見到自己喜歡的異性時，或當他們成為大家關注的焦點時，羞怯的表現會更嚴重。

　　要想克服羞怯，首先羞怯者要學會把目光從自己身上轉移開來，不要認為你做任何事都會有人關注你，只要你盡力做好自己的事情就可以了，其他事不要想得太多。其次要更實際地評價自己，如果你以為自己做得不好，不妨看看周圍的人，可能很多人還不如你，你並沒有自己想像的那樣糟糕。另外還可以做一些放鬆訓練，比如在感覺緊張的時候多深呼吸，或者對著鏡子練習自我介紹等。

名片裡的個性玄機

如今，名片已經成為人們建立關係的重要方式。儘管是一張小小的名片，但可以說明很多問題。只要我們在生活中留心，就可以透過這張小小的名片，推斷出他人的個性和心理。

在社交活動裡，交換名片已經成為一種重要的交際手段，它可以向對方表示尊重，也可以增進雙方了解，因而應該引起人們的重視。

這年春天，王經理所在的城市舉行了春季商品交易會，一時間，各方廠家雲集，企業家們濟濟一堂。王經理聽說某著名集團的劉董事長也來了，他想利用這個機會認識這位素未謀面又久仰大名的商界名人。

午餐會，王經理終於見到了劉董，王經理彬彬有禮地走上前去：「劉董事長，您好，我是×公司的銷售部經理，我叫王××，這是我的名片。」說著，便從隨身帶的公文包裡拿出名片，遞給了對方。劉董顯然還沉浸在之前的與人談話中，他順手接過王經理的名片說：「你好。」草草地看過之後便放在了一邊的桌子上。王經理在一旁等了一會兒，並未見這位劉董有交換名片的意思，便失望地走開了。

任何行為都是在一定的心理活動的驅使下進行的。在上面的故事中，我們不難發現王經理先拿出名片，是為了向對方表示自己的誠意。而劉董接過對方的名片後，卻沒有遞自己的名片而且也沒有任何反應，表現出了他失禮、蠻橫的態度。這顯然是十分不禮貌的表現，這就說明他在生活中也是一個比較不懂禮貌的人。

根據心理學家的研究和發現，從一個人交換名片的方式可以看出他的個性與心理。

有的人在與人交往的時候，習慣性地會比對方先拿出名片，這樣做的人大多是為了顯示自己的誠意。一般他們接到對方的名片，會雙手接過來，以示對對方的尊重。有的人在接過對方名片的時候十分隨意，而且沒有任何表示，也不會給對方自己的名片，這樣的人大多在生活中也是比較沒禮貌的人。當然，這樣做也包含著拒絕的意思。

　　有的人在交換名片時，會把時間、地點等都附記在上面，這樣的人頭腦很靈活，興趣廣泛，善於交友，做事認真。

　　有的人在別人遞給他名片後，經常會說「名片用完了」等語言，如果他的名片是真的用完了，那就說明這個人平時是一個沒有計畫的人，做事缺乏組織性，為人比較輕率。而有的人僅僅是以此為藉口來拒絕給對方名片。不過這樣的人大多都不會討人喜歡，容易使人產生戒備心理。

　　有的人總是隨時隨地發名片給不同的人，這樣的人喜歡顯示自己，希望得到別人的注目。這種人表面看起來很開朗，實際上卻是比較浮誇的人；他們大多是一些空想家，不會將自己的夢想付諸實踐，希望天上掉餡餅。這類人與人交往的時候不夠誠實。

　　除了從交換名片的方式來看一個人，從一個人的名片的細節上，也能窺視出其個性。

　　有的人喜歡在名片上加上一層光滑的膜，這樣名片就看起來十分漂亮。這樣的人從外表看來似乎很熱情、真誠，與人交往的時候也顯得很親切，但極有可能這僅僅是他們人際交往的一種手段，實際上，這種人大多都有較強的虛榮心。

　　有人喜歡在名片上用較粗大的字型印出自己的名字，這樣的人喜歡突顯自己，希望引起別人的注意。這種人功利心較重，在與人交往的時候會

表現得很平和、親切，具有紳士風度，但別人很難真正接近他們，他們擅長透過某些手段來達到自己的目的。他們善於隱藏自己，為人處世懂得隨機應變，能很好地掌握分寸，使一切恰到好處。

有人喜歡在名片上印上自己的別名或綽號，一般來說，這樣的人叛逆心理較強，做事常常出人意料。這種人為人處世十分小心謹慎，有些神經質，常常會無端地猜疑別人，因而這種人有一定的自卑感。遇到挫折和困難的時候缺乏足夠的信心，總是想著逃避或退讓。他們沒有太多的責任心，而且還會想方設法來逃避責任。

有人同時持有兩種完全不同的名片，這樣的人一般精力旺盛，同時也具備一定的能力和實力，可以同時應付幾件事情。他們的眼光比較開闊，能夠從長遠考慮。這種人興趣廣泛，創造力很強，常常會有一些驚人之舉。

有人喜歡用比較柔軟的材料印製名片，而且名片也設計得十分精美。這樣的人具有很強的審美觀念，在生活中也不輕易與人發生爭執。他們比較富有同情心，在條件允許的情況下，會盡力去幫助別人。但是這種人不太堅強，意志薄弱，遇到一些事情很容易退縮。

喜歡什麼樣的酒，決定對方是怎樣的人

俗話說：「酒品如人品。」這句話雖然有些絕對，但是也能一葉知秋，我們可以從一個人對酒的喜好，以及他喝酒時與喝酒後的反應，對這個人的個性有一個大致的了解。

如今，在社交場合，酒已經成為必不可少的一件交際「工具」，很多

事情，都是在酒桌上完成的。喝酒已經成為人們溝通感情、解決問題的一種方式。但是，每個人對酒的喜好卻是不盡相同，有的人喜歡高度數的白酒，有的人喜歡溫吞的啤酒，有的人則對洋酒情有獨鍾……其實，從一個人對酒的喜好，我們可以窺見他的內心世界，甚至了解一個人的個性等。

喜歡啤酒的人

這類人頗具社交性，與任何人都能談得來，是服務精神旺盛的人。他們喜歡取悅別人，因而容易獲得別人的好感。這類人平時讓人覺得有些冷漠，可是一旦有事，他就會顯得十分體貼；在金錢方面十分樂觀，不會太在乎。

喜歡葡萄酒的人

喜歡紅葡萄酒的人，通常是現實主義者，凡事都會從現實出發，著眼於現在，對金錢和權力很執著。喜歡紅葡萄酒的男性，大多是比較穩健、實際但缺乏浪漫情懷的實幹家。

喜歡白葡萄酒的人，對夢想很執著，為了實現自己的夢想，可以不顧一切地去追求。在生活中不拘小節，但是這恰恰也是他們的缺點，容易喪失一些機會。

喜歡香檳的人

喜歡喝香檳的人，大多個性挑剔，不滿足於現狀，總是喜歡追求豪華、昂貴的事物，但也因此常常過分勉強自己去做一些事情，而落於失敗。這類人比較難以接近，即使是作為普通朋友，跟這類人相處也要具備一定的條件和素養。

喜歡雞尾酒的人

雞尾酒有很多的口味，有人喜歡略帶甜味的雞尾酒，他們多半個性豪爽。通常情況下，他們喝酒是為了一種氛圍，而非為了喝酒。他們渴望與朋友之間進行良好的對話和交流。有人喜歡略帶辣味的雞尾酒，他們在工作上表現為積極進取，能夠充分發揮自己的個性和優勢，是上司的得力助手。他們具有責任感，舉止得體，在工作中可以擔當大任，具有領導風範。

喜歡威士忌的人

喜歡威士忌的人有著很強的適應能力，能夠充分採納別人的意見，希望能夠出人頭地，懂得利用一切機會贏得上司的認可。在事業上，他們大多都會做出一番成就。

除了從酒的選擇來判斷一個人的個性，我們也可以透過觀察喝醉酒以後人們的不同反應，來判斷出這是一個怎樣的人。

有的人會在喝醉後倒頭就睡。他們在喝醉後很困，只想睡覺。這樣的人是非常理智的。他們在平時就很注意自己的言行，哪怕是喝醉了，也是安靜地睡覺。他們的品行一般都很好。

有的人喝醉後卻很快樂，甚至會大聲唱歌。這樣的人，天生樂觀，為人豁達。他們平時的生活也很規律，沒有不良嗜好，也是屬於理智型的。

有的人喝醉後會變得很愛說話，一直嘮叨不停，甚至想找人打架。這樣的人，情緒非常不穩定，他們平時的平靜表面，只是在克制而已。有的時候，他們還會信口開河。這樣的人，大多平時經常受到壓制，有懷才不遇的憂愁，所以在喝醉的時候，就會忍不住說出心中的不滿。

有的人喝醉後會哭泣。這樣的人，生性消極、悲觀，並且可能平時經

常受到輕視和忽略。他們的內心很自卑，卻無法調節，無處排解。因此，當他們喝醉後，會忍不住地哭泣。而與之相反，有的人會在喝醉後一直笑。這樣的人，為人隨和，不拘小節，樂觀且富有幽默感。

從視線變化，窺探對方真心

美國文學家愛默生曾經說過：「人的眼睛比嘴巴說的話更多，不需要語句，我們就能從彼此的眼睛了解整個世界。」的確如此，僅是從一個人的視線變化，我們就可以窺探出他的心態來。

在日常生活中，為什麼有些人和你說話的時候你會感到舒服，而有些人和你說話卻會令你感到不自在，還有一些人在和你說話時甚至會讓你懷疑他們的誠信呢？這是因為一個人的視線能夠透露出其內心的想法。正在交談的兩個人，如果彼此經常進行視線交流，那就代表他們彼此之間都很感興趣，或者對所談的話題有熱情。相反如果話不投機，彼此之間就會盡量避免有視線交會，這樣可減輕雙方的緊張感。

因此，與人交談時，我們可以透過一個人的視線變化來掌握對方的心理狀態。那麼如何才能更好地透過視線來掌握對方的心理狀態呢？

第一，要注意對方是否在看自己；

第二，要觀察對方的視線是怎樣活動的；

第三，要觀察對方的視線是朝向什麼方向，即觀察對方是直視自己還是斜視；

第四，要觀察對方的視線是透過什麼位置來看自己的，是從上往下看

還是從下往上看；

第五，要觀察對方的視線是一直在看著自己，還是飄移不定。

以上這些，都要仔細觀察，因為不同的視線變化有著不同的心理，不同的視線代表的意義是不同的。

在與人交談的時候，如果一個人目不轉睛地盯著對方，那說明這個人在專心地聽對方談話，而且為人也比較誠實；如果一個人眼神飄移不定，東看看，西瞧瞧，那說明他對對方的談話不感興趣，這也是不尊重對方的表現。

兩個人初次見面時，一般都會有一個短暫的視線接觸，一般來說，先移開視線的人比較主動。兩個人交談的時候，我們要判斷一個人是否能夠占上風，只需在最初的 30 秒就可以做出判斷，視線先移開的人是勝利者。但是有些人會因為對方先移開視線而耿耿於懷，胡思亂想，認為對方在嫌棄自己、對自己不夠尊重，那麼在以後的交談中，他就會對對方的視線變化十分在意，這樣的人，精力都集中到觀察對方的視線上去了，自然就會受制於對方。在談判當中，如果遇到那種不集中視線的挑戰型對象，一定要小心應對。

有的時候，有的人可能一直把視線集中在對方身上，但是當對方的視線與他有交流時，他會馬上移開視線，一般當人們心中有愧疚，或隱藏某件事時，就會這樣。

生活中，當你發現別人竭力避開你的視線的時候，肯定是有什麼事情讓他們覺得不對頭。他也許是不喜歡你，或者對你不感興趣；也許是在自我保護，或者有事隱瞞；也有可能是不知道怎麼面對你，或者僅僅是害怕你。

如果對方快要跟你的視線交會時，突然避開你的視線，雖然表面上沒有拒絕跟你說話，但已經散發出不想再繼續交談下去的訊號了。既不想再聽你說話，也沒有認同你的意思。如果某人避開視線故意讓你看出來，這樣的人就比較極端，這是對你抱有敵意與嫌惡，而且毫不隱藏地表現出來。如果在談話期間視線一直不肯和你有交集，恐怕是因為對方討厭你，也有不想被你所左右的意思在裡面。

有心理學家說過：「勇於與對方作眼神接觸表現了一種可信和誠實；缺乏或怯於與對方進行眼神接觸可以被解釋為不感興趣、無動於衷、粗蠻無禮，或者是欺詐虛偽。」事實也往往如此。一家醫院在分析大約 1,000 封患者的投訴信後歸納出，大約 90% 的投訴都與醫生和患者缺乏眼神接觸相關，而這種情況往往被認為是「缺乏人道主義精神或是同理心」。

生活中，不相識的兩個人，如果視線偶爾有交會，便會迅速撤開。這是因為人們覺得，被別人看久了，就會被對方看穿自己的內心。因此，當人們在等公共汽車，或站在車站售票口排隊買票時，多為背向後面的人，這樣做，不僅是為了往前進，也是為了避免同不相識的人視線相交。在火車上，你會發現很多相對而坐的人並不是一直盯著前方，而是看向窗外或者其他地方。

在公共場合，我們經常會看到這樣的情形，有的人在看到異性後，快速看上一眼之後就會將自己的視線移開，其實，這樣的人內心深處對對方有著強烈的興趣，但是又不好意思盯著對方看。例如，在火車上或公車上，如果上來一位年輕漂亮的美女，幾乎所有人的目光都會盯著她，但是很多男性在看過一眼之後就會把視線移向別處，實際上，他們此刻內心十分好奇，很想仔細地看看對方，但是他又擔心別人發現自己的心思，也怕被對方發現，所以很多人會偷偷用餘光來看她。

　　了解一個人的方式有很多種，觀察視線變化只是其中一種，我們可以綜合多種方式來了解一個人，這樣會更加全面，也會更加準確。

重視反覆出現的小動作

　　很多時候，高明的識人者可以透過對方一些細微的動作看透對方的內心。很多時候，人們在表達自己的態度時，會下意識地做出一些小動作，假如這些小動作反覆出現，那就說明對方的態度已經十分明確了。

　　曉芳是一位兒童用品銷售員，這天上午，她拜訪了客戶林女士。林女士裝扮優雅知性，看起來平和溫婉。曉芳跟林女士簡單說明了自己的意圖，然後就開始向她介紹產品的功效。在曉芳講述的過程中，林女士一直微笑著，似乎在耐心地聽著。後來，曉芳勸說林女士買一款產品回去試試，但是任憑曉芳怎麼苦口婆心地勸說，林女士就是不為所動，只是禮貌地微笑著。無奈之下，曉芳只好放棄。

　　事實上，如果曉芳是個經驗豐富的識人高手，她就應該明白，林女士雖然一直都在微笑著，但是她的嘴巴緊閉，沒有露出牙齒。她一直保持著這個動作，其實就已經表明了自己對曉芳的產品不感興趣，她這是一種無聲的拒絕方式。

　　在社交過程中，有時候對方明明覺得你的談話毫無趣味，太囉唆，他想盡快結束對話，但是出於禮貌，他們一般不會指著你的鼻子叫你閉嘴，他們會用一些明顯的暗示性的動作來提醒你，這時你就需要注意了。如果在談話的過程中對方反覆有以下小動做出現，那就表明他對你的談話不感興趣，這時你再說什麼也都沒有什麼意義了。

☙ 單手撐住整個側臉

你的長篇大論使他睡意來襲，他為了避免被你識破只好用單手撐住側臉，告訴自己：「不要睡，不要睡，再堅持一下，快結束了。」有時候他甚至想用手指撐開眼皮，他這是在明示「我都聽到快睡著了，好想結束這個話題啊！」如果這個時候，你還不管不顧，相信他一定在心裡罵你「沒長眼睛」。

☙ 眼睛不時向門口張望

一個人的視線總是會追隨著自己感興趣的東西。如果你沒站在門口和他交談，門口也沒有人進進出出，而他卻總是不停地向門口張望，這表明你已經把他逼到想奪門而逃的地步了，他們想盡快結束談話，遠離你的噪音汙染。

☙ 用手拄著下巴

如果對方將手放在臉頰的一側，身體力量集中在手上，用手拄著臉部，這就說明他已經很不耐煩了。身體的負面形象，實際上已經表明了他的「不抵抗，也不想合作」的態度。談話再繼續進行下去，也是意義微小。

☙ 用手抓耳朵、撥拉耳朵

小孩子不想聽父母嘮叨的時候，就會用手撥拉耳朵、抓耳朵或者乾脆用手掩住耳朵。和用手抓耳朵用意類似的動作還有摩擦耳背、掏耳朵等等。在這裡，如果談話對象對你做出了這樣的動作，表示他已經聽夠了、不想再聽，他想盡快結束談話。

🗨 喝水、吃東西

他們會透過喝水、吃東西等動作來干擾你講話，他們會把東西咬得喀滋喀滋響，喝水也會喝得呼嚕呼嚕響。這樣做表明他們已經對你的長篇大論忍無可忍了，你再不結束話題，他們都有朝你丟杯子的衝動了。

🗨 心不在焉地玩弄物品

假如對方開始玩弄手邊的物品，如筆或紙，甚至自己的頭髮，說明他對談論的話題已經失去了積極主動的心態，認為你的談話很乏味，希望盡快結束。

🗨 晃動雙腳，雙手往後撐

如果他晃動雙腳或是輕輕敲打雙腳，這表明他已經不耐煩了或厭倦了。晃動雙腳，雙手往後撐是他已經感到累了的象徵，他這是在做逃跑的動作，這個姿態的意思是：「你說得不累嗎？我聽得都快累死了。趕快結束你的廢話吧！我不想和你待在這裡了。」

🗨 交叉雙臂和雙腿

如果對方交叉雙腿和雙臂，呈現一種封閉的姿態。這時，無論你說什麼他可能都不為所動。所以，你不妨用新的方式來繼續談話，或者暫時先休息一下。

在你了解了這些小動作所暗示的訊息後，當你在與對方談話的時候，如果這些小動作反覆出現，你就可以判定他還有其他事，心已不在你這裡，明智的話，快把他放走吧！

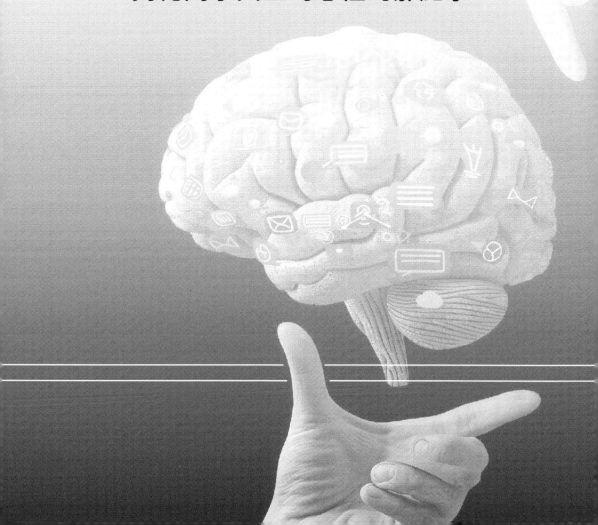

第六章
職場人氣術
—— 揭祕同事與上司心裡的那點事

讀懂辦公桌上的祕密

從心理學的角度來說，一個人的辦公環境所呈現的種種表象，跟其個性和為人有著緊密的連繫，想了解一個人到底是什麼樣的個性，看他的辦公桌就可以了。

一家創意公司的張總很會看人，他在每次發季度獎之前都會視察各部門工作，他一眼就能看出哪些人工做出色，應該得到嘉獎。而且他的判斷準確率幾乎是百分之百。這讓人事部門的人非常吃驚。他們不明白張總很少深入一線，但他怎麼就有著如此正確的判斷？有人忍不住問張總其中的訣竅。張總只是微微一笑說：「我的第六感可沒那麼好，我做不到未卜先知，但有一個簡單的法子可以看出，那就是每個人的辦公環境。」

說到每個人的辦公環境，其實也就是指辦公桌。由於長時間在辦公桌上工作，所以幾乎每個人都會按照自己的興趣和喜好來布置辦公桌。不一樣的辦公桌不僅能夠展現出一個人的職業特徵，而且連他的個性都毫不保留地暴露出來。

乾淨整潔的辦公桌

有的人把自己的檔案數據擺放得整整齊齊、有條不紊，辦公桌上的環境乾淨整齊。這一類型的人辦事極有效率，他們工作認真、穩重、踏實，責任感強，生活也很有規律。該做什麼事情，總會在事先擬訂一個計畫，這樣不至於有措手不及的難堪。他們多是一些有著很高的理想和追求的人，並且一直在為此而努力。他們眼光敏銳，很容易看出別人的缺點。他們在工作當中能獨當一面，是一個值得信賴的好同事，但由於其追求完美的個性，往往難以使人接近。另外，他們的應變能力稍微差一些。

🦜 經常用一些有紀念意義的東西點綴辦公桌

他們有著比較深的懷舊情結，很看重和這些人的感情，珍惜情誼。但他們比較脆弱，容易受到傷害，個性上比較內向，不太善於交際。他們的朋友不多，但僅有的幾個都非常要好。他們做事也缺少足夠的恆心和毅力，常常會半途而廢。

🦜 桌子上亂七八糟，無條理

跟第一種人相反，他們的辦公桌上顯得亂七八糟，有時候想找一份檔案數據往往要很長時間。這類人大都比較外向，生活態度極樂觀，追求自由，善於交際，不拘小節。他們一般缺少深謀遠慮的智慧，也不會把事情考慮得太周密，做事計劃性不強，易衝動，因此工作效率難如人意。但他們適應能力較強，思維敏捷，並且具有很豐富的想像力，行動能力很強，擅長處理危機。他們待人相當親切和熱情，個性也很隨和，但做事情有點三分鐘熱度。

🦜 把辦公桌布置得很個性，充滿個人色彩

他們的辦公桌上除了辦公用的檔案之外，還擺放著許多充滿個性的小玩意，如盆景、玩具、照片等，顯得很有情調。這類型的人大多感情豐富，心思細膩，善於為他人著想，熱心並體貼他人。他們做事冷靜穩重，小心謹慎，不易出錯。但他們個性比較脆弱，稍微受到點挫折就能影響到情緒。

🦜 辦公桌看上去雜亂無章，實際上卻自有章法

這類人的辦公桌表面上看上去比較混亂，但這只是表面現象罷了。實際上這種雜亂並沒有給主人的工作帶來不便，他們總是能夠在第一時間找

到自己需要的東西，這一點和其他工作效率高的人是一樣的。他們大多有著獨特視角，觀察力敏銳，進取心強，表面似乎有點懶散，其實他們總是不斷地向著夢想出發。

🐏 辦公桌上簡單而乾淨

他們的辦公桌上物品很少，看起來一目了然，並且很乾淨。這種類型的人對待工作嚴肅認真，追求完美。他們大都公私分明，從不將私人事情和工作上的事情攪和在一起。但其工作熱情和工作能力會帶給很多人無形的壓力感。他們原則性極強，眼裡容不得沙子，因此雖然誰都不否認他的工作能力，但在工作中沒有人願意跟其合作。這種人與同事之間關係不是很好，顯得有些清高。

同事的表現未必「表裡如一」

同事之間的關係非常微妙，有人可能表面上與你稱兄道弟，背地裡卻會詆毀你；也有的人可能看起來是在幫助你，實際上卻讓你走了更多彎路。職場是個小社會，要想在這個小社會中立足，就一定要透過同事的表現，看透其真實的內心。

職場無友情，同事之間因為存在競爭關係，所以彼此之間只會有一些表面上的互動，根本無法了解對方真實的想法。心理學家認為，人們一些無意識的小動作最能暴露他隱藏的個性和內心世界，了解這些可以讓我們看透同事的「偽裝」，更好地保護自己。

經常低頭的人屬於低調穩重派。他們喜歡按部就班，討厭臨時的變動和安排，也不喜歡激烈、輕浮的事，工作很勤奮，與人相處時也很小心。

經常托腮的人喜歡思考，喜歡探究事情的真相，討厭任何錯誤的發生，更無法接受自己的合作對象消極懈怠。

兩手腕交叉的人比較自我，常讓人感覺很冷漠，他經常會從獨特的視角思考問題，具有與眾不同的思維。

愛摸弄自己頭髮的人比較情緒化，他們對身邊的變化很敏感，但又經常會感覺鬱悶焦慮，在人際交往上也表現得忽冷忽熱。

有的人站立著喜歡靠在某些東西上，這樣的人看上去很「酷」，事實上他也非常獨立，相信個人奮鬥的力量，有很強的責任感和堅韌的個性。

閒暇時喜歡四處張望的人屬於典型的樂天派，對一切充滿了興趣，有明顯的好惡，討厭或者喜歡一個人都會表現出來。

有些人會不自覺地搖頭晃腦，這樣的人非常自信，喜歡表現自己，甚至有點唯我獨尊。在人群中他們喜歡用高談闊論來引起別人的注意。在事業上，他們很執著，有種勇往直前的精神。

有些同事無論在哪個部門都很受歡迎，他們有個很明顯的特點就是「愛笑」，經常邊說話邊笑。這樣的人通常個性開朗隨和，為人和善，感情專一，對朋友更是忠誠有加，與這樣的人交談會讓人感覺非常輕鬆愉快。

有些同事沒事的時候喜歡把自己的手指關節扳得喀喀作響，這種人似乎總是精力旺盛，在工作上如果遇到自己喜歡做的事，也會不遺餘力；他們也非常健談，是人群中的活躍分子；這類人的缺點是對事業或工作環境比較挑剔，遇到想不通的事容易鑽牛角尖。

一些女同事會有擺弄飾品、物品的習慣，這類人一般都比較內向，不會輕易表露感情。在工作上，她們也比較踏實謹慎，但不會主動表現自己，公司有什麼活動，她們也是做幕後工作的那些人。

電梯門前看透同事的心

你注意過嗎？如果幾個同事一起等電梯，每個人的表情和動作都是不一樣的，有的人可能會不由自主地來回踱步，有的人可能會反覆按下電梯門的開關，有些人則面無表情只是盯著電梯樓層的顯示數字……這些不同的表現，可以幫助你進一步了解同事的心理。

上班族每天早晨都要與遲到「鬥爭」，尤其到了離上班時間只剩幾分鐘的時候，大家更是「爭分奪秒」。每當這個時候，大家都會卸去平時的偽裝，表現出真實的性情，此時也正是識人讀心的最好時機。看一下，同事們在等電梯時都有哪些行為，由此便可以探究他們真實的內心世界。

如果他在等電梯的時候總是安靜不下來，不是來回踱步就是站在地上跺腳，眼睛還不時地看看電梯門，這樣的人多半比較敏感，甚至有點神經質。這種人感情豐富，洞察力強，容易在藝術方面有所成就；他們的思維方式比較感性，很相信自己的直覺和判斷力，有時候顯得比較固執。

有的人在等電梯時，好像控制不住自己的手，總是要反覆地按下電梯鈕，而且按的動作也很急促，甚至可能連續按好幾下。這樣的人肯定是急性子，他們具有很強的時間觀念，凡是想到的就要馬上去做，而且講究效率，是雷厲風行的行動派。在為人處世上，他們也是快言快語，個性隨和爽朗，容易接近。這類人的缺點是比較情緒化，容易因為一些外部的干擾而影響心情；他們也比較注重個人感受，一旦認定某件事就會要求身邊的人都服從自己的計畫和安排，難免會引起別人的反感。

如果有人只是目不轉睛地盯著電梯樓層的指示數字，對其他事情都視而不見，這樣的人做事都非常專注、認真，不容易受到外界干擾，也不會

主動去打聽或插手他人的事，似乎有些「事不關己高高掛起」的態度。他們的思維也比較理性，不愛惹麻煩，對於沒有把握的或者有冒險成分的事會選擇逃避。

有的人則表現得很沉默，他們只是頭向下看著地面，沒有過多的動作。這類人比較內向，但為人真誠，心地善良，樂於助人，也比較容易相信別人，給周圍人的印象都很不錯，人際關係比較融洽。不過，他們不喜歡公開表達自己的觀點，也不善於拒絕和反對，有點缺乏原則，經常會扮演濫好人的角色。

也有人在等電梯的時候會左顧右盼，或者不時抬頭看看天花板，這類人心理防範意識比較強，不會輕易相信別人，也不願輕易對人開啟心扉。他們的優點是喜歡學習並善於接受新知識，求知欲強，有著強烈的成功欲望。他們的朋友往往少而精，雖然交際範圍不算廣，但都有著深厚的友誼。

同事為何喜歡半路插話

你身邊是否有這樣的同事：不管你在與誰交談，也不管你們的話題是什麼，他總是會隨意地插上幾句，或者迫不及待地說起自己的事。面對這樣的同事，相信很多人都會覺得厭煩又無奈。那麼，為什麼總有一些人喜歡打斷別人談話，他們又是出於一種怎樣的心理呢？

從記事開始，我們就會經常被告誡：不要隨便打斷別人的談話，這是非常沒有禮貌的行為。儘管如此，卻總有一些人喜歡在別人說話的時候橫插一槓。而被打斷的人就感覺像是一頓美味的飯菜，吃到一半卻不得不跑

去做別的事，完事後回來再吃卻已經索然無味。上帝給了我們兩隻耳朵一張嘴，就是要我們多聽少說，這是人人都明白的道理，但有人就是管不住自己的嘴。這是為什麼呢？

何靜最近就遇到了這樣的煩心事。她所在的部門新來了一個男同事，人很開朗，不管見了誰都會主動打招呼，屬於自來熟類型的。何靜一直覺得公司的氣氛比較沉悶，來個這樣的人調節一下倒也是件好事。部門經理無意中跟何靜提到過：看著這年輕人挺好的啊，對人也熱情，可是看他履歷上工作換得很快，不知道是為什麼。面試的時候問他也只是說自己喜歡挑戰，不知道是不是還有其他原因。

聽經理這麼說，何靜也有點納悶，不過跟自己關係不大，也沒往心裡去。共事了一段時間之後，何靜終於明白了這個同事為什麼如此頻繁地換工作，因為他有一個很讓人討厭的缺點：愛插話。不管別人正在談什麼，他都會隨便過來插上兩句，而且一說起來就眉飛色舞，沒完沒了，還很喜歡用奇談怪論來吸引別人，搞得大家都很反感。慢慢地，同事們都開始躲著他，甚至一看到他走過來就趕緊結束談話，也沒人願意和他一起做專案。更讓人鬱悶的是，他自己根本不知道怎麼回事，還問別人：「怎麼一看我過來就不說了，不是在說我壞話吧？」後來，他甚至在會議上打斷上司的發言。何靜真是不明白，他這樣做是出於一種什麼心理？

心理學家認為，那些喜歡插話的人，多半是想表現自己。這些人都比較自我，非常希望得到別人的認同，有著被關注的強烈需求。一旦感覺這種需求沒有得到滿足，就會用插話的方式來引起他人的注意。這種心理的形成是從青春期就開始的，每個人在青少年時期都處於自我中心階段，認為自己是世界上獨一無二的存在，他們最關注的只是自己的表現和自己的內心感受，而不太懂得照顧別人的感受。在這種情況下，就會形成自我中

心化的說話方式，也就是愛打斷別人的談話，這也是青少年的一種自我防禦與保護機制。

成年之後，有些人沒有在社會中找到自我的角色，自我認同中不良的心理焦慮導致他們不斷在與他人交談中打斷別人，不斷重複青春期的那種自我防禦的談話機制。

這就像有些小孩子喜歡打斷大人的談話，只是因為他們感覺大人忽略了他們。遇到這樣的孩子，大人應該注意給孩子自我表達的機會，或者不要只是顧著談話，要抽空撫摸一下孩子或者跟孩子作些簡單的溝通，這樣有助於平復孩子的情緒。在工作中如果遇到這樣的同事，也不妨多給他一些說話的機會，讓他充分表達自己的觀點，然後暗示他「我可以說了嗎？」或者「希望在我說的時候，你可以先不要插話，好嗎？」這可以提醒愛插話者調整自己的人際溝通方式，與他人更順暢地交流。

不同座位的選擇展示不同的個性

人們對座位的選擇看似是無意識的，其實反映了他們內心的需求以及其他的心理活動。想了解一個人，不妨在會議室裡觀察他的座位。

開會時，同事們往往會自由選擇自己的座位，你只需要仔細觀察每個人的座位，基本上就能讀懂他的心。

☙ 選擇後排的座位的同事

有很多同事雖然早早地來到會議室，可是卻特意選擇了後排座位。他們選擇座位的時候往往會想：我坐在這裡，能避開視線焦點並且能夠「察

言觀色」。這看似是「明哲保身」，實則「胸無大志」。選擇這種座位的人自認為低調，不喜歡被人注意，但這樣他們也使自己處於被動地位。老闆或一些公司重量級人物是很難注意到他們的。

🦇　選擇前排靠右座位的同事

選擇這個位置的人，一般來說，個性上屬於中庸，他們為人處世謹小慎微，為此很得同事和上司的喜歡。他們自身也都是有抱負的人，希望在職場上步步高昇。這個位置能清楚地聽到上司的發言，引起老闆的注意，也便於自己發表觀點。經常坐這個座位對日後的升遷也大有幫助。

🦇　選擇第一排正中間座位的同事

選擇這個位置的人屬於人見人愛的類型，他們外向開朗，會處理人際關係，他們往往是團隊中的潤滑劑。坐在這個位置上可以很好地實現與其他同事的互動，也便於看清每個人的表情，這是一個真正能夠縱觀全域性的位置。

🦇　選擇老闆左手邊的第二個座位的同事

坐在這個座位上的人，往往是公司重量級人物。他坐在這裡，發言時正好是第一個開始。這個座位其實比較受女性上司青睞。這個座位上的人一方面想向大家展示她的能力，另一方面也想讓大家覺得她具有親和力，值得信賴。她想讓員工把她當成「自己人」。

選擇這個位置還有一個好處是能更好地集中精神、縱覽全體，誰認真聽上司講話，誰在底下做其他事，誰又悄悄說話等小動作，一個也逃不出她的眼底。

選擇第一排斜對著老總座位的同事

坐在這個座位上的人往往是公司裡業務知識最豐富的人,他們在公司一般擔任技術部主管或總監的職務。他們對待工作的態度非常認真,從不抱怨,且一點也不驕傲自大,不喜歡成為他人眼中的焦點。

選擇坐在老總與副總旁邊的同事

坐在這兩個座位上的人,一般來說是老總或副總面前的大紅人。他們時刻準備著支持老總或副總的觀點。雖然有人背後說他們愛拍馬屁,但是老闆總能看到他們閃光的一面。他們能力不錯,工作效率也高,個性上開朗大方,善於逢迎,機智聰慧,應變性強。因此,他們的升遷機率相當大。

此外,每個座位上人物的物理距離、不同坐姿和動作等因素也能呈現出他內心的所思所想。

一般來說,座位間的物理距離基本上也能展現出人與人之間的心理距離。一對要好的同事通常會選擇一起坐,而關係不好的同事,即便是同一個辦公室裡的,在公司大會上他們也不願一起坐。對上司有好感的同事一般會坐靠前的座位,對公司和上司有偏見或工作態度不認真的同事,大部分會選擇坐靠後的座位。

坐姿中,採取淺坐的同事常常處於將要採取行動的緊急狀態裡,他們對自己的工作感到焦心,他們自卑而沒有安全感,心理上處於劣勢地位;而採取深坐的同事則是一副很悠然淡定的狀態,他們相信自己的工作能力,自信而有氣度,在精神上占有優勢,至少他希望自己居高臨下。

職場上,你的同事所選擇的座位已經暴露出他是哪一種人,顯示出他以後的職場位置與發展前景。座位窺人,不可小覷。

讀懂會議中的同事眾生相

你感慨公司大人數多，很多重量級的同事都沒有機會了解。不要緊，每週或每個月的會議就是一次了解同事的大好機會。你看看同事在會議中的一些細節，就能得知他的一些個性，也能看出他的小心思。

我們單單從平時開會這一點，就可以看出同事的內心活動或個性。這一點常常會被人忽略，但它確實洩露了很多你平時發現不了的祕密。

🦇 那些發言時態度嚴肅而端正的同事

他們幽默細胞不多，在當眾發言時往往是一副一本正經的樣子，語調穩重、鏗鏘有力。這類人屬於那種平時兢兢業業、腳踏實地努力工作的類型。他們在為人處世方面小心謹慎，對自己比較有信心，一旦決定的事情常會全力以赴、堅持到底，從不輕易改變自己。

🦇 那些當眾發言聲音很小的同事

這種人平時說話也不會降低多少聲調，可是一到當眾發言的時候聲音就變小，如果不注意聽便很難聽清他在說什麼。他們的個性內向而自卑，而且對周圍的人群有很強的猜忌心。發言聲音較小的人一般都很有頭腦，善於謀劃，但行動能力欠佳，責任心也不是很強。

🦇 發言時嗓門很大的同事

他們在平時說話的時候就是大嗓門，即便不用擴音器，角落裡的人也能聽清楚他的說話內容。這種人個性開朗率真，為人豪爽真誠，富有正義感和責任心，是值得信賴的同事。

發言時喜歡指手畫腳的同事

這類人平時就是一個說話時手舞足蹈的人,在當眾發言時,他們絲毫沒有怯色,還像平時一樣一邊說一邊指手畫腳。不僅如此,他們說話的語氣有很強的煽動性。他們個性外向,表現欲望很強,不愛遮掩自己,對於自己的想法和意見恨不得一吐為快。這種人愛憎分明,積極進取,行動力強,他們的缺點就是略顯浮躁、不太踏實、耐心不足。

發言時常常掩嘴的同事

有的同事當眾發言時捂著嘴或在說話間斷時用手捂一下嘴巴。有這種習慣的人大多對自己信心不足,或者他自己都不敢確定自己說的是對是錯。

講起話來搖頭晃腦的同事

他們當眾講話的時候,搖頭晃腦,頗有一種沉浸在自己話語中的感覺。這種人自我意識較強,自信並且表現欲極強,好出風頭,雖然能力出眾受人欽佩,但也因經常做「出頭鳥」而被人私下嫉恨。

發言時語速較慢的同事

這類人平時就是一個慢郎中,在當眾發言的時候,他們也不緊不慢,一字一句、抑揚頓挫。講話時間短的情況下,聽眾尚能忍受,但如果講話時間長,聽眾會聽得不耐煩。他們穩重踏實,有條理,有耐心,責任心強,雖然不善言辭,但忠於感情,所以人際關係還是不錯的,但工作效率較低。

發言時語速很快的同事

這類人平時說話的速度也比較快,等到了當眾發言時就會加快語速,越來越快,以至於別人聽著就是嘰哩咕嚕的話語,實在難以明白。這種人

自我意識強烈，個性急躁易怒，很容易跟人發生爭執。他們對自己的事情非常有主見，很少聽取別人的意見。他們大多比較挑剔，吹毛求疵，因此他們的人際關係一般。

時而皺眉時而點頭的同事

有些人在他人講話時表情豐富，會時而皺眉時而微笑，有時還有撇嘴不屑的表情，這表明他們對會議的話題較有興趣，已經投入其中開始思考。

開會時盯在某處的同事

上司或同事在講話的時候，經常有一些人緊盯著某處，甚至就是上司的位置。千萬不要將此理解為對方在專心地聽人發言，其實他們考慮的問題與講話毫無關係，那種毫無表情的面孔和沒有轉動的眼睛就已經告訴人們他在心猿意馬了。

開會時東張西望的同事

開會的時候東張西望的人，很明顯在走神。還有可能是他們對發言者或發言者的話題不感興趣，存在一種消極抵抗情緒。

嘴上說自己「忙」的人，真的很忙嗎？

現代人似乎都很忙，尤其是在上班時間，似乎只有忙才是正常的，而不忙的人則是異類。就連大家打招呼的方式都離不開「忙」的話題，比如「最近忙嗎？」、「忙什麼呢？」，而回答的也多如「忙啊」、「就很多事要做啊」。可是，這樣口口聲聲說自己「很忙」的人，真的很忙嗎？

幾個朋友在一起聊天，話題肯定離不開「忙」，這個說：「最近忙死我了。」那個馬上附和：「是啊，每天都要累死了。」遲到的會說：「對不起啊各位，剛剛還要忙工作，不小心就晚到了。」似乎大家都日理萬機，忙得不可開交，哪怕工作時在群組聊天，玩著小遊戲過一天的人，也要把自己說成是忙得焦頭爛額，似乎不忙的人是可恥的，是沒有上進心的，彷彿承認自己不忙就是認同了自己的失敗，於是每個人都說自己忙，非常忙。可是，他們真的那麼忙嗎？

　　不知何時，都市上班族中悄然興起了一個群體 ——「裝忙族」，組成這個族群的是一些看起來很忙，實際上卻是能把偷懶進行得神不知鬼不覺的人。他們口口聲聲喊著「忙死了」，實際上可能都是自己造成的假象，也就是說，這種所謂的忙是裝出來的。那麼，他們為什麼要費盡心機地「裝忙」呢？

　　首先，「裝忙」是為了面子。在人們的普遍認知中，閒人多半沒出息，只有能力到了一定程度，職位到了一定高度的人因為需要他定奪的事情太多，每天才會忙得不可開交。與這樣的人見面都要提前預約，即使人家抽出時間來與你見面也有遲到的資格。於是，大家都想成為這樣的「忙人」，即使成不了這樣的人，也想給別人留下這樣的印象，而裝忙就能很輕鬆地給人「時間寶貴，大有發展」的感覺。因此，很多人就樂意在那些不了解內情的人面前裝忙，目的很單純，就為了兩個字：面子。

　　其次，「裝忙」是為了緩解自身的生存性焦慮。所謂生存性焦慮是人們與生俱來的，內心深處對不被認同、被瞧不起、無名無利等象徵失敗的狀況的恐懼，而忙碌恰恰象徵著不可替代、地位重要、名利雙收，所以，裝忙就成了人們緩解生存性焦慮最簡單最直接的方式，其實這也反映了人們潛意識裡追求成功的欲望。

　　裝忙能在短時間讓人得到心理上的滿足。過於空閒會讓人感覺空虛、無聊，而裝忙能在一定程度上緩解這種負面情緒。雖然是裝出來的忙碌，但還是能夠帶給人暫時的充實感。不過，這種影響只是短時間內的，一旦短期效用消失，就只能讓人感覺更加失落。

　　另外，有些單位的主管根本不能容忍員工有一點空閒，他們最願意看見的就是員工都在自己的位置上忙忙碌碌地做事。員工在每天的工作中總有需要放鬆的時候，但是又不能明目張膽地在主管面前休息，所以只好「裝忙」，用這種方式放鬆一下緊繃的神經。

　　無論如何，裝忙畢竟不是真忙，要想讓自己真正忙起來，就要找到提升內在價值的有效途徑，具備不可替代的能力，讓自己成為職場中的「重要人物」，這樣才能告別失落感，成為名副其實的「大忙人」。

「一舉一動」，揣摩老闆的心思

　　與上司相處，如果不懂得察言觀色，縱然你說再多的奉承話，做再多的額外工作也很難獲得他的好感。在公司裡，老闆手中掌握著員工的「生殺大權」，受到老闆喜愛的，升遷加薪都不是難事；若不幸成為被老闆討厭的那個，離捲鋪蓋走人就不遠了。讀不懂上司的肢體語言，就如同不知風向便去轉動舵柄，稍有不慎就有可能會在小風浪中翻船。所以，人在職場中混，首先要學會的就是：揣摩老闆的心思。

　　面對老闆時，每個人都會小心翼翼，唯恐自己的言行給老闆留下不好的印象。表面上，老闆與大家和氣一團，其內心想法如何卻讓人難以知曉。很多時候老闆沒有明說，那該用什麼樣的方法來了解他們真實的心

思？觀察老闆的神情和舉動，或許能為你提供一些線索。

在向老闆彙報工作專案時，如果對方聳了聳肩加搖頭，且連續做這個動作，則表示他非常不滿，甚至有些鄙視你。

若在聽你彙報時，老闆採取比較舒服的坐姿，如身體向後傾斜靠在椅背上或左右傾斜靠在椅子扶手上，這表明他情緒不錯，也樂於聽你彙報。但當傾斜幅度較大時，就成了厭惡或拒絕的含意，這時你就要相機行事。

如果在彙報時，老闆不時做著各種小動作，或是用手敲擊桌子，或是把玩手中的東西，甚至是用腳拍擊地面、抖腿等，這都是不耐煩的訊號，表示他不願意聽你的彙報，希望你適可而止，趕快結束。

如果老闆聽著你的彙報開始慢慢用手撫頭，視線朝下，則說明你彙報的內容沒有太大價值，他感到厭倦了。

在職場中，正確處理與上司的關係不僅利於自己職務的晉升，還直接關係到薪水的多少。因此，與上司相處過程中，要「識相」，正確讀出上司的心。一般來說：

1. 上司對某個員工說話時低著頭，不習慣與其有目光接觸。這是一種不良的徵兆，說明上司輕視這個員工，認為他能力差。

2. 上司久久地盯住下屬看，說明他在等待獲取更多的資訊，他渴望更多地了解這個下屬。

3. 上司向室外凝視著，不時微微點頭。這個訊號不太好，它表示上司想要下屬完全服從他，不管下屬有沒有意見，他一概不理會。

4. 上司友好和坦率地看著下屬，或有時對下屬眨眨眼，證明這個下屬很有能力，討上司喜歡，甚至這個下屬偶爾犯錯，上司也會很快原諒他。

5. 上司的目光銳利，表情不變，似乎要看穿下屬的心。這個時候，上司在向下屬示威，言外之意就是：你別想欺騙我，我能看透你的心思。

6. 上司從上往下打量下屬。這是一種優越感的表現，說明這個上司喜歡支配別人，自我感覺良好。

7. 上司偶爾往上掃一眼，與下屬的目光相遇後又往下看。如果多次這樣做，說明這個上司還不了解他的下屬，甚至有點抓不準下屬屬於怎樣的人。

8. 上司說話的時候，兩手雙握置於胸前。這表明上司骨子裡是一個相當自信的人，他相信自己的舉措，他對員工即將要做的事情成竹在胸。

9. 雙手叉腰，肘彎向外撐。這是領導者的一種傳統身體語言，在碰到具體的權力問題時，他往往會做出這樣的姿態。

10. 上司在和員工說話的時候，坐在椅子上，將身體往後靠，雙手放到腦後，雙肘向外攤開，雖然這個動作看上去很放鬆，但潛在意思說明他有點自負。

11. 上司的食指指向對方，這是一種赤裸裸的優越感和好鬥心的展現。

12. 上司的雙手放在身後互握，也是一種自我優越感的展現。

13. 上司拍拍下屬的肩膀，如果是從側面拍，則表示上司賞識這位下屬，認為他很有能力。如果從正面或上面拍，則表示上司想顯示自己的權威感。

14. 上司的手指併攏，雙手構成金字塔形狀，指尖對著前方，表示他不同意下屬的說法，他想駁回。

15. 上司用拳頭敲桌子，表明他不想讓這個員工再說下去。

16. 如果你走進上司辦公室，上司一面跟你說話，一面眼往別處看，同時有人在小聲講話，這表明你的到來打斷了一些重要的事情，上司心裡惦記著這件事，雖然他回覆你的工作，但心思卻放在那件重要的事情上。

在日常工作中與老闆打交道時，也要注意觀察他的表情和動作。例如，在商務會談中，老闆坐得筆直，但面部表情僵硬，或者上身緊緊貼著椅背，你能猜到他在想什麼嗎？事實上，他現在非常緊張，但為了不讓別人感受到，而盡力壓抑自己；如果他正在吸菸時突然熄掉燃著的香菸，或者把菸放在菸灰缸裡，然後表現出一臉嚴肅，則表明他突然想到了什麼關鍵的事或者意識到了不好的情況。

及時探知老闆的心思是贏得老闆青睞的關鍵，也能讓你的職場之路走得更安全更順利。

從會議中閱讀上司

職場人士是離不開各種會議的，可能你非常討厭這些或簡短或冗長的會議，認為這根本是在浪費時間。其實，上司之所以開會，肯定有他的目的，而我們也能從他主持會議的風格和方式中，對他有更加深入的了解。

了解上司能夠幫助我們更快地在職場中站穩腳跟，擁有更多的發展空間，如果能夠投其所好，得到上司的賞識，還會獲得晉升的機會。所以，摸清上司的心理是每個職場人士的必修課，而了解上司的一個重要途徑就是那些大大小小的會議。一般來說，公司會議都會由上司來主持，而上司對場面的控制能力就直接影響著會議能否達到預期的效果。不同的上司主

持會議的風格和方式都不一樣，因此，觀察他們的主持風格和方式，可以幫助我們更好地了解他們的個性心理。

有的上司在主持會議時就像老師在幫學生上課，說事情唯恐下屬聽不明白，會詳細解說、反覆強調。這樣的人比較有耐心，通常在某方面學有所長，屬於專家型的人物，做事比較認真、負責，對下屬的要求也是如此。這種上司的心理其實很好揣摩，只要把工作做好就能討得他的歡心。

有些上司喜歡獨裁專政，他們開會的目的從來不是與大家一起討論，而是通知大家一個他早已胸有成竹的決定。這樣的人聽不得反對的聲音，也不允許別人對他的決定提出疑問，作為他的下屬，你只要老老實實執行他的命令就可以了。

有的上司好大喜功，開會時喜歡所有人員都到場，即使毫不相關的人也最好乖乖坐在那裡，以顯示自己的權威性。這樣的人大多比較有野心，渴望權力，會想方設法往上爬，為了實現自己的目的甚至可以不擇手段。

有些上司喜歡將會議當成自己的獨角戲，他們會用大量的時間來向上司彙報自己的工作，大談特談自己的工作設想，根本不給下屬說話的機會。這樣的人通常思維敏捷，為人比較世故，對上級和對下屬是完全不同的態度，一旦出現問題，就可能把責任推到別人身上。

也有溫文爾雅型的上司，他們在主持會議時表現得非常儒雅、博學，對待下屬也很親切、和善，會耐心聽取下屬的意見。這樣的上司會真正為公司的發展著想，非常敬業，但可能會有魄力不足、做事不夠果斷的缺點。

有些上司在主持會議時則表現得非常圓滑，他們真正是上級與下屬之間的「傳聲筒」，只負責傳達問題，卻不作任何決定。對於下屬的要求，

他們最常說的話就是「這個我要請示上級」或者「我會盡力幫大家爭取」。實際上，他們很快就會把自己說過的話忘在腦後，這樣的上司是不可信的，更不值得依賴。

上司的眼神要讀懂

俗話說：爬上窗臺就不難看清屋中的情形。眼睛是心靈的視窗，要想不透過語言溝通而了解一個人的意圖，讀懂他的眼神就是最有效的方法。員工要想揣摩上司的心思，也可從觀察其眼神入手。

民諺道：「一個目光表達了一千多句話。」眼神所能傳達的意思非常豐富，人們內心深處的欲望和感情首先反映在眼神上。因此，與上司相處時，讀懂上司的眼神，及時了解上司的想法，是贏得上司認可的關鍵。

有些人總是很奇怪，為什麼自己工作很努力，業績也不錯，但升遷加薪的好事每次都輪不到自己呢？其實這些困惑的答案很簡單，很可能就是因為他們沒有讀懂上司的心思。有些上司很直爽，喜歡將自己的意圖和目的清晰地告訴下屬，而有些上司則不同，他們可能會用比較隱晦的方式來表達自己的意見。另外，有些時候可能上司不便於直接表達，比如有客戶在場時或者有其他不了解內情的人在場時，這就要求你有很強的領悟力，能夠及時準確地領會上司的真實意圖。這樣的員工才會受到上司的青睞，升遷加薪時也會首先想到他。

張軍在某企業的策劃部門工作，因為平時多與文字打交道，在人情世故方面就有些欠缺。一次，有個比較重要的專案，老闆便帶張軍和公司同事劉輝一起去和客戶洽談。但凡這種事必然離不開飯局，更避免不了喝

酒，可是老闆最近幾天身體有些不舒服，不能喝太多酒，只陪了客戶幾杯就給張軍遞了個眼色，意思是讓他幫忙擋擋酒。當時張軍正聚精會神地吃著面前的菜，看到老闆的眼神還以為是讓他多吃點，心裡很感動，趕緊笑著點了點頭。老闆看他沒明白自己的意思，於是又衝他的酒杯瞄了兩眼，張軍又以為老闆是想跟他喝酒，於是端起酒杯說：「老闆，我敬您一杯。」然後一仰頭一杯酒就下肚了，老闆見他如此「不解風情」，沒再理他，更沒喝他敬的酒。

　　劉輝把整個過程都看在了眼裡，發現張軍沒有領會老闆的意思，便馬上站起來頻頻向客戶敬酒，並不斷尋找話題活躍氣氛，替老闆解圍。本來劉輝酒量就不錯，這下主動出擊更是讓對方有些招抵不上，最後對方喝得有些微醺，竟和劉輝稱兄道弟起來，大大增加了合作的機會。而張軍根本沒有覺察到什麼，還是一味地悶頭吃菜。

　　吃完飯後，大家先把客戶送走然後一起回去，老闆拍了拍劉輝的肩膀：「今天謝謝你了，好好做。」說著還看了張軍兩眼，眼神中多了幾分「深意」，可愚鈍的張軍依舊沒什麼反應，還樂呵呵地看著老闆。

　　沒多久，劉輝便升遷成了業務部的經理，而張輝還是普通的策劃，和客戶談專案時，老闆也再沒帶過他。

　　劉輝因為讀懂了上司的眼神獲得了升遷的機會，而張軍則是因為沒有領會上司眼神的含意而停滯不前。由此可見，能夠讀懂上司的眼神，以此替上司解決一些棘手的問題，你與上司的關係就會突飛猛進，而忽視上司的眼神或誤讀了眼神中的含意，就有可能會讓你與上司的關係陷入僵局，從而影響你的事業發展。所以，讀懂上司的眼神就顯得十分重要。

　　一般來說，在公司裡巡視時老闆通常喜歡從上往下打量人，這說明他有一種高高在上的優越感，認為下屬都是由他隨意支配的；如果老闆的眼

睛一直盯著下屬，並且眼神銳利，這是在思考下屬的話是真是假，也是想從下屬的臉上發現蛛絲馬跡；當面對自己比較欣賞的下屬時，老闆的目光會非常友好、和善，他甚至會帶著微笑聽下屬講話；如果上司一邊與你說話一邊看錶，或者整理手邊的東西，這是他想結束談話的訊號；如果在你說話時，上司閉上眼睛或看向別處並不直視你，可能是他對你有什麼不滿，想用這種無視的方式來懲罰你，或者是他有心事正感覺疲倦或心煩。

眼神比語言更能表達一個人的真情實感，因此，身在職場必須要領會上司眼神中的含意。讀懂了上司的眼神，就能了解上司心中所想，預知上司對你的評價和期待。

如何與關係不睦的上司打交道

上司直接掌握了你的工作與晉升大權。與上司相處得好，評鑑、調薪、升遷通通不是問題；與上司相處不好，不但得不到一些發展機遇，就連職位都會變得岌岌可危。與上司相處是一門為人處世的學問，更是職場生存的策略。

羅宇軒是某外貿公司的一名銷售主管，上任即將一年時間。他講述了與上司相處的難處：

按理說我能應徵到這個公司做主管，多虧了面試時頂頭上司的一句好話。那時候蠻有信心和他相處的，可是真正進入公司裡卻發現最難相處的就是他。我感覺自己業績還不錯，與同事們都還合得來，可是似乎總也得不到頂頭上司的肯定。剛進公司那陣子，我顯得有些經驗不足，幾個月下來，成果甚微。一次開會時，我的頂頭上司竟然當著公司所有同事的面罵

我：「整天看你忙來忙去，都不知道你忙了些什麼！還有你能不能聰明點，似乎很努力，但總也不見成效。」那一刻，我心裡別提多不是滋味了，我心裡想著：「您能不能留點面子給我，我好歹是小主管，您這話讓我在下屬面前如何樹立威信？」

此後，我反省自己的工作方法，並時常向公司前輩請教……我領導的部門很快做起了業績翻身仗。我覺得，此時頂頭上司應該會對我改變看法。但事實上，他對我的努力總是「視而不見」，不僅一句讚美的話都沒有，而且還在老總面前竭力提拔他的心腹。還有，公司的各種獎勵因為是他做主的，自然沒我的份。有同事建議我去和頂頭上司好好聊聊，可也許是個性使然，即便和他聊過幾次，我仍然感覺到和他好好相處是件艱難的事情。

很多職場人士也經歷過羅宇軒遇到的難題，由於和老闆或上司的相處過程中彼此並不很了解或者是缺乏溝通，導致雙方產生一定的矛盾。不僅影響了工作效率和業績，也耽誤了自己的職業發展。有的人與上司合不來就乾脆走人，可是有沒有考慮如果到了下一家公司，仍然碰到合不來的上司，怎麼辦？所以說，逃避問題不如積極解決問題。與上司打好關係其實並不難。

🗨 了解是有效溝通的前提

知己知彼，才能百戰不殆。了解上司的各方面是與他成功溝通的第一步。一般來說，你需要了解上司的這些情況：創業經歷、學識背景、家庭情況、個性類型、工作習慣、生活習慣、為人處世原則、工作態度、興趣喜好、最欣賞的人、最看不上的人以及他目前工作中面臨的一些棘手問題。知道了這些情況後，你在和他相處時就能做到有的放矢。

🗨 以欣賞的眼光看待你的上司，以敬重的態度與上司對話

人無完人，你不能因為他是你的上司，就處處苛求他。既然他能夠當

管理者，自然有他超出一般職員的一面。他身上定有你所不及之處，這些特質使他超越了你。當你學會欣賞他時，他才能對你消除偏見。

還有，你在和上司溝通時，少說「我」多說「您」，如果開口閉口都是「我認為」、「我知道」、「我建議」，上司會斷定你是個自以為是的人，即使你是對的，也很難得到上司的好感。與上司交流時，你可以多用請教的口吻，以此來展現你對他的敬重。

🐦 與上司彙報工作時要注意控制心態，並選擇正確的時機

你與上司溝通時的心態應該是積極的、健康的、陽光的。即使上司對你不公，你心有不滿，也不能暴露出來。

溝通時選擇合適的時機也很重要。倘若他正愁眉不展、情緒低落、心情不佳，千萬不要去打擾他。你也不要占用他的吃飯和休息時間來談工作。與上司交流工作要選擇他情緒好的時候去溝通，這樣方能達到事半功倍之效。

🐦 讓自己在步調上與上司保持一致

你要清楚上司的優點、缺點以及行事風格、工作態度，在了解了上司後，你要分析自己，找出自己和上司之間有哪些共性，哪些不同。為了避免日後因不同之處造成矛盾，你要揚長避短，在上司面前及時調整自己的言行，使自己的工作方式和上司的工作方式契合。

🐦 用實力說話

上司最願意用的人一定是各方面能力都還不錯的人。你要有一個可持續的職業成長規劃，不斷充電，提升自己各方面實力。用實力說話絕對能改變最初給上司留下的不好印象。

第七章

商場人氣術

—— 吸引客戶必知的心理策略

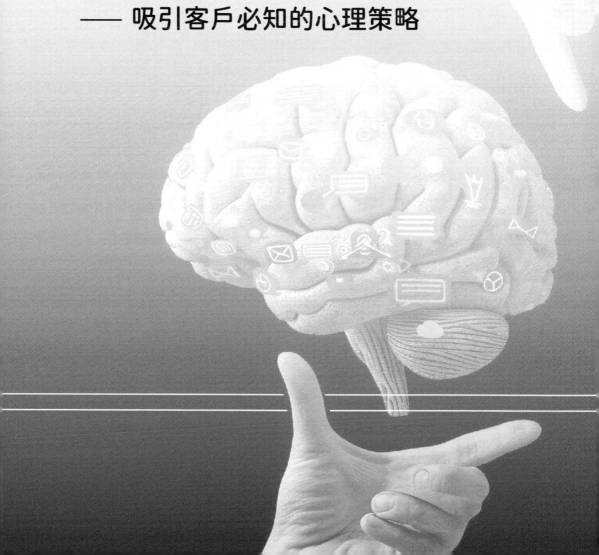

透過「第三者」搞定客戶

對於那些不容易搞定、頑固不化的客戶，你不妨避免與之直接交鋒，先討好籠絡他身邊的那些親信，然後透過第三者來達到說服當事人的目的。

在那些古裝電影或電視劇中，一個名不見經傳的小人物想要步入官場，免不了要討好那些有權力的人。直接討好往往無效，人家可能根本就不理會小人物，但透過間接討好，就是先跟當權者的親信打好關係，多說好聽話，多給些小禮物，不出多長時間這位親信就會在他的頂頭上司面前提起這個小人物的好處，不久小人物就不再是小人物了。

還有那些大臣如果想討好皇上，直接拍皇上的馬屁，直接給皇上送稀世之寶是不太現實的，因為一來皇上事務繁忙沒時間和手下大臣說話，二來皇上身邊人多事多，大臣如若直接討好皇上，搞不好還被人忌恨。聰明的大臣都會把皇上身邊的親信哄高興，如此他們才會在皇上面前為這個大臣說好話。

這種間接討好法在現實生活的職場中也非常有效果。有人抱怨自己的客戶不容易搞定，花了大量的時間和精力去營造了氣氛和開頭，最終客戶還是不買帳，更不會簽下單子。古人云「射人先射馬」，你可以先拿下客戶的親信，然後透過他拿下客戶。

從心理學的角度來說，與直接說服相比，我們更容易被間接說服所折服。因為間接說服與直接說服比較來看，它幾乎讓人感覺不到任何壓迫感。搞定客戶也是這個道理，一般來說，直接與客戶談判比不上請第三者來說話更有效。因此，有些客戶在嚴肅的商業談判中不會給對手可乘之

機，但是當聽到自己的助理說「×× 公司的產品我用過，很不錯」，他會考慮去相信 ×× 公司的產品。

與客戶的親信搞好關係，透過他來說服客戶是一種策略。還有一種情況是你可以從客戶親信嘴裡套出客戶的精神狀態和日程安排等私人事情。

不過並不是所有表面上和上司要好的員工都是親信，你要正確篩選出客戶的真正親信。一般來說，祕書、助理或關鍵下屬是客戶的親信，他們的身分、言行甚至能影響到客戶的決策。但是人與人之間的關係也有個親疏遠近，客戶最信任的親信一般只有一個。你必須從看似親信的人中選出真正的親信。

你可以採取透過現有的朋友或關係網得知客戶的親信，然後與他們套上交情。朋友提供給你的客戶信任的人可能不止一個，這時候你可以從四個方面進行篩選：

跟隨時間：擔任職務的時間長短在一定程度上反映了上司對其的信任程度，通常職務擔任時間越長的人，越是能夠讓上司信任的人。

雙方關係：我們要弄清楚客戶與他身邊人的私人關係。看客戶有沒有培養他們的願望，是不是希望他們將來能夠獨當一面，還是彼此本來就是好朋友或者是親戚。

公司重要資訊分享程度：如果一個下屬經常跟著上司參加一些公司機密性會議、常陪上司會見公司的重要客戶、負責公司的重要檔案傳送等，就表明了他是客戶非常信任的人。

負責事務：如果一個人經常接受上司委派的重要工作或專案等，說明上司非常看重他，他說的話，上司一般會認真考慮。

找到客戶真正的親信後，我們可以找一些機會與他建立連繫，並著手

利用他們接近目標客戶。在與客戶的親信交往過程中，我們最好注意做到這些細節：

1. 給對方必要的物質刺激。這一方面能表達我們的誠意，另一方面，對方一旦接受了我們的東西，那就意味著可能可以合作。

2. 與對方說話要講究方式，多說委婉話，少直言直語。如果雙方關係已十分熟悉，直言也可以。

3. 經常約對方一起娛樂或吃飯，這也有助於保持良好的私人關係，且在寬鬆的氛圍下對方會向你透露更多的東西。

4. 多多讚美對方、奉承對方，給足對方面子，這樣對方才能痛痛快快幫你說話。

5. 在交流的過程中，我們可以在合適的時間請他們引薦自己，或幫忙邀約客戶會談。

透過「付之一笑」，營造輕鬆氛圍

在與客戶交往的過程中，難免會發生一些小失誤或遇到尷尬事。如果嚴肅處理反而會給客戶留下一種惡劣的印象，倘若幽他一默，付之一笑，則不僅能輕鬆化解失誤與尷尬，還能營造出一種輕鬆的交談氛圍。

有一個心理學家做過一項實驗，實驗參加者是整個班級的學生。實驗之前預先告知不能彼此交流，不能換書看。心理學家在每本書的一篇關於葛瑞絲的文章中，附上主角的臉部照片。其中一半的學生看到的是葛瑞絲微笑的臉龐，另一半學生看到的是葛瑞絲沒有什麼表情的一張臉。

雖然學生們讀到的文章內容是一模一樣的，但是實驗結果表明，讀了附有葛瑞絲微笑照片的文章的學生普遍認同葛瑞絲，大家覺得「葛瑞絲如果受到嚴厲懲罰的話，她就太可憐了」。而讀了附有葛瑞絲普通照片的學生，則認為懲罰她無所謂。由此可見，人們總是對面帶笑容的人比較寬容。

　　笑是無聲的語言，笑展示仁慈寬厚的胸懷，笑顯現愉悅歡快的心態；沒有一樣東西比溫馨的笑，能更快地化解他人的敵意、贏得他人的好感。

　　笑是善意的表示。不論是在家中，還是出門在外，輕輕一展笑顏，就勝過萬語千言。當你走進商店，店員燦爛的笑使人感到愉悅，覺得自己受到了尊重；走進公司，對遇到的每一個人笑，大家都會感到心情舒暢，會從彼此的笑中獲取這樣一種訊息——「他是一個和藹的人」、「她是一個值得信賴的人」。

　　笑不失為「消除一切障礙的良方」。它可以靜制動、溝通情感、融洽氣氛、緩解矛盾，使雙方能夠順利溝通。事實上，在商業洽談中，如若遇到比較尷尬的問題或者出了什麼小故障，也可以「付之一笑」。

　　有一次，銷售員小米正向幾家公司的客戶展示一種高品質的機油。一切都很順利，客戶很認真地看著。小米拿著兩支裝有不同品質機油的試管，每一支試管都用橡膠墊封住了開口。就在他將兩支試管倒立過來以比較機油滑落時速時，沒想到兩支試管的橡膠墊突然都掉了。一時間，機油灑滿講臺，小米那雪白的襯衫也難逃此劫，而他手中高高舉著的是兩支已經流空了的試管。這次糗大了，雖然他無意中瞥到角落處有位觀眾的嘴角突然抽動了一下，但小米並沒有臉紅心跳，而是開始大笑起來，他還說：「您們看，兩種機油都迫不及待地想賽跑了！」這一笑不要緊，客戶也都跟著笑。一場尷尬就這樣化解了。

小米當時如果用很嚴肅的態度來處理，連連向客戶道歉說自己做錯了，那結果可能會變成一場很失敗的展示會。而面對困境學會「付之一笑」則會讓周圍人寬容地對待小過失、小失敗。無論是誰，只要你不吝嗇你的笑容，你就能利用笑容在犯錯的時候造成自衛的作用。

　　也有人覺得與客戶溝通的時候，用「付之一笑」並不可取，尤其是一些認真嚴謹的職場人士。但是，工作中難免出現失誤，在錯誤發生時有必要大聲笑著說「唉呀，不妙」，這樣也能讓周圍的氛圍變得輕鬆起來。

　　如果你犯了大錯，切記要好好道歉。但是，如果只是有點失態的小錯誤，不妨笑一笑，這樣就能獲得他人的諒解，人們不但不會記得你這個小錯誤，甚至還認為你是個風趣的人。很多時候，一笑置之是最好的擺脫尷尬的方法。自嘲一下可以幫你脫離窘境。

　　當然，如果你在碰到客戶或對手詆毀公司的情況下，也可以以「付之一笑」的豁達態度，將這種嚴肅的問題變成一個笑話。如果你用很嚴肅的態度來處理這種毀譽，很可能就會讓人們覺得毀譽者的話有可能一語成讖。而放平自己的心態，用「付之一笑」的態度則會使事情朝好的方向發展。記住經常用笑一笑來解決問題的人一般運氣都不會太差。

做好與首次見面的客戶打交道的準備工作

　　如果我們能夠充分利用心理學上的「單純曝光效應」，在見到客戶之前，事先廣泛蒐集對方的數據，諸如年齡、行業、職位、興趣喜好等，從中推測客戶的個性，當我們和客戶真正見面後，就會有種似曾相識的感覺，並能夠掌握客戶的心思來談判。如此還未談判就已經贏了一半。

多數等待相親的人，彼此在見面之前總要透過朋友或熟人對對方有個大致的了解。就拿一個要相親的女孩來說吧，她在相親之前對對方的一些數據如對方的相貌、對方的喜好、對方的職業、對方的生活習慣等已經耳熟能詳，然後女孩子根據朋友們和幾個熟人提供的這些數據開始分析這個男孩的個性，結果她發現男孩正是她要找的白馬王子。

　　當女孩和男孩見面後，她就不是在打一場無準備的仗了。由於她對男孩有所了解，聊起來也更投機，初次見面後他們就確定了彼此的感情。

　　我們搞定客戶也是這個道理。對於那些第一次打交道的客戶，最好在見面之前就想辦法了解他。只有對拜訪客戶的習慣、喜惡等數據有所掌握，才能在見面交談時說出他真正想聽或愛聽的話題。我們也可以提前根據掌握的數據來預測可能出現的問題，找好相應的化解方法。充分準備之後，我們就能與客戶進行心理博弈。

　　浩東是一個外貿公司的銷售員，負責聯絡國外的業務。阿爾法公司的總經理艾伯特一直是他們的目標客戶。過去，向艾伯特推銷公司外貿製衣的銷售員無一例外地吃了閉門羹，但這些都不足以讓浩東退縮，他仍然決定去試一試。

　　浩東先用了兩天的時間來收集關於艾伯特的相關數據，包括：艾伯特的車牌號碼、車子顏色和型號，艾伯特的照片和出行時間，艾伯特最喜歡的餐廳，艾伯特經常光顧的音樂廳……這些數據有的來自網路，有的則是他千方百計從對方公司打聽來的。掌握了這些第一手數據後，浩東開始揣摩艾伯特的個性習慣。這天，浩東來到阿爾法公司。

　　「小姐您好，請問總經理目前是否在大辦公室呢？」浩東詢問櫃檯。

　　「是的。」

浩東早已調查知道，艾伯特喜歡在大辦公室和員工們一起工作。當浩東來到大辦公室時，一眼便在人群裡找到了艾伯特。浩東暗自高興，因為他得知艾伯特很愛面子，所以他想利用這次機會來推銷。幾句寒暄過後，浩東就說：「艾伯特先生，我想貴公司團隊力量如此強大，一定是因為大家都仰慕您的為人。而且據我所知，您所做出的每個決定都無疑是超前的。我們能詳談嗎？」最後浩東約艾伯特在一家很不錯的咖啡廳聊天 —— 就連艾伯特最喜歡喝咖啡這一點都是浩東起初打聽出來的。

　　浩東先來了一些閒聊話題，關於美食與音樂的，兩人越聊越投機。在聊得盡興時，浩東說起了自己廠家的產品，艾伯特在了解之後，很痛快地簽下了訂單。

　　如果想在初見客戶時就抓住客戶的心，打動客戶，那就需要在見面之前先了解對方的一些情況。所謂「知己知彼，百戰不殆」，只要你熟悉客戶資訊，掌握與客戶談話的方式，你與客戶的溝通就會更融洽。關於這一點，想像一下警察們進行的身分調查就不難理解了。對於並不熟悉並且打算初次見面的客戶，你在打探資訊過程中可能會得到這幾個關鍵資訊：36歲；××大學生命科學系畢業；技術研發部部長。

　　這簡單的幾條資訊就能告訴你，36歲正是工作經驗最豐富的時期，因此我們要說服這個客戶，最好提前作好心理準備；從「生命科學系畢業」說明他很可能是一位習慣理性思考問題的人，我們最好多準備詳細的數據才能有力地說服他；他的職位是「部長」，那麼我們可以利用他在公司的影響力，查到這個人的生日、出生地、喜好、特長等可以當作話題。

　　這種方法其實是利用了心理學上的「單純曝光效應（Mere Exposure Effect）」。也就是說，即使彼此並不認識，只要了解的資訊足夠多，彼此之間就會產生如同熟人般的感覺。在了解對方的一些情況後，即便我們還

沒有和對方見面，但也會感覺對方已是自己的朋友。等到初次見面時，我們也能輕鬆自如地與之交談，還能讓對方覺得我們有種親切感。

艱苦談判前，不妨來些溫馨話題

在談判之前，不妨和對手聊點溫馨話題來熱身，這能夠化解對方的心理防線，迅速拉近你們彼此之間的心理距離，活躍談判氛圍。在一種溫馨而融洽的氛圍中談判，你們將會很快達成共識，想談不成功都難。

你可能有過這樣的經歷，第一次來到女朋友家，看到未來的岳父岳母大人，支支吾吾緊張得不知道說些什麼好。這時候，正好未來的岳父大人在看報紙，你就開始很在乎似的問東問西：「現在需要戴老花眼鏡嗎？」接著他就會和你說起他的眼睛。你們也可以由此生髮話題，聊起他現在的掉髮困擾。如果你聽到岳母大人抱怨：「去年的衣服，今年穿的話都太緊了。」這時候你就要順勢來和她談關於變胖或買新衣服的話題了。

當你與對方聊家常，說一些輕鬆的話題後，你會發現你初次見女方家長的尷尬和緊張都消失了，取而代之的是親近感。

同樣道理，對於與初次見面或者是彼此並不很了解的客戶進行談判，你也可以在正式談判開始前同對方聊一些溫馨話題來打好關係，等談判的時候，你們雙方就能夠在一種更融洽的氣氛中開始談正事，談判的成功率也就會比較高。

有學者做過一個實驗來驗證良好的談話氣氛的重要性：

他把男學生每兩人分為一組進行了一個遊戲。這個遊戲規則要求他們

從紅色和綠色兩個按鈕中選擇一個。如果兩個人都按了綠色的按鈕，每人分別得到 1 美元；如果兩個人都按了紅色的按鈕，每人分別扣掉 1 美元；如果一人按了綠色按鈕，另一人按了紅色按鈕，那麼前者將損失 1 美元，後者將得到 2 美元。在遊戲開始前，研究人員就規定遊戲雙方禁止商議。

按照遊戲規則，如果兩個人都按綠色按鈕的話是雙贏的結果。但是有人為了得到 2 美元，冒險想按紅色按鈕。因為不能商量，所以兩個人很難同時按下綠色按鈕。

實驗開始之前，研究人員讓其中幾組同學聽了一段正面新聞。是關於一個見義勇為的人，從殺人狂刀下連救下一家五條性命。聽完之後遊戲開始。這幾組同學表現良好，每組同學在不經商議的情況下全部按下綠色按鈕。

實驗並沒有結束，研究人員讓另外幾組同學先聽一則負面新聞，內容是關於一家五口人被歹徒欺騙，差一點失去生命。聽完之後遊戲開始。這幾組同學表現比較差，都是按下紅色按鈕。

可見，如果彼此之間的合作氛圍不好，那麼雙方的心理距離就比較遠；倘若彼此之間合作氛圍良好，那麼雙方的合作也就比較默契。

美國前總統富蘭克林·羅斯福（Franklin Roosevelt）就曾使用這招來為自己增加朋友。

一次宴會上，由於富蘭克林是已故美國總統狄奧多·羅斯福（Theodore Roosevelt）的堂弟，又是著名律師，所以出席宴會的人們幾乎都認識他，但他只認識少數幾個人。起初富蘭克林與這些人都無話可說，彼此都顯得較為冷漠。於是他想出了一個接近這些人並能同他們搭話的好辦法。他悄聲問身邊的朋友說：「你能告訴我一些坐在我對面的客人的情況嗎？」朋友非常樂意地告訴他一些人的情況。知道每個人的情況後，富蘭克林多

了一些閒談資本。當他與這些人閒談時，也就有了最適合對方的話題。宴會結束後，富蘭克林與大多數人都成了好朋友。

談判之中，我們如果想說服對方，那麼不妨將交談的開頭加入一些溫馨的正面話題，這樣你們的談判就能順利進行下去，搞不好還能聊出一兩個永久客戶來。

不要小看與客戶「共餐」這件小事

吃飯這件小事看似不起眼，其實它潛在的益處多多。用心招待客戶，讓他吃得心滿意足，這種情況下，彼此都能敞開心扉來說話。談得正高興時，沒有人會拒絕請客方的一點點小小請求。邀請共餐不僅連繫了感情，還有利於彼此更好地商談事務。

和客戶商議事情時，邀請他去吃飯是最常見的交際方式。看似落俗套，實際上這一方式的可取之處非常多。請人吃一頓飯要比厚禮相送更能籠絡客戶心。這看來有點不可理解，送禮並不比吃飯花錢少，甚至要比吃飯花費的更多，為什麼吃飯這件不起眼的事情卻能夠幫人大忙？

從心理學的角度來看，邊用餐邊商談事情這個方法是有很多可取之處的。吃飯的時候，人的緊張情緒能得到緩解，彼此之間更容易產生融洽親近的感覺。吃得心滿意足的時候，彼此的談話內容也會多起來。

關於吃飯能籠絡人心這一點，美國一個心理學家對此做了一個實驗來驗證，他最終得出的結論是，如果在說服對方的時候，請對方吃他喜歡吃的食物、喝他喜歡喝的飲料，那麼說服對方的機率會大大提高。即使對方內心裡持反對意見，但是「吃人家的嘴軟」，當他嘴裡塞滿對方請客的食

物時，他也不好意思說不。因此，只要請對方吃飯喝酒，即便不使用什麼特殊的語言技巧，也能打探出對方的真實想法。比如，有位同事總是和你鬧彆扭，甚至當著眾人的面說你的不是。你如果直接追問的話，他肯定不想說明為什麼這麼做。如果這時候你邀請他吃飯，說「肚子餓了嗎？我們一起去吃飯吧，也聊聊天」，當對方吃著你請客的東西時，他心裡就會不再那麼平靜，你們聊著聊著，他可能就會承認這陣子對你的態度不太好，即便不承認，你也可能聽到意想不到的真心話。這頓飯之後，他就可能不會再像從前那麼對待你了。

　　商業談判用這招也是非常奏效的，它能讓你讀懂對方的心思。不過這當中也有很多講究，要想讓對方敞開心扉，對你說「是」，那也得注意做到以下幾點。

🦇　請客戶吃飯的時候，切忌只用錢不用心

　　有位做帳篷生意的小老闆為了搞定一個客戶，就請客戶吃鮑魚。因為想在客戶面前營造出他很有錢的形象，這位老闆就選了本城最貴最奢華、名流彙集的一家餐廳，點了該餐廳最貴的一種葡萄酒。吃飯的時候，這位小老闆就開始賣弄他的學識，諸如評價文森・梵谷（Vincent van Gogh）的〈向日葵〉（Sunflowers）、克洛德・莫內（Claude Monet）的〈印象・日出〉（Impression Sunrise），還說起法蘭茲・卡夫卡（Franz Kafka）的意識流作品。這些知識其實是他這幾天才從網路上看到的，但他說得天花亂墜。客戶只是某大型公司的採購負責人，他其實並不懂這些，只是隨聲附和著。

　　在進餐的時候，客戶心裡有點不踏實，根本就沒辦法很放鬆地喝酒吃飯。散場之後，這個客戶覺得吃得不夠爽快，乾脆一個人跑到一個餐廳裡吃起了烤羊肉串。

最終客戶礙於情面，只給了他公司一個小小的訂單。他起初可是想把這個公司所有的訂單都拉過來的！

這位做帳篷的老闆在招待客戶的時候，是用錢不用心，如此一來，花再多錢其實也收買不到人心。反過來，招待客戶的時候，只要多用心，就算吃的不是什麼大餐，也很容易得到一個滿意的談判結果。所謂「用心」無非就是關心你的客人，給他好吃好喝，也給他機會讓他去說，你去認真傾聽。

談判內容宜在對方剛把食物放進嘴的時候說出來

閉著嘴巴嚼東西的時候，如果開口說話是非常不禮貌的，所以這個時候是說出談判內容，尤其是說出對方可能會非常反對的事情的極佳時期。這樣對方即使想反對也不好意思說。如果不是什麼原則性的問題，他就乾脆答應了。

肚子飽的時候，人就會變和藹

實際上人們吃食物時，不僅肚子變得寬容，就連嘴巴也會變得非常寬容，肚子很飽的時候，就不會對請客的一方產生敵意。不管你的要求之前看來有多麼難以接受，一旦他吃得開心了，基本上他不會有什麼反對意見的。

所以，如果你遇到了難以說服並且固執難纏的客戶，那就請他吃飯，讓他在酒足飯飽中開開心心答應你的請求！

商務談判中眼神的巧妙運用

在商務談判中，眼神如果運用得好，能夠造成「此時無聲勝有聲」的作用，瓦解對方的防線，讓自己處於有利地位。因此，若想在商務交往和談判中獲勝，就要學會巧妙運用眼神的力量。

人在生氣時會對別人「怒目而視」，表示吃驚時是「瞠目結舌」、「目瞪口呆」，集中注意力時會「目不轉睛」，我們開玩笑時會說「我用眼神殺死你」，這些都是形容眼神可以反映人的心理活動。兩個非常默契的人在不說話的情況下用眼神就可以溝通，在商務談判中我們同樣可以用眼神來表達自己的想法，只要運用得當，這比直接用語言溝通的效果還要好。

一天，某集團經理郭剛帶著幾位得力助手與商業夥伴進行談判。開始，談判進行得很順利，但後來因為一個關鍵問題出現分歧，雙方互不讓步，談判一時陷入僵局，有近十分鐘的時間沒人說一句話，氣氛變得異常緊張。

後來，對方代表團終於有人沉不住氣，率先開口，希望郭剛這一方能放棄五個點的利潤，這樣他們才願意繼續合作。郭剛沒有回答，只是用眼神從對方代表團所有人臉上一一掃過，最後盯住了剛剛說話的主要代表的眼睛，一眨不眨。對方代表開始並不在意，還挑釁似的與郭剛對視，一秒鐘過去了，兩秒鐘過去了……雙方對視了足足有十幾秒，對方代表終於敗下陣來，眼神開始躲閃，氣勢也不再那樣強硬。又過了一會兒，他看著郭剛的眼神，嘆了口氣：「好了，郭經理，我認輸了。從你的眼神我可以看出來你是絕對不會讓步的，而我非常欣賞你的堅定，我同意在維持你們原利潤點的情況下繼續合作，來，簽合約吧。」

在談判中，如果你想處於主動地位，就要像郭剛一樣善用眼神的力

量。在談判中，運用眼神的技巧主要有：

如果你想讓對方一下就記住你，或者讓他感覺你與眾不同，就要較長時間地凝視對方，當然這需要你具備極強的抗壓性；

如果想讓對方同意你的意見，你就運用郭剛的方法，用堅定的眼神盯住對方，讓他明白你肯定不會改變主意；

如果發覺對方正在觀察你，最好立即回看過去，因為他可能正在從你的表情或動作上尋找破綻，不要給他這個機會；

若對方用很嚴肅或者堅定的眼神看你，你應該馬上移開眼神，不與他對視，避免受他的干擾；如果想表示不屑或對對方的話題不滿興趣，你可以選擇閉上眼睛；若想與對方建立良好關係，就應該用大部分時間來注視對方雙眼和嘴之間的三角區域，這可以傳達出你的友好態度；也可以在對方講話時，用溫和期待的目光看著他，並不時與他的目光接觸，這種方法不卑不亢，能收到很好的效果。

從眾心理裡的交往密碼

人往往會因為別人做某件事而做出同樣的舉動，尤其是看到很多人都那樣做時，更是想抓緊效仿，這種從眾心理往往會讓被模仿者感到愉悅，達到拉近彼此關係的目的。

我們去超市買東西時或許有過這種經歷：食品區雞腿大特價，有一大堆人擠在一起挑雞腿。我們看到這番情景，心裡會想「這麼多人都在買，肯定好吃，錯不了」，接著我們也跟著那些人一塊挑選雞腿。本來去超市的目的是買水果和衣服，結果搞了一大堆雞腿。可是回家後才發現，不過

是湊熱鬧而已，感慨果真是一分價錢一分貨，特價的雞腿果真不好吃。

類似的事情還有很多，比如說去買衣服，本來不喜歡一種款式，但大家都買，你也就跟著買，但買完就後悔；比如說出去玩，見大家都去歐洲，你也去那裡湊熱鬧，結果發現看的不是風景而是人；再比如大家都報各式各樣的英文培訓班，你也跟著大家一起學，之後才發現自己實在不喜歡學外文，不如當初報個適合自己的財務培訓班……這就是人們典型的從眾心理。所謂「從眾心理」是指自己的想法與行為由於群體的引導或壓力，就偏向與多數人一致的方向變化的現象，用通俗的話說就是「隨波逐流」。「從眾心理」，幾乎人人都有，且無處不在。

曾有人針對從眾心理，做了一項有名的實驗 —— 阿修實驗（Asch conformity experiments）。

心理學家指定 9 名實驗者。等他們都到齊時，他將一張畫著一條直線的卡片和一張畫著 3 條直線的卡片並列放在一起。然後問他們這樣一個問題：「這張只有一條直線的卡片上的線的長度，和另一張有 3 條直線的卡片中的哪一條線相等？」其實，明眼人只須瞥一眼，就知道這些直線中任何一條都不是相等的。不過這 9 個實驗者中有 8 個是被事先告訴要故意說錯的，他們形成所謂的「群體」，而這些人故意將答案說錯，再看看那個真正被實驗的第 9 個人如何說。

結果不出所料，那個人受到從眾心理的影響，他的回答和他們一樣。儘管他第一眼就看出了這些線沒有相等長度的，但「大家」都是那樣回答，他覺得自己錯了，大家的看法才是正確的。

相信絕大多數的人都不情願與眾為敵。我們的客戶當然也不例外，他們也有著這樣那樣的從眾心理。具體來說，如果你向他傳達一種觀點，告訴他大家都這麼想，那麼他自己也會突然間失去主見，是否定還是肯定都

看大家怎麼辦，自己也怎麼辦。他之所以選擇從眾，一來，他認為眾人的意見是可靠的，少數要服從多數；二來，如果他的意見和別人不一致，他就有種被孤立的感覺，於是也會選擇隨波逐流。

我們可以利用客戶的從眾心理來進行攻心，說服他聽從自己的想法。有家燒烤店的老闆就是這麼做的。

燒烤店剛開張，他為了招攬顧客，總是故意要求員工穿便裝，假裝顧客排隊等候，或者裝作在座位上等燒烤。燒烤店為什麼這樣做？顯然，他在利用顧客們的從眾心理，為了造出一種聲勢 —— 這家剛開張的燒烤店生意很好，有如此多的人在等候，還有人竟然排隊！這種聲勢勢必吸引更多的真正顧客。漸漸地，顧客越來越多，而員工也開始穿上員工服做起自己的本職工作了。

還有對於那些對客戶難以啟齒的事情，也可以利用從眾心理來擺平。比如，你是一個銷售員，你覺得客戶給的價格太低，你想讓他提高一點，你就可以說：「大家給我們的價格都比你這個高。」客戶一聽，由於從眾心理作祟，他就難以拒絕了，乖乖地思考要不要多少提高價格。再比如，你對客戶的方案有些想法，這時你告訴他：「可是我們大家都不這麼想，我們大家的意思是……」這時候客戶就會認真考慮你的建議。但如果你只說這是你的意見，他可能就不是很樂意去修改方案。

從眾心理就是一把鋒利的武器，利用它來說話攻心，只要打中要害，就能無往不勝。

懈怠的身體，無聲的拒絕

在與客戶談判時，有時候對方會拒絕你所提出的一些方案，導致雙方僵持不下，這時候如果繼續進行下去，很可能會導致談判破裂，不如暫時停下來，彼此都冷靜一下。當然，有時候對方的決絕並不是透過語言，而是透過動作。

有時候，對方可能礙於彼此的關係或者當時的情景，不好意思直接說出決絕的話，但他們的一些舉動會透露他們當時內心的想法。讀懂對方的拒絕，可以及時想出應對的策略，這在商務談判中具有重要意義。

交叉雙臂和雙腿

如果對方代表交叉腿和雙臂，呈現一種封閉的姿態。這時，繼續談論什麼他可能都不為所動。所以，你不妨用新的方式來繼續談判，重新解釋問題。或者為雙方製造一個暫時休會的契機。會議的暫停可以讓彼此更充分地考慮談判策略，並重新部署。

心不在焉地玩弄物品

談判的對方開始玩弄手邊的物品，如筆或紙，甚至自己的頭髮。說明他對談論的話題已經失去了積極主動的心態，認為這場談判很乏味，希望盡快結束。

沉默地吸菸

談判的過程中，如果對方不再說話，而是沉默地吸菸，並不停地彈菸灰，說明內心有矛盾衝突。他很焦慮不安，為了化解內心的情緒，在尋找

發洩的途徑。這樣的表現對繼續開展談判非常不利，可以轉換話題，讓對方的思維暫時跳出來。

用手拄著下巴

談判對手將手放在臉頰的一側，身體力量集中在手上，用手拄著臉部，呈現出一副不很耐煩的樣子。身體的消極形象，實際上已經表明了他的「不抵抗，也不想合作」的態度。這時再繼續將會議進行下去，將意義微小。

扔出眼鏡

如果談判者將眼鏡取下來，並用力地扔在桌面上。很明顯，他已經不能控制不滿的情緒，就要爆發了。他們根本沒有想再和你繼續談下去的意思，所以用這種動作表示反抗。倘若此時不及時停止話題，接下來恐怕就會是一場激烈的衝突。

示弱的取勝之道

人有著很多的弱點，其中「同情弱者」與其說是人的優點，不如說是人的弱點更為恰當。人們總是習慣去同情那些看似弱小的人，而對於看起來比自己強大的人，非但沒有同情心，不願意主動去幫助他，而且還可能對他產生嫉妒心。因此，利用人們普遍的這個弱點，我們可以採取放低姿態的示弱法來爭取一些機會。

關於「人同情比自己弱小的人，不喜歡幫助比自己更強大的人」這一點，美國海軍也做過一個實驗。在這個實驗裡，他們設定了幾種呼喚對方

的音量，結果顯示，如果對方小聲和你說話，你也會小聲回應，聲音趨向溫和；如果有人很有氣勢地對你大喊，你也會同樣大聲喊叫來回應對方，以牙還牙。

人們就是有這種劣根性，對比自己強大或與自己勢均力敵的人有防備之心，而對於比自己弱小的人則會同情他。當一個弱者和一個強者同時向人們求助的話，人們會在第一時間幫助弱者，而對於強者，人們一般就沒這麼熱心。

在某個大公司的某個辦公室，姜楠向大家宣布「有朋友找我讓我在網路上代賣產品，還能賺點小錢。我的 LV 包包本月有望！」其餘同事只是敷衍地笑笑，給人種皮笑肉不笑的感覺。同一天，也是這個辦公室，能力平庸，沒什麼特長的汪菲表現出一副心事重重的樣子。同事們慌忙詢問其原因，得知經理發出了辭退警告。眾同事非常熱心地幫她，有人把自己的經驗記事本給她看，有人對她好言好語勸說，有人竟然在經理面前幫她說話……看到這一幕的姜楠傷感了。

其實我們可以利用人們普遍的這種心理弱點來說服對方。在對方面前盡量把你的強悍掩飾起來，故意向對方示弱，對方就會自然而然被你說服。

在歐洲一個小城裡，一所小學附近有一家專售成人雜誌的書店，孩子們上下學的時候會路過這裡。而店鋪的裝潢花樣浮誇，媚俗前衛，當地市民團體向店主表示強烈抗議：「孩子們如果對此產生興趣，不僅耽誤學業還影響思想。快停止營業！」店主二話不說立刻道歉，還當場把書店外的廣告牆用白漆塗抹覆蓋。看到店主如此爽快地道歉並迅速做出讓步，市民們接下去也沒再提出別的要求，書店因此得以繼續經營。

放低姿態假裝弱者，對方的態度也會不知不覺開始變軟。沒有人會去打一個低頭鞠躬的人。工作中，你也可以故意放低姿態，向對方示弱來爭取客戶。有一個汽車銷售員老李就慣用這招來籠絡客戶。

當有人來到車行想換輛新車時，老李看到客戶的愛車，就對他說：「你可真愛惜你的車，配置很優良，這車再開個五六年其實也不會有問題！」客戶聽這麼一說，心裡美滋滋的，他想：「我如果最後決定買新車的話，就找他好了。」

而老李的同事小趙就不如老李會透過放低姿態向客戶示弱。同樣一個客戶也來到小趙的展位，客戶第一印象是這邊的車型很漂亮，還在想是不是要買個外形漂亮的車時，小趙就問客戶：「您這個車開了很久了吧，是該換新的了，否則出故障就糟了。您看我們家的汽車，很少出現故障。」這個客戶聽小趙這麼說，感覺小趙有種擺架子的意思，一副高高在上的感覺，結果他本打算在這裡買最後決定不在這裡買了。

當你想籠絡客戶的時候，向他示弱也是不錯的一招。先說出你的請求，然後再加上一句「這不會讓你太為難吧？」或「我的要求是不是過分了？」即使你的確有些強人所難，對方也不忍心拒絕你。

有人可能要說「放低姿態向別人示弱，拉不下臉來」。其實這只不過是說服客戶的一種技巧而已，所以不要不好意思或是放不下架子，你只要讓對方感受到你確實處於弱勢，就會從對方那裡獲得同情。對方的地位越高，自尊心越強，越會同情比他弱小的人。

當然，示弱術最好是偶爾用，這樣才能打動客戶。如果經常用這招，並且是經常對熟悉的客戶用，時間長了，也會被人識破的，而且頻繁使用的話，客戶的同情心也會逐漸變得麻木。還有，示弱也要掌握一個度，不要過於誇大，比如你想和客戶談一個單子，你告訴人家「最近家境實在不

太好，已經債臺高築了」這樣嚴重的問題，對方也不知道如何解決，雖然同情你，但是他也很難幫助你。而且這樣示弱有點故意博取別人同情心的嫌疑，很可能你的示弱術在此不發揮作用。

第八章
情場練達術
── 百發百中的戀愛心法

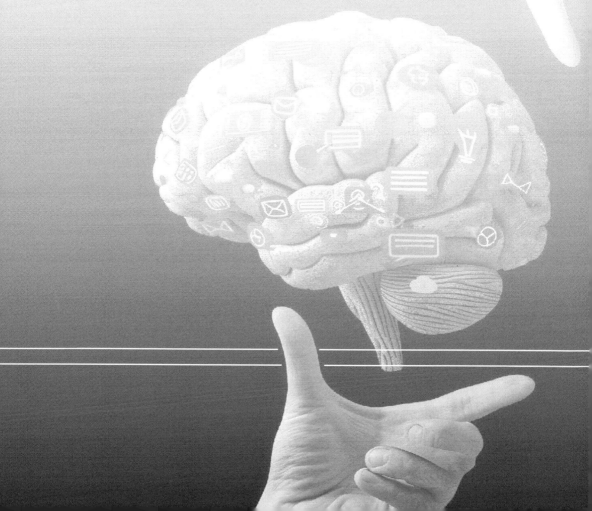

「花言巧語」之外的示愛肢體密碼

當人們向外界傳達訊息時，單純的語言成分只占 7%，聲調占 38%，另外 55% 的訊息都是透過肢體向外界傳達的。肢體語言很少會騙人，因此，在追求異性的過程中，除了「花言巧語」外，男人和女人還會有意無意地使用大量的肢體語言來向對方表達愛的訊號。

當一個男子向一個女子求婚時，他還未等到她開口，看看她微啟的紅唇、低垂的眼簾和微微顫動的肩膀，他就已經知道自己的幸福來了。為什麼？因為肢體語言已經提前釋放了愛的訊號。那些「我愛你」釋放的身體語言訊號還有哪些？在此列舉一些例子。

🦇 揚起眉毛，瞳孔變大

無論是男人還是女人，當看到自己所愛的人的第一眼，他們都會不自覺地揚眉或低眉。當然，與此同時，他們的瞳孔也會變大，眼睛更大，更亮，更有神。這就是下意識的「眉目傳情」。這一肢體語言隨時都會在不同年齡層的異性之間出現，但是要捕捉到這一細微的表情也不是很容易，因為它從出現到結束只有短短的五分之一秒。

當你和自己心愛的人說話時，你也會發現他或她眉毛輕輕上挑，這證明他或她是非常喜歡聽你說話的，也愛你這個人。相反，如果在你說話時，對方總是用平靜的神情或沒有感情地看你，那證明他或她的心思可能沒有放在你的身上。

🦇 嘴唇微啟或張大嘴巴

人們在看到喜歡的人時，他們的嘴巴會有瞬間的機械性的微啟。這個

動作同樣非常細微，經常會被忽略，不過你要是足夠細心的話就能看到。

還有的時候，當他或她身邊站著自己喜歡的人時，只要對方眼睛眨動一下，他或她的嘴巴都會不由自主地張大。

整理自己的著裝

當一位男士站在你面前修正領帶或光滑的翻領時，說明他真心實意地希望在你面前呈現的是較好的形象，能吸引你的注意。有的時候，男人見到心愛的女子，也會向上拉襪子。這個訊號百分之百表明他喜歡你，並希望在你的眼裡看上去最棒。

整理頭髮

女人為了在心愛的男人面前保持姣好形象，會偶爾用手把滑落的頭髮理順，或是用手把它理向臉的一邊。如果是長髮，女人還會輕甩長髮來吸引男人。另外，男人在喜歡的女子面前也有整理頭髮的習慣，而且他們的這一動作非常顯眼。

立正站立

當一位男士筆直地站在你面前，肌肉都繃得緊緊的，並且衣著得體，肩膀自然下垂，身體向前傾意圖更接近你，這表明他喜歡你。

摸臉

如果某人對你感興趣，他會用手捏著下巴，輕輕點頭，不時地摸下巴、耳朵和臉頰。這是一種集緊張、興奮等為一體的情感。這一行為表明他在試圖掩飾內心的慌亂。

🦇 窺視

如果一個男人的眼睛在你渾身上下作一個小小的「遊覽」，然後停在你身體最美的部位，毫不掩飾地欣賞你，那麼他的這一肢體語言是想向你透露他喜歡你的身體。

🦇 用手扶你

男人將手放在你的肘或肩部，這是一種保護你的姿勢。首先，這樣可以更順利地領著你通過擁擠的人群。其次，這讓他時刻感到你不會從他身邊走失。再次，這也是對其他男人的一個警告：靠邊站，她已經有我保護了。

🦇 微張紅唇，眼光迷離

這表面看來女人是在沉思，其實她心裡早對男人做出全方位掃描，這可是男人表達自己的愛並接近女人的好機會。

🦇 想挽著你或摟著你的腰走路

男人持這種動作的時候，一方面表明他不想失去你，另一方面也提醒其他男人將不會有機會接近你。這種肢體語言中，也可能會伴隨一些意外的小小的觸碰。

從包包看女人個性

女人喜愛的小東西總是比較多，因此出門時都會隨身帶一個包包。這些包或大或小，或精緻可愛或休閒時尚，但不管是哪種風格，其作用只有

一個，就是收納物品。而不同的女人，包包內物品的擺放風格是不一樣的，而這正可以作為我們了解其個性的一面鏡子。

如果有幸翻開某個女人的包包，你會發現裡面真是「包羅萬象，無奇不有」，從面紙到口紅，從錢包到悠遊卡，從書本雜誌到保健藥品等，全都集中在一個小小的包裡。可是，你注意過這些東西是怎樣擺放的嗎？

有些女人的包包裡面就像一個雜貨店，所有東西都是隨意一扔，沒有固定的位置，就算找個指甲油也要把包裡的東西都倒出來。這類包包的主人通常是個「粗心大意」，個性非常隨意、大方，不拘小節，待人也非常熱情，有時甚至熱情過了頭。但是她們有時候可能缺少一點女人的細膩，很多時候已經得罪了人但自己根本不知道。

有些女人包包裡的東西則擺放得非常整齊，錢包絕不會與化妝品混在一起，悠遊卡也絕不會夾到雜誌裡去，不管用到什麼她們都能很快找到準確位置並拿出來。這樣的女人通常個性細膩、認真、嚴肅、仔細，她們的上進心很強，無論做什麼事都要做到最好。在待人接物時，她們非常有禮貌，絕對不會越矩；在工作上她們也十分有條理，先做什麼後做什麼都會有個明確的計畫。不過她們可能會顯得有些保守，想像力不夠豐富。

有些女人的包包裡像是一個「舊物回收站」，不管是前天的電影票，一個星期前醫生開的處方，甚至是幾個月前的藥品說明書都能從她們包裡找到。這些東西都是她隨手放進去的，而且很長時間不會清理。有這種習慣的女人似乎活得不太現實，她們關注的往往不是當下的事情，而總是喜歡幻想未來。她們的個性也比較開朗，喜歡與人交往，更喜歡在別人面前表現出一種優越感。但在工作上，她們經常是一團亂麻，沒有任何條理與順序。

有些女人的包包像是「百寶箱」，裡面各種小物件應有盡有，隨時可以應對不時之需。比如一些簡單的急救藥品、通訊錄、指甲刀等。這樣的女人大都個性善良、細心周到，有統籌能力，也善於處理突發問題。在家裡，她們會把屋子收拾得很乾淨，是持家的好手；在單位，她們也能夠把工作做得很出色，並且每個細節都盡善盡美。

有些女人的包包幾乎就是為「公事」準備的，裡面會有報紙、工作筆記以及與其專業相關的書籍等。這樣的包包的主人屬於典型的事業型女人，她們通常具有很高的專業水準，工作非常出色，但比較缺少生活情趣，不善與人交往，頭腦也比較單純，對於很多事情的看法不夠深刻，但又非常相信自己的判斷，像是簡單又固執的孩子。

從購物習慣了解女人

沒有女人不喜歡「血拼」，市場上繁榮的經濟景象絕對離不開女人的功勞。但不同的女人購物習慣是不一樣的，有的女人乾脆俐落、一擲千金，有的女人只是喜歡購物的過程，買不買並不重要……

男人總是不理解，女人為什麼會對逛街購物一直保持濃厚的興趣，在做其他事時，女人非常容易勞累，但在購物這件事上，他們永遠不會厭煩並且樂此不疲。很多男人認為最苦的差事就是：節假日被女朋友或妻子拉著一起去購物。其實男人們完全不必痛苦，這正是你對其加深了解的最佳機會。

有些女人購物時目標明確，速戰速決。她們不喜歡在市場上逛來逛去，更不會貨比三家，而是直奔目標而去，只要發現自己要買的東西，她

們就會馬上付款，即使價格貴一些也毫不在意，不會去考慮什麼性價比的問題，也不管它是否實用。這樣的女人是典型的急性子，想到做到，毫不猶豫，甚至心血來潮的想法也會馬上付諸實踐。這樣的人比較爽直、城府不深，值得交往，但她們太容易衝動，經常做些讓自己後悔的事情或決定。

有些女人則恰恰相反，她們既想買某種東西又覺得買不買無所謂，陪這種女人逛街非常痛苦，因為她根本不知道自己要什麼，只是漫無目的地逛，很可能到最後一無所獲還要遷怒於人。這樣的女人在生活中也是如此，經常猶豫不決，做決定對她們來說是非常困難的事情。

有些女人在購物時絕對不會聽取別人的意見，她們只買自己喜歡的，自己認為對的，絕對不會因為別人的意見而動搖。這樣的女人有顆強大的內心，她們非常自信，相信自己的判斷，喜歡獨立自主，不依賴任何人。

有些女人則不同，她們在購物時毫無主見，根本沒有自己的判斷力，經常會在別人的建議或蠱惑下買些根本不適合她或者原本不想買的東西；若無人陪同，她們經常會因為無法決定而空手而歸。這樣的女人在生活中亦是如此，缺少主心骨，經常人云亦云，喜歡跟在別人屁股後面跑。她們依賴性很強，是「隨波逐流」的忠實信徒。

有些女人在購物時則會貨比三家，三思而行。要買一件東西時會考慮它的價值、實用性和喜愛程度等綜合因素，不會匆忙買下更不會馬虎成交。這樣的女人是最會持家、最理智、最懂得購物的，在做其他事時她們也會非常認真、謹慎、絕不馬虎，不過有時候她們可能有點過於較真，讓人感覺有些尖刻。

有些女人是忠實的品牌擁護者，只會買自己喜歡的品牌，其他的根本

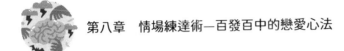

不考慮。這樣的女人個性堅毅，有主見，比較講究生活品質，認定的事情很難改變。

女人喜歡挽男人手臂的原因

女人挽著男人手臂這一舉動，乍看是親密接觸，是別有意圖，實際上，只要我們想想女人也經常會挽著自己的女性朋友或自己的老爸老媽，恐怕也就不會再因為這個舉動而陷入狂想了！

我們無論是陪著朋友逛街，還是從辦公室的窗戶向外望，幾乎都能發現街上的女孩子們總是會挽著女伴的手臂或挽著男友的手臂。我們自己的女友也是如此，總是會有意無意地挽著你的手臂，讓你不知道她到底在表達哪種意思，是僅僅表示親密，還是有其他意思？

其實女人和男人相比，她們更喜歡用肢體語言來表達自己的善意和親密，就像小孩子都喜歡依偎在大人身邊撒嬌一樣。實際上，隨著年齡的成長，人開始變得理性而成熟，動物的原始習性就逐漸退化，當女人羞於或不善於用語言來表達自己的感情時，她就會用上身體接觸這種最原始，也是最直截了當的方法來表達自己的感情。

我們觀察身邊那些挽著男友或朋友手臂的女人，會發現女人只有覺得與對方關係很好的情況下才會去挽手臂，相反，如果只是普通交情，大家是不會彼此挽著手臂的。

有個男人追求一個女人，他幾乎是費了九牛二虎之力才追上。女人每次都喜歡挽著他的手臂，他私下裡就認為女人是在勾引他。於是他開始想入非非，甚至硬拉過女人當眾親吻，結果女人一下子害羞地跑開了。

事後，男人問女人原因，女人就說自己不喜歡當眾接吻。男人很納悶：「你挽我手臂不就是想……」女人隨口說：「那你想想，我們女人出去逛街，彼此都喜歡挽著對方手臂，難道有別的意思？」男人頓時笑自己想歪了。

從心理學的角度來說，女人普遍是感性思考的動物，她們總是憑感覺來思考事情，而且她們的感官比男性更敏銳，尤其是觸覺。所以，女人的觸覺有時會代替語言來告訴你她的內心想法。你和女友約會時，不僅要用耳朵聽她說些什麼，還要用眼睛看她發出的肢體語言，只有這樣，才能讀懂她的心。

女人對於那些有好感的人，她們就會無意中使用觸覺來表示親近感。身態語言學專家們研究發現，每個人都有一個心理防禦空間，一旦其他人侵入，就會引起他的極度不安、反抗與警戒。越是陌生的人，彼此之間距離越遠，身體之間物理間隔也就越大。反之，越是親近的人，彼此之間心理防禦空間距離越小。例如，正常的夫妻之間，父母和子女之間的關係最為親密，因此，如果你的女朋友挽著你的手，或是觸碰你的身體，說明她對你的心理防禦幾乎為零，她不在乎你侵入她的「地盤」。

挽手臂這種肢體語言，它想表達的不過是一種親密感。有的男人不理解女人這種表達親近的方式，當女友的身體緊貼著他的時候，便覺得女友對他有欲望，他恐怕猜錯得比較離譜。女人觸碰男人的身體，並不完全是要進行肉體上的接觸，更多是想從精神上或心理上親近對方。男人實在沒有必要因為這個稀鬆平常的肢體語言而胡思亂想。

當然，女人一旦在心理上接受了與男人的親密關係，就會做出一些親密行為，諸如牽手、攬肩、撫摸頭髮、依偎、擁抱等等。這些肢體語言其實和她喜歡挽著你的手臂一樣，多數情況下僅是一些單純的情感願望，當

她靠著你時,她會覺得獲得了信任感、安全感、溫暖感、滿足感。在她看來,這些情感體驗比「性」更重要。

重視男人的吃相

吃相能對映出一個男人的性情。你不能指望經常用泡麵打發肚子的男人懂得羅曼蒂克,你不能指望一個習慣狼吞虎嚥的人總聽你勸告,你也不能指望一個愛吃獨食的男人是個陽光熱情的傢伙。

讀一個男人,我們不僅要聽他的話語,觀察他的舉手投足、穿著打扮、面部表情等一系列細節方面,而且還要根據他的吃相來窺看他的個性。西方一些心理學家、交際學家都把用吃相來分析人當成了一門學問,而且經過驗證,不同的吃相確實透露出不同的個性特徵。這裡,我們來分析幾種男人較為常見的吃相,幫你看透男人心。

🐾 狼吞虎嚥型

他似乎總是一副餓極了的樣子,每次用餐時都是風捲殘雲一般,狼吞虎嚥地消滅掉他視線以內的食物,直到吃撐為止。這類人大多有較旺盛的精力,他們坦率、豪爽、真誠、熱情,做事乾脆俐落,講究誠信。他們有著很強烈的自我意識,競爭心較強,絕不會輕而易舉地就向誰妥協和認輸,所以有些時候他們看起來有些自以為是,聽不進別人的規勸。

🐾 細嚼慢嚥型

他們習慣慢慢咀嚼食物,似乎在玩味一件絕美的藝術品,但他們的食量並不小。這類型的男人,大部分多缺少冒險精神,因此在事業上的成就

不會太大。他們多是比較傳統和保守的，為人處世都比較謹慎，愛動心計、機智圓滑。他們是很有主見的人，不會輕易地接受他人的建議，但又不會輕易外露自己的想法。他們一直在充當好好先生的角色，不會輕易地得罪任何人，總是保持中庸立場。

淺嘗即止型

他們一般食量比較小，吃起東西每樣都品嘗到，但是每樣都只吃很少。從個性上看，這類男人屬於保守型，對習慣按部就班的他們來說，創新就意味著有風險。他們做事非常謹慎，很少犯錯，也從不做沒有把握的事。這種求穩的個性實際上限制了他們的視界，他們的生活平靜而不會有什麼大起大落。

暴飲暴食型

這種人吃飯不加以節制，一旦碰到自己喜歡的東西就要狠吃猛吃，經常打著飽嗝下餐桌，體態也偏胖。這種個性的人比較豪爽和耿直，是典型的直腸子。他們該哭就哭，該樂就樂。他們社交能力較強，多有著很好的人際關係。

當然，他的缺點也很明顯，在餐桌上，他看到哪道菜是自己的最愛，就會猛吃這道菜，根本沒想留給他人。這種吃相反映到生活中，展現為他常常忽略別人的感受，不懂得也不會掩飾自己的情緒，喜怒哀樂皆形於色。

少食型

有的男人飯量小，每頓飯的進食量還不及女人。這一類型的男人思想傳統而保守。他們做事墨守成規，穩妥有餘，拚勁不夠，所以說他們不適合創業，只適合守業。

🦇　愛吃獨食型

有的男人喜歡安靜吃飯，喜歡自己單獨一個人靜靜地吃東西，而不喜歡一群人聚在一起熱熱鬧鬧吃飯。這種類型的人大多個性比較孤僻，不懂得與人分享，但堅毅沉穩、信守諾言，有著很強的事業心和責任心。

🦇　挑食偏食型

他們從來不會虧待自己的味蕾。對食物的滋味、口感、食材都很挑剔。不管是什麼山珍海味，只要烹飪得不好，通通打入冷宮。他們就像一個偏執的孩子，會對某一種常見食物堅決不接受，或者堅持在做某種菜餚時要按照他認為「對」的方式烹飪才行。

這種男人往往比較固執，他們喜歡與人爭論一些問題。但這種男人有一條一般人不如的優點，那就是他們選擇的能力很強。他們心思細膩，選擇任何東西都是慎之又慎，因此無論是職業、房屋還是妻子，一般來說，他們的眼光總是不會錯。

男人追求名牌的原因

在過去的刻板印象中，愛慕虛榮、好打扮似乎都是女人的「專利」，實際上，如今男人們對美的追求的意識也開始覺醒。走在大街上，男人的衣服也不再單調，更有些男人在穿衣打扮上非常講究品牌，並以此作為身分和地位的象徵。

女人愛打扮是為了讓別人誇自己年輕、漂亮，滿足自己愛美的虛榮心，男人愛名牌其實也是為了滿足自己的虛榮心，不過他們的目的是想彰

顯自己的身分和地位，讓別人看得起。男人們總是認為，滿身名牌就是身價的象徵，這不僅能讓別人了解到自己有不錯的經濟條件，還能增強自信心。比如你若穿一身廉價的衣服出入上等場所，不等別人有所表示，自己都會自慚形穢，如果換一套上等的名牌服裝，不僅別人會對你另眼相看，自己也會感覺很自在。但美國作家保羅‧福塞爾（Paul Fussell）在他的《Class: A Guide Through the American Status System》一書中表達了這樣的觀點：滿身名牌的人其實是下層人士。真正有身分的男人追求的是大方得體、舒適合身，能恰如其分地表達自己。

愛名牌的男人往往比女人更虛榮，所謂人前顯貴，人後受罪，他們為了自己的「面子」，不僅要省吃儉用攢錢買名牌，還要想方設法讓別人都注意到自己穿的是名牌。就像女人為了炫耀自己的鑽戒時，會不時抬起手來看錶，男人宣揚自己的名牌時，會用更加隱祕的技巧。比如他們會假裝不經意地問：「你看我這件衣服怎麼樣？」有的會故意保留袖口的商標，還有人甚至不惜採用一些很荒誕的做法，只為了讓大家注意自己的衣服。

有個暴發戶非常羨慕上流人的生活，有錢之後他買了豪車洋房，但看起來還是不太像上流人，怎麼辦呢？思索良久，他想到，原來是自己穿得不夠好，於是又花錢買了一套名牌西服。本以為穿上這套衣服會讓大家刮目相看，誰知根本沒人注意到他昂貴的西服。怎麼能讓大家看到我身上穿的是名牌呢？暴發戶又想了很久，終於想到一個辦法，那天和大家一起吃飯時，他假裝不小心把酒灑到了衣服上，然後高喊一聲：「哎呀，把我幾萬元的西服弄髒了，還要送乾洗店呢，真麻煩！」誰知，當時大家正在推杯換盞、高談闊論，除了服務生幫他拿了條毛巾，並沒幾個人注意到他，暴發戶鬱悶極了。

這個故事看起來有些好笑，卻在我們身邊一直發生著。有些暴發戶以

為穿上一身幾萬元的西裝就能提高自己的等級了，殊不知，真正的上流社會看重的不是外部包裝，而是一個人的內涵和氣質。

追求名牌的男人注重的是「表面效度」，他們只會在表面上下工夫，至於內在，則比較隨意。所以，很多外面一身名牌的男人，很可能裡面穿著幾元錢一件的內衣，他們只要讓別人看起來自己「很有錢」就可以了，裡面又不會有人知道，馬馬虎虎就行了。

所以，如果你的身邊經常出現穿著名牌衣服的男人，一定不要認為他們是多金的優質男，可能這身好行頭只是用來「撐場面」的，實際情況究竟如何還是要細細考察。

透過手機的擺放，讀懂男人內心

手機不僅能接打電話，上網，看電影，玩遊戲……而且還有一個重要功能，就是讀心。想了解一個男人，你只要看他擺放手機的位置，也就能讀懂他的內心。

女人總是感慨現在的男人難以思索，不知道如何迅速了解他。其實祕密常常會從細節處流露出來。就拿擺放手機來說吧，很少有人關注它們放在哪裡，更少有人能夠意識到個性不同，人們喜歡佩帶手機的位置也不同。在此，我們從手機擺放位置來分析男人的內心。

☙ 把手機掛在腰上的男人

習慣於這種方式佩帶手機的男人，他們生活的態度積極樂觀，自信心十足，想像力豐富，常有出人意料的創意。他們做事非常認真，求知欲

強，總是會很努力地工作，期望以自己的努力獲得別人的認可。他們懂得尊重別人，但不輕易接受別人的意見。他們會因為善良和堅持不懈的精神而取得成功，是腳踏實地的男人。

🐗 把手機拿在手上的男人

有些男人不管打不打電話，都習慣把手機拿在自己的手中。一般來說，經常把手機拿在手中的有兩類人：一類是年輕人，手機幾乎等同於他們身體的一個部分，工作時間之外，除了吃飯睡覺，他們幾乎都拿著手機上網、看電影、聽歌、玩遊戲和聊天。他們精力充沛，能夠享受獨立生活的樂趣，他們喜歡人多的地方，喜歡忙碌而充實的人生，喜歡交際，他們有上進心，不甘於平庸，但是他們容易感情用事。另一類是事業心強的大忙人。他們喜歡有挑戰性的生活，有理想有目標。他們總是處於忙碌的工作狀態。此外，他們通常是一個很有才華的男人，有生活品味，喜歡輕鬆地生活。

🐗 把手機放在上衣口袋裡的男人

這種人大多數比較穩重，他們理智冷靜，成熟而有風度，做事不徐不疾，並且會盡一切的努力讓生活朝著他設想的那樣發展。這種人多屬於潛力股，就算現在的他還年輕，尚未到達一定的重要職位上，但數年之內他也會有自己的一番事業。

🐗 喜歡把手機放在包裡的男人

他們一般會把手機放在手提包或公文包裡，這種人很有自信，自尊心也很強，很少接受別人的幫助。他們為人處世文質彬彬，做事冷靜，追求完美，對人親和卻很少採取主動，保守安逸，重視家庭生活品味，是個顧

家的好男人。在職場上，他們是受上天眷顧的寵兒，有著無限潛力，只要遇到合適的機遇，就有可能平步青雲。

🦇 喜歡把手機放在屁股後面口袋裡的男人

雖然現在人們出於安全考慮，很少會把手機放在屁股後面的口袋裡，但是如果沒有這方面的顧慮，還是有很多人喜歡這樣放手機。這類型的人喜好自由不受拘束的生活，個性溫和友善，待人親切，不喜歡和人斤斤計較。他們充滿熱情，喜歡追求富有挑戰性的生活，無論是在生活中還是工作上都有點大男子特質。

🦇 喜歡把手機掛在胸前的男人

這類型的男人有著強烈的求知欲，他們喜歡結交志同道合的朋友，喜歡物質生活。他是一個有潛力，喜愛工作的男人。

🦇 經常不帶手機的男人

有些男人雖然用手機的頻率也很高，但他有點粗心大意，經常會將手機忘在家裡或者辦公室裡。這種人其實不是什麼健忘症患者，他們是典型的樂觀主義者，他們在個性上外向開朗，大大咧咧，對任何事情都可以大而化之，不放在心上。他們熱情而有親和力，喜歡交朋友，人際關係還不錯。這類人個性雖然馬虎了些，但工作起來一點都不含糊。

善變的男人是可以駕馭的

有人說，男人是一種神奇的生物，他們可以上一秒還對你甜言蜜語，下一秒就變成冷眼相向，男人的善變總是讓女人摸不著頭緒。其實，要了

解一個男人沒有那麼困難，我們可以從他的日常表現及其親人朋友那裡得到答案。

俗話說「男怕入錯行，女怕嫁錯郎」，每個女人都想嫁個稱心如意，對自己疼愛有加的丈夫，可是男人總是很擅長偽裝，戀愛時他們溫柔得像小貓咪，結婚後才會露出自己大灰狼的本色。女人們怎樣才能在戀愛時就看清男人的本來面目，判斷他是不是自己想嫁的人呢？下面就告訴你幾個很有用的小方法。

聽聽他喜歡說什麼

與一個男人約會時，如果他總是圍繞著自己喜歡的話題，比如體育、球賽、工作等，根本不管你是不是感興趣，這樣的男人通常比較以自我為中心，很少考慮別人的感受，與他生活在一起你只能成為他的陪襯。有些男人言辭中透著狂妄自大，似乎不把任何人放在眼裡，這樣的人嫉妒心非常強烈，又沒什麼真本事，絕對不值得嫁。有些男人則喜歡與女人談談自己的家庭，或者自己最近遇到的煩心事，這樣的男人是性情中人，希望女人能夠分享她的喜怒哀樂，是最好的丈夫人選。

觀察他的消費習慣

一般的男人在與女人一起吃飯或者買東西時，總會搶著付帳，這很符合人們的慣性思維，也表明這個男人很有誠意與你交往，不過這樣的男人通常有點大男子主義，控制欲比較強，你要認真考慮。不過，如果在戀愛中，男人都不願為女人付帳的話，這樣的男人也未免太小氣了，在其他事情上他們同樣會斤斤計較，讓人不堪忍受。如果你交往的男人收入不高，花錢又大手大腳，經常債臺高築的話，那就趕快離他遠遠的，不管這些花

錢的理由多麼冠冕堂皇，因為這樣的男人大多做什麼事都沒有計畫，沒有什麼責任心。

他是愛跳槽的男人嗎

如果你的男友總是對工作不滿意，跳槽幾乎成了家常便飯，這樣的男人往往眼高手低，責任心不強，日後在生活中遇到一些困難，他也可能會甩手走人，留下爛攤子讓你處理。

去他住的地方看一下

這是了解一個男人最直接有效的方法，他的房間裡是擺滿了書還是各種代表著他某方面突出能力的獎盃？他的房間是整潔有序還是凌亂不堪？從這些就可以判斷出這個男人的品味和生活習慣。

見見他的母親

有人說過，要想知道一個男人日後的樣子就看看他的母親，要想知道一個女人日後的樣子就看看她的父親。這話非常有道理，如果他的母親尖酸刻薄，他從小在這樣的環境下長大，難免會受影響，若他的母親溫柔敦厚，這個男人必然也不會太差。另外就是看一下他對母親的態度，同為女人，他對母親怎樣可能就會對未來的妻子怎樣。而一個連自己母親都不尊重的男人，你絕對不要奢望他會對你有多好。當然，如果他對母親過於言聽計從，可能會有比較深的戀母情結，你也要考慮自己能否接受。

看看他的朋友圈子

所謂「物以類聚，人以群分」，從他交往的朋友就可以看出他是怎樣的人，如果圍繞在他身邊的都是些酒肉朋友，那他可能也是個喜歡吃吃喝喝的人；如果他的異性朋友較多，那他可能是個喜歡搞曖昧的「大眾情

人」；如果他的朋友都很忠厚善良，為人正派，那這個男人多半也錯不了。

看他是否有愛心

關於這一點其實很容易判斷，你們逛街時看到可愛的小動物，他會表現出喜愛的情緒嗎？如果遇到你親戚家的小孩，他會主動與之親近嗎？如果這些問題的答案都是否定的，甚至他會表現出厭惡的神情，那他日後可能根本不會愛你們的孩子，因而要不要與這樣的男人繼續交往，還是要三思而行。

他是否總是遲到

約會遲到是女人的專利，如果遲到的那個人換成了他，一兩次還可以原諒，如果總是遲到，你就不要聽他找藉口解釋了，說到底，他對你沒有足夠的重視。戀愛時尚且如此，結婚後就更不要指望他能時時處處想著你。

吃醋能夠促進戀情嗎

戀愛中的男女都愛吃醋，這本來無可厚非，吃醋在某種程度上的確是愛的展現，偶爾吃醋的戀人也會讓對方感覺很可愛，但如果吃醋吃得太過火，成了整天酸溜溜的「醋罈子」，那還能促進戀情的發展嗎？

戀愛中的人如果看到自己的戀人與別的異性有比較親密的行為或舉止，心裡就會感覺酸酸的、不舒服，這就是在「吃醋」。從某種程度上說，吃醋對戀情的發展可以造成一定的促進作用。吃醋是愛的展現，因為愛情是有排他性的，戀愛中的人希望自己是對方的唯一，因此不能忍受戀

人與其他異性有過多的接觸。如果對自己戀人的一切都無所謂，那不是大度，而是說明他（她）並不愛對方。

韓劇中經常有這樣的橋段，男孩和女孩經常在一起吵吵鬧鬧，本來以為彼此是互相討厭的，更不會發展成戀人關係，但突然有一天，男孩看到女孩和另外的人在一起，心裡非常難過，這才知道自己已經深深愛上了女孩，於是就又想方設法把女孩追回來。必須經過吃醋，才能明白自己的心意，這也是吃醋的正向意義。

吃醋的女孩也會顯得非常可愛。戀愛中的女人是敏感的，一旦發現戀人對自己的愛減弱，就會採取各種辦法來刺激對方，或者是有意疏遠以退為進，或者是聲東擊西故意接近別的男孩，或者是梨花帶雨引發他的憐惜……這時候的女孩是可愛的，她的種種行為會讓對方神魂顛倒，不得不愛。戀愛中，女孩隨時的撒嬌、發脾氣、賭氣、流眼淚既是她們表達愛的方式，也是俘獲男人的手段。

不過，凡事都要有度，適當的吃醋可以促進感情，但如果整天捕風捉影，一點事就像打破了醋缸，比如有的女人看到自己的男朋友和別的異性說一句話回家就會刨根問底，甚至大吵大鬧，這就不再是簡單的吃醋，而是嫉妒和占有欲過於強烈，不僅對感情無益，還會讓對方心生反感。

阿杰和杜鵑是一對小情侶，他們是在一次聚會上認識的，杜鵑美麗溫柔，阿杰帥氣瀟灑，兩人幾乎是一見鍾情，雙方家人也很認同他們的戀情，就連周圍的朋友都說他們是郎才女貌，將來肯定會生活在一起。可誰也沒想到，兩個人在一起只交往了半年多的時間就分手了，原因是阿杰受不了杜鵑的「醋勁」。

阿杰說：「我們剛在一起的時候我就發現她有點小心眼，有時候我接

個電話她都要追問是誰，都說了些什麼，不過當時我沒往心裡去，還覺得她這是在乎我，沒什麼不好。可後來她越來越過分，竟然開始查我的手機、信箱、社群軟體，我去參加同學聚會回來，跟女同學一起拍了幾張照片，她都要逐個問這個是誰，那個是誰，看到有個女同學抱著我的手臂，甚至問對方是不是對我有意思。我覺得她有點無理取鬧，就隨便回答了幾句，她竟然哭起來，說我是花心大蘿蔔，到處拈花惹草，還說我不夠愛她，不管我怎麼解釋都沒用，跟我冷戰了好幾天。後來，我認真想了想，覺得不能再繼續下去了，女孩子吃點小醋沒什麼，但我受不了自己身邊有個隨時可能打翻的『醋罈子』。」

在戀愛中適當地吃醋就像一種調味劑，可以讓戀情更加豐富多彩，而且有生氣時的陰霾會更顯快樂的可貴。但切不可像故事中的杜鵑一樣，隨時「醋意大發」，這並不會讓你的另一半更加忠實於你，只能讓他選擇更快地逃離你。

約會遲到時怎麼辦

當你因為犯了點小錯，惹得對方脾氣大發時，與其說一大堆道歉話，不如在一開始就給對方一個出乎意料的道謝。它不僅能溫暖人心，而且能夠讓對方在還未得知你犯錯原因的情況下就已經想原諒你了。

你和戀人相處時遇到過這樣的事情嗎？你不經意說了一句話，對方聽了之後很生氣，即使不是故意的，但傷害了對方的感情，接下去你不得不向對方道歉。

你可能說「我不是故意的，不好意思……」、「這是別人的說法，與

我無關……」，也可能會辯解「就這點事也生氣……」，或者連連說「對不起，對不起，對不起，快原諒我吧」！

　　無論你怎麼道歉，對方還是會耿耿於懷。其實很多時候，「道歉」不如「道謝」更有說服力。先道謝，再道歉，既可以獲得對方的原諒，甚至還能幫你把「錯誤」的危機變成加深感情的最大的機會。

　　辛楠第一次和別人幫忙介紹的女友見面時是在週日，辛楠和認識才一個月的女友說好了在香山公園約會。女孩家就住在香山附近，而辛楠從家出發則要坐上半小時公車，然後換乘捷運，這期間大約要花兩個小時。週日出去玩的人太多，塞車是經常的事兒。這次辛楠早早出發，但仍舊被困在了車上。他到達香山公園時，女孩子已經等了半小時。她對辛楠的印象一下子從天上落到了地下。她撅著嘴，告訴辛楠：「我沒想到你是一個習慣要女孩子等的男孩，我最討厭這樣子。」

　　辛楠當然知道自己的遲到行為惹怒了女孩，他立即對女孩說：「謝謝你等我這麼長時間！」女孩仍舊生氣，辛楠接著說：「對不起，我今天塞車了，我也沒料到……我在路上打電話給你，告訴你我塞車了晚點過去，沒想到遲到半小時。你知道嗎，我真的很感激你等了我這麼長時間。在這期間，你肯定很無聊，要是我沒有塞車，我們可能已經聊了很多了。無論你怎麼看我，我都想謝謝你！」

　　女孩這麼一聽，哪裡還有怒氣。她突然覺得人難免犯錯，再說了週末塞車遲到也是常見的，就原諒他吧。結果二人越聊越投機，後來還真的發展成了男女朋友。

　　其實約會遲到，如果單純道歉，只是向對方表明自己有錯，自己感到愧疚，這本身就是一種負面情緒，別人會想「不管你怎麼辯解，不管你有多少理由，遲到了就是遲到了，你的責任是無法推卸的」。單單道歉還會

給自己和對方都帶來負面情緒，很顯然負面的情緒讓人覺得不舒服。所以，僅靠道歉是無法完全消除對方的憤怒的。

而先道謝後道歉，則既能向對方表達歉意，又能表達對對方的感激之情，這也是在無形中誇讚了對方。道謝如同餽贈禮物一樣，會讓對方高興。而且經過先道謝後道歉後，起初的負面情緒轉變成了正面情緒，喚起了對方的好心情，對方就會很快釋懷這件事。

感激是對對方為自己真誠付出的感謝，戀人之間相處，不僅僅是遲到道歉的時候要感謝，就是平時犯了小錯誤，想請求對方原諒時，也要先把感激之情放在嘴邊，這樣對方就能感覺到你尊重他，情緒會緩和許多。當他接受了你的道謝後，你再說事，這時候他已經沒什麼怒氣了。

有人可能有這樣的疑問：「我先道歉，然後再道謝，不也是一樣的道理嗎？」不一樣。首先說道歉的話，會讓你在對話之前在心理上處於劣勢，給對方留下負面印象。之後雖然你也有道謝，但是對方心裡多多少少還是有點不舒服。為了不讓自己處於這種尷尬境地，不如先道謝再道歉吧！

從約會地點的選擇看透男人

不同類型的男人在約會的時候會選擇不同的場合，這就如同不同氣質的女孩喜歡不同風格的著裝一樣。人們可以從穿著上看出一個女孩的個性，同樣，人們也可以從不同約會場合的選擇上，看出一個男人的處事方式。

很多年輕女孩涉世未深，都會被男生很花俏的約會地點和約會氛圍感動。約會有很多場所，諸如電影院、西餐廳、咖啡廳、公園、遊樂場等，

都是單身男女約會的去處。事實上，不同的約會場也能反映出約會人的心理和個性。一個男人習慣約你去何種場所，其實就表明了他有著什麼樣的個性。

🐗 習慣約在「公園」

經常把公園當作約會地點的男人，個性外向，活潑開朗，待人熱情，個性奔放不羈，他們具有一種領導氣質。從另一個角度來說，他們缺少危機感，覺得「是你的就跑不掉」，也因此他們會經常忽略戀人的心情，導致彼此偶爾產生點誤會。

🐗 習慣約在「遊樂場」

一般來說習慣和女友約在遊樂場的男性比較年輕，他們還沒有成熟，有點童心未泯。他們希望戀人天天開開心心。實際上他們就像女孩子可親的好友，和這類男性相處，你會感覺生活豐富多彩。

🐗 習慣約在「咖啡屋」

他有點「雅痞」，注重生活品質，講究享受舒適的生活，不喜歡虧待自己。他們覺得愛情要用物質來襯托，卻也因此會忽略相愛的一個很重要因素 —— 感情。

你若想知道對方對你的心意是否真摯，就應該拋棄大多虛偽的包裝，讓愛自然包圍你們。

🐗 習慣約在「酒吧」

選擇在酒吧約會的人大多感情豐富，為人熱情，比較開放，愛表現，羅曼蒂克情結十足。在酒吧約會多半會有點出格，如果你對這個男人不是很了解，談不上愛而頂多是好感的話，建議還是少去酒吧約會為妙。

🗨 習慣約在「電影院」

這類男性有兩種，一種是傳統型男人，他們思想並不開放，個性上善解人意，尊重女人，他們生活、工作所走的路線也大多是按部就班的，這類男人家庭責任感強，也有一定的事業心，能給女人安全感。

另一種習慣約在電影院的男人則有點文藝範和小資情調，他們骨子裡就很浪漫，他們喜歡自由，思維多比較開闊，具有創新精神。但他們都是追求完美的人，無論對於生活、工作抑或愛情，他們都有著嚴重的完美情結。

🗨 習慣約在商場或商店

男人通常是不喜歡逛街的，一旦他興致勃勃地引導你去商場，說明他很樂意為你做出經濟上的付出。這類男人多是善解人意類型，他們喜歡為別人著想，有耐心，也有一顆寬容心。他們一般人緣還不錯。他們屬於有責任感和事業心的男性，對待家庭、工作都是很盡心的。

🗨 習慣約在交通便利的場所

這個類型的男人屬於典型的快節奏。他們個性比較急躁，做事風風火火，辦事效率高，工作能力強。但他們不習慣為他人著想，也很少考慮他人的感受，因此他們不太擅長處理人際關係。

🗨 習慣約在「湖畔」

這個類型的男人體貼、浪漫，但有些內向。在潛意識中，他就是一個不喜歡熱鬧，相對有些自閉的人。

🦇　習慣約在「山頂」

這似乎有點獨特，喜歡把約會安排在山頂的男人，外表看上去內斂，但內在個性中有著熱情奔放與浪漫的一面。

🦇　習慣約在「夜市」

這種男人多屬於慢節奏型，他們個性外向、樂觀積極。他們對於愛情常常抱著「只要我喜歡，有什麼不可以」的心態。他們對感情並不敏感，但會在不經意間流露出風趣的個性。

當然，男人習慣性的約會地點還有很多，這裡不再一一說來。不過要提醒諸位女性，警惕那種習慣把約會地點定在豪華大飯店的男人，因為他們多半只是玩玩的心態。

從與女人分手時的狀態看男人內心

戀愛中的男男女女都把對方看得太完美，也許直到分手那一刻才發現，這個人並不是合適的，也不是對的。事實上，看一個男人的分手態度與方式，只這一點就能看出他是什麼樣的人。

男人和女人，在戀愛的時候可能卿卿我我，十分親密，似乎世界上只有他們兩個人，可一旦不愛了或者移情別戀，彼此就開始鬧分手。這時，女人感慨自己當初怎麼會喜歡上這樣一個男人，男人也會覺得這個女人絲毫沒有吸引人的地方。也或者只是一方提出分手，而另一方仍舊沉浸在愛情中不能自拔。

一般分手都是女人提出的，不管她是自願的還是被逼的，也有是男人

提出來的。事實上，從男人與女人的分手方式和態度上就能看出這個男人的心。在此分析三種最常見的男人們經常用的分手方式，以此來幫女人看透這樣的男人。

🗩 第一種：公然地帶著另一個女人來到你的面前

林遠已經不愛洛洛了，他早已煩了她的小脾氣以及沒完沒了的嘮叨，而且他也不能忍受洛洛的無所事事。他喜歡上了他的同事艾麗，一個不及洛洛漂亮但比洛洛成熟的女子。林遠不知道如何和洛洛說分手的事。他怕說出來傷感情，乾脆讓洛洛見見艾麗。洛洛本來約林遠在常去的外灘咖啡廳談心，可林遠卻帶著艾麗一塊兒過來了。洛洛一下子就看出了他們的關係，她強忍著，但後來竟然忍不住大哭大鬧，搞得所有人都看她。林遠借洛洛的失態提出了分手。其實洛洛正中了林遠的計策。

這就是第一種男人的做法，你哭你鬧，你抓狂，這正是他渴望的，他總是先提醒你或給你發出一個不再相愛的訊號，然後讓你自己引爆，你的野蠻和失態，會成為他提出分手的一個極佳藉口。這種男人多為俗人，不懂得掩飾情緒，有勇無謀，一眼就能讓人看到底。他們分手的時候都抱著大不了魚死網破，老死不相往來的心態，是典型的「陳世美」。

🗩 第二種：找各式各樣的藉口來故意冷落女人，逼著女人說分手

江城是一家房地產公司的專案總監。他有個交往了三年的女友叫小艾。可是江城最近被自己的祕書迷住了。他已經許久不見小艾。小艾每次打電話給他，他就說忙著呢；小艾問他愛不愛她，他不說愛，只毫無感情地說「嗯」、「是」之類的字，然後就告訴小艾他很忙很忙。這樣的事已經不止一兩次，都連續兩個月了。小艾去他出差的城市找他，他卻一直沉默，不怎麼說話。小艾終於明白了，最後主動提出了分手。

這是第二種男人的做法，如果他不再喜歡自己的女友時，他就會找各式各樣的藉口逃避女友，即使見面，多半也很沉默。幾次三番後，女友就會明白，他痛苦的根源正是自己，他的沉默是希望自己離開，分手他是不會說的，他有非常強的耐力等你去說，要不就耗著，看誰的青春更值錢。可是女人卻耗不起，所以就會主動說分手。這種男人善於偽裝，前怕狼後怕虎，唯取中庸之道，讓時間去解決一切棘手的問題。在男人堆裡，這種男人的數量挺多，他們有點像雞肋，食之無味，棄之可惜。

✿ 第三種：寵你愛你，可是每次吵架時，他都會為自己找個好理由

羅凌最近和女友陳燦經常吵架，每次羅凌都覺得自己是有道理的，吵完架之後兩人似乎和好如初，可是陳燦心裡能感覺到羅凌的變化。以前，羅凌一直把自己當女王一樣寵著，她說東，他絕對不說西。可現在羅凌的理由是越來越多了，而且有時是他自己的錯，他都會找藉口說是陳燦的錯。陳燦雖然還愛著羅凌，可還是忍受不住提出了分手。

這是第三種男人，他們即便已經不愛女友了，但仍然會寵她，可是每次吵架他都會找到很好的理由去解釋，於是女友本來覺得自己是原告的，最後卻成了被告。也許某一天，女友實在忍受不住，只說了一句「分手吧！」，這類男人就會莫名其妙不作任何解釋地蒸發了。很可能在女友轉身的剎那，他就投入了另一個女人的懷抱。即便如此，女友仍然會覺得是自己的錯。這種男人善用權術，足智多謀，懂得運籌帷幄，拿捏分寸，不溫不火，表裡不一。他們具有極高的殺傷力，拒絕了女人的感情，卻讓女人永遠記住他的好。

第九章
掀開謊言的面紗
　── 人氣達人也應是破謊高手

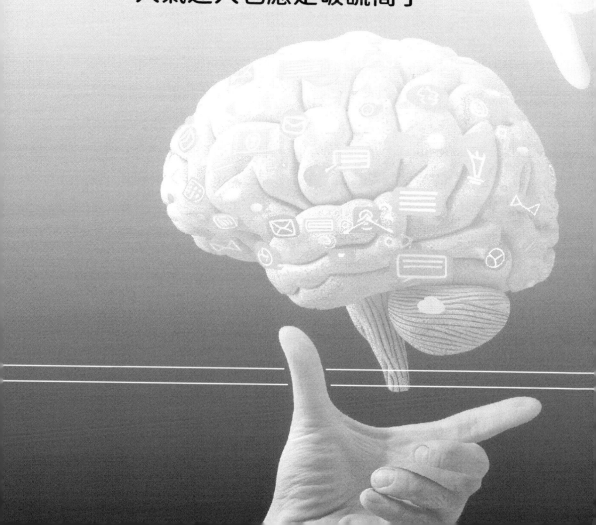

生活很美好，但也是個充滿謊言的世界

　　生活中，我們會聽到各式各樣的謊言，我們生活在一個充滿謊言的世界裡，這是我們無法否認也無法拒絕的事實。正如一句名言所說，人人生來都是純真的，每個人死去時都是說謊者。

　　生活中，你可能看到過這樣的情形：一個年年拿「三好學生」的孩子為了能夠在週末與同學們一起去郊外野餐，他會告訴自己的父母已經把所有的作業都完成了，而實際上他還有一半沒有完成；剛剛畢業的大學生，雖然只是在一家普通的公司做著普通的工作，薪水僅夠自己的吃住，但是他會在打電話的時候告訴父母自己進了一家很好的公司，薪水很高……

　　心理學家告訴我們，說謊是人類區別於其他動物的重要特點之一，是人類社會生活中不可缺少的部分。有研究結果表明，大多數人平均每天會撒兩次大謊，人與人的交談中有三分之一的部分存在某種形式的謊話，但是其中只有五分之一被人們察覺到了，有80%以上的人曾經為了獲取工作或保住職位而說謊，對伴侶說謊的頻率更是居高不下。

　　由此可見，我們生活在一個充滿謊言的世界當中。甚至有位西方哲人說，社會就是由謊言組成的，人與人之間就是互相撒謊的關係。這句話雖然有偏激的成分在裡面，但是從另一個側面說明，謊言充斥在我們生活的每一個角落。只要我們稍稍留意一下，就會發現在我們的生活中，隨時隨地都會聽到各式各樣的大大小小的謊言，其中有一些是善意的欺騙，還有一些是惡意的謊言，會對我們造成傷害，因此我們必須學會如何面對謊言，從而有效地保護自己。雖然我們無法阻止別人說謊，但是我們可以學著永遠不上當。

雖說人人都會說謊，但人們說謊的頻率是有差別的，有那麼一些人，是可信度極低的謊話大王，這些人正是我們平時最需要提防的人。有心理學家透過研究發現，以下四種人在生活中經常謊話連篇。

自卑感強的人

自卑的人敏感且脆弱，他們能夠敏銳地察覺到自己的劣勢，尤其是那些不如別人的地方，但是又很容易把別人對自己的關照當成是對自己的憐憫。因此，他們需要一些謊言來安慰自己，或者是藉助謊言來逃避，在別人面前樹立完美的形象，以謊言為武器來調整自己在他人心目中的位置和形象。有時候他們說謊的目的只是為了安慰自己而製造一種假象，透過謊言獲得滿足感和認同感。

虛榮心重的人

生活中的很多謊言都是因為面子問題而產生的，虛榮心重的人最看重面子，這類人十分在乎他人對自己的評價，喜歡受到關注和讚美，不願意別人看低自己，因為他們非常重視自己的外表、服飾等一些外在的東西，而忽略了對自己內在修養的培養，但又渴望得到他人的讚美，於是，當他們憑內在的實力無法達到這種目的時，撒謊就成了最容易達到目的的方式。這類人常常在不熟悉的朋友面前編造一些美好的圖畫，例如自己的家庭背景有多好，身上戴的首飾值多少錢，甚至自己是哪所名牌大學畢業的。當然，這些謊言僅僅是為了滿足個人的虛榮心，即使看破了也沒必要戳穿。

過分以自我為中心的人

趨利避害是人的本性，任何人在做事的時候都會首先想到自己的利益。但是如果總是以自我為中心，為保全自己的利益不惜一切代價，那麼

這樣的人就很可怕了。如果他們沒有損害他人的利益，那麼大家可以和平共處，但是有的人會為了自己的利益不惜做出損害他人利益的事情，在任何時候都只考慮自己的利益，因此，損人利己的謊言也就隨之而來。

🦇　過分爭強好勝的人

爭強好勝在一定程度上是好的，說明這個人不甘落後，奮發圖強，這樣的人也更容易取得成功。俗話說「過猶不及」，任何事情都有一定的度，如果超過了一定的度，那就會走向反面。爭強好勝也是如此，生活中，有些人總希望自己事事要強，不論何時都想高出別人一頭，這顯然是不切實際的，因為天外有天，人外有人。那些過分好強的人大多都活得很累，他們事事都想出類拔萃，對自己要求很高。一旦失敗或者遭遇挫折，他們往往沒有勇氣面對，就只好用謊言編織理由為自己尋找退路。為了維護自己的自尊，他們不惜在別人面前撒謊，虛構一些成功的情景。

謊話一般這樣開始

當一個人打算說謊騙人的時候，他會變得十分小心謹慎，有時候甚至會事先進行演練，以期達到騙人的目的。但是，即使是再高明的說謊者，其謊言還是有漏洞的，只要我們仔細觀察，就能找到破綻，揭穿謊言。

撒謊一般都是有目的的，為了使自己的謊言不會被揭穿，說謊者也在不斷地摸索和總結，怎樣才能使自己的謊言看起來更像是真的，高明的說謊者知道怎樣說謊更容易取得他人的信任。因而，只要了解了他們說謊的技巧和方式，我們就能夠迅速地辨別謊言。通常，說謊者會透過以下幾種方式欺騙他人。

🗣 主動亮出自己的「私心」

　　會說話的人通常也是讀心高手，他們知道怎樣與對方打交道。例如他們常常會將自己的「私心」顯露在外，假情假意地顯示自己的真誠，但他們真實的目的其實是為了掩飾內心的真實想法。例如，很多人在旅遊的時候都會遇到這種情況，就是導遊把遊客帶到商場購物。有的導遊在去之前會告訴遊客，他們跟商場有協定，他們可以從中拿到回扣，但是這個回扣很少，只有 4% 左右；但是也有的導遊拒絕承認有回扣。相比較而言，人們一般都會對拒絕承認拿回扣的導遊有牴觸心理。實際上，承認拿回扣的導遊拿的回扣可能遠不止他們說的 4%，但是由於他們主動亮出了自己的私心，所以不會導致遊客的反感。

🗣 貶低自己

　　人們往往以為那些自吹自擂、誇誇其談的人更容易撒謊，其實高明的撒謊者反而會做出謙虛謹慎的樣子，故意貶低自己，從而降低對方的防範意識，以更容易獲得對方的信任，待取得對方的信任後再開始「大動作」。

🗣 扯上其他事情

　　很多人在說謊的時候為強調自己所說的話是真的，但一時又找不到合適的證據，於是他會扯上其他一些事情作掩護。比如，一個男孩對自己的女朋友說：「我知道你跟你前男友感情很好，但是你現在是我的女朋友了，你們現在沒有聯絡了吧？」女孩大聲說道：「我早就不跟他聯絡了，他的聯絡方式我都刪了。你知道我最恨第三者了，做那樣的事情簡直就是道德敗壞！」

　　這段話表面看來似乎沒有太大的問題，但是女孩卻有說謊的嫌疑。她的男朋友本來問的是她有沒有跟前男友有聯絡，但是她卻扯到了第三者的

問題，並且強調自己最痛恨這樣的行為。另外，有的說謊者為了證明自己的無辜，會向問話者賭咒發誓，遇到這樣的情況，被問者可能有很大的說謊嫌疑。

🦇　一半真話一半假話，真話和假話混著說

自然界的許多動物都有保護色，不容易被自己的天敵發現。謊言往往也有「保護色」，那就是謊話裡面穿插的真話。高明的說謊者慣用的伎倆之一就是用真話來掩飾謊話，說話時半真半假，真真假假的成分摻雜其中，讓人難以分辨，從而達到迷惑人心的目的。例如，有些醫德敗壞的醫生明明知道病人得的是無藥可治的絕症，在講了病人的一些真實病況後，卻引出一個聞所未聞的進口藥，聲稱此「藥」可治此病。這種真真假假、假假真真的話語，讓人辨認起來更難分清哪句是真，哪句是假。

🦇　事先打預防針

在電影當中，我們可以經常聽到這樣的臺詞：「聽著，我知道你不會信，但是……」或者是「我知道這聽起來有些奇怪，但是……」在生活當中，一個經常撒謊的人常常會運用這種保留說法，他先肯定對方可能會對自己的話產生懷疑，但同時又解釋說這種懷疑是不必要的。而事實上，恰恰這就是他們掩蓋謊言常用的一個方法，這種事先打預防針的說法反而會讓人們更加懷疑所聽到的內容。有時候，說謊者會直接說出自己在撒謊，但是他自己卻沒有察覺，比如他們會這樣說：「我告訴你，這簡直不是真的！事情是這樣的……」

🦇　使用泛稱來拉開距離

很多人說謊的時候都不會使用特定的指示代詞，如「我」、「我的」，

這是他們保護自己的一種手段。同樣的，說謊者還經常使用「總是」、「從不」、「每個人」、「沒有人」之類的泛稱，以避免對某個人或事作精確的描述。比如，他們會這樣說：「這裡從來都不會發生那樣的事情。」、「沒有人會對這件事情表示反對。」

下意識動作透露著大謊言

每個人在說謊的時候都會有一些下意識的動作，透過細緻觀察，我們就能夠從這些動作中找到一些蛛絲馬跡。所以，任何謊言都不是無懈可擊的，透過對方下意識的動作，我們就能辨識出他是否在撒謊。

人在說謊時，情緒上都會發生異常的波動，情緒上的變化會透過一些下意識的舉動反映出來，通常說謊者自身是無法察覺也是很難刻意控制的，但我們可以將這些作為判斷對方是否撒謊的依據。

有人在說謊時會下意識地用手掌摀住嘴，或者用幾根手指或者緊握的拳頭遮住嘴，似乎想要掩飾自己已經說出口的謊話。另外摀嘴的動作也是為了控制自己，使自己鎮靜下來，克服因為撒謊而產生的恐慌心理。但摀嘴的動作太過明顯，無異於欲蓋彌彰，如果有人與你說話時突然出現這個動作，那你就要注意了，他肯定對你隱瞞了某些事情，或者他的話中有不可信的部分。

與摀嘴的動作相比，有些人在撒謊時的常用動作──摸鼻子就隱晦得多了，他們通常會用手很迅速地捏捏鼻尖或者只是摩擦幾下，如果不是細心觀察，很可能就會忽略。摸鼻子是非常著名的撒謊手勢，但並非所有人摸鼻子都是在撒謊。不過，由於其他原因引起的觸控鼻子的動作往往比

較用力，與撒謊時的快速觸控是不一樣的，需要細心觀察。

還有一個典型的撒謊動作就是：揉眼睛。小孩子在看到令自己感覺恐懼或者不願看到的東西時，就會選擇閉上眼睛或者用手遮住眼睛。成年之後，這個動作就被演化為揉眼睛。當人們在撒謊時，用手揉眼睛可以掩飾他們內心的不安，也是避免人們從眼睛看出他們正在撒謊，但這個動作本身就已經成為撒謊的象徵。

有人在撒謊時則會用手蓋住耳朵或者拉扯耳垂，這就猶如掩耳盜鈴一樣，撒謊者以為聽不到自己說的謊話就能表明自己沒有撒謊。不過大多數人不會真的用手去捂耳朵，而是用一些更加隱祕的動作，比如拉扯耳垂、用手指掏耳朵或者摸耳廓等。

有些男人在撒謊時會不斷用手拉扯衣領，似乎衣領太緊讓他透不過氣來。其實這正是撒謊者情緒緊張、內心恐慌的表現。當然，拉扯衣領的動作不都代表著撒謊，人們在憤怒或者狂躁的時候，也會這樣做。

這些動作都很細微，撒謊者的動作幅度也不會很大，稍一疏忽就很容易忽略，所以，要想以此為依據判斷一個人是否撒謊，就一定要密切關注你的談話對象，仔細辨別。

男人撒謊的訊號

從出軌的角度看，一般而言，出軌的男人在面對自己的妻子時都會心存愧疚。作為補償或者是為了求得自己的心安，他們會突然對妻子很好。比如平時總是粗枝大葉，連自己的生日都會忘記的他卻會突然給妻子打電話表示關心；一直視浪漫為虛偽的他，竟然破天荒地買了貼心小禮物送給

妻子；他們可能會突然陪妻子做他以前最不喜歡的事，一起去看他並不愛看的電影或者幫妻子煮飯洗衣等等。女人一定不要因為男人的這些變化覺得開心，而要提高警惕，或許他只是在為了減輕自己的罪惡感。

男人出軌的一個很明顯的特點是：頻繁找藉口走掉。電話經常處於無人接聽的狀態，三天兩頭消失一回，不是單位出差就是有急事走掉，你們約好的事情他也經常臨時變卦……這種情況如果總是發生，那你就要注意了，他很有可能是在刻意隱瞞什麼。

男人愛說謊，但並不代表他們智商極高。一個謊言要用無數個謊言來圓，一不小心他的話語中就會出現漏洞。如果你抓住破綻進行追問，他很可能會吞吞吐吐，不能流暢地回答你的問題。聰明點的，可能還會用發脾氣來堵你的口，他們常用的臺詞是：「你無聊不無聊，問這麼清楚有必要嗎？我每天忙得要死，哪會記得住這些。」他們的目的是想轉移你的注意力，並且把「記不清」的責任推到工作壓力太大上，女人千萬不要被矇蔽。

男人是善變的動物，但突然的變化總是有原因的。比如他最近是不是變得愛打扮了，或者不懂讚美的他嘴甜了很多，抑或他經常走神還不喜歡被人打擾，如果出現這些情況，作為他身邊的女人最好弄清楚，這突然轉變的原因究竟是什麼。

男人有外遇固然令人傷心，但作為女人不能一味地埋怨男人，也要靜下心來，分析一下自己的原因，因為抱怨和眼淚是不能解決問題的。只有弄清楚原因，對症下藥，才能挽救自己的愛情和婚姻。

說謊者眼睛會露馬腳

　　孟子曾經說過:「存乎人者,莫良於眸子。眸子不能掩其惡:胸中正,則眸子了焉;胸中不正,則眸子眊焉。」也就是說,我們可以透過一個人的眼神來判斷其正直與否。而心理學家也認為,透過一個人的眼睛,可以窺探出其內心。由此可見,一個人在說謊的時候,即使他有諸多掩飾,但是他的眼睛仍會流露出真實的訊息。

　　科學家經過研究發現,當人的大腦在做不同的思維活動時,眼珠轉動的方向是不同的。結果表明,如果大腦正在回憶過去的人或事,那麼眼睛會向左上看;如果大腦正在想像一幅新的圖畫,那麼眼睛會向右上方看;如果大腦正在回憶某種味道或感覺時,眼睛會向左下看;如果大腦正在感受身體上的痛苦感覺時,眼睛會向右下看。因此,當我們需要判斷對方是否在撒謊時,可以透過對方眼睛的轉動方向來做出判斷。

　　所以,當一個人的眼睛向左上方看時,說明他的大腦是在回憶,也可以判斷他說的是真話而不是謊話;當一個人的眼睛向右上方看時,說明他的大腦是在進行想像,那麼他說謊的可能性極大,就要多加留意了。

　　週一早晨,小王熱情地跟小李打招呼:「早安!你週末去哪了?」小李回答說:「帶兒子去遊樂場了。」此時,小王瞥見小李的眼神有一絲閃爍,而且他的眼睛在向右上方看,小王有些懷疑小李的話,但是也沒說什麼。一會兒,部門經理也來了,見到小李很興奮:「小李,週末真是謝謝你了,要不是你幫我搬家,我一個人兩天也搬不完,真是太感謝你了。」

　　聽了部門經理的話,小李的臉色一陣紅一陣白,很難看。而小王裝作在看新聞,假裝沒注意到他們的談話。

　　人們在思考時，眼睛的運動方向是由大腦內活動的區域決定的，很難人為控制，因此，觀察眼睛的運動方向來判別謊言是一個很好的辦法。不過，為了確保判斷的準確性，使用這個方法還有兩個很重要的注意事項。

　　一是事先編造好謊言的人眼睛不會轉動。眼睛的轉動必須和相應的思維活動相連繫才有意義，如果人們已經事先準備好了一套說辭，就等著你問他了，那你就不會看到他的眼睛運動有什麼不同。因為即使謊言是虛構的，此時也變成了一種記憶。因此，只有在人們沒有準備的情況下，一邊說話一邊構造謊言的時候，才能採用這種方法來判別。

　　二是這種方法並不適用於所有人。大多數人在說謊時眼睛會向右上方看，但是這條規律並不適用於所有人，現實生活中總是存在著許多例外情況。例如，慣用左手的人眼睛轉動的方向可能正好相反，往左上方看不是回憶而是編造謊言的表現。為了確保判斷的準確，可以先提一些試探性的問題，找到對方眼睛轉動的規律。例如，你可以先問對方「你覺得 20 年後你會是什麼樣子？」這是一個關於想像的問題，仔細觀察可以確定他在建立想像時眼睛轉動的方向，然後就可以進行正確的判斷了。

　　透過眼睛來判斷一個人是否說謊，除了觀察對方的眼睛轉動方向外，還有一些其他方法：

🐾 避免眼神接觸或很少直視對方

　　大多數人在說謊時心中會有愧疚感，再加上擔心謊言被揭穿，所以，愧疚和恐懼都會從他們的眼睛裡流露出來，他們為了避免對方發現，就會迴避目光交流，或是低頭不看對方，或是明顯地把頭偏向一側，這些都可以說明這個人不坦誠。說謊時如果與別人對視，心裡會更加緊張，然後就反映在眼睛裡，因此說謊者本能地轉移視線，以消除緊張感。

🐾 揉眼睛

揉眼睛則是另一種避免眼神接觸的方式。揉眼睛這個動作是大腦不想讓眼睛看到欺騙、疑惑或是其他不好的東西，或者是不想讓自己在說謊時與別人發生眼神接觸，以免自己因心虛而露餡。一般來說，當一個男性撒謊時，他可能會用力揉自己的眼睛。如果謊撒得較大，他會轉移視線，通常是將眼睛朝下。當一個女性撒謊時，她不會像男性那樣用力揉自己的眼睛，相反，她僅會輕揉幾下眼部下方，同時將頭上仰，以免和對方發生眼神接觸。

🐾 頻繁眨眼

頻繁眨眼也是說謊的特徵之一。科學家透過暗中觀察記錄，發現人們在正常而放鬆的狀態下，眼睛每分鐘會眨 6 ～ 8 次。但是當他說謊時，就會因為心理緊張而增加眨眼的頻率。因為撒謊的人內心無法平靜，此時內心承受著擔心謊言被識破的巨大壓力。在這種壓力下，說謊者或許可以控制自己的口頭表達，但很難控制身體語言，於是眼睛因為巨大的緊張感而不停地收縮。

此外，英國動物學家德斯蒙德·莫里斯（Desmond Morris）在觀察警察審訊犯罪嫌疑人錄影的時候發現，當犯罪嫌疑人說假話時，他們眨眼時閉眼睛的時間遠遠超過說真話時的時間，這是另一種避免眼神接觸的方式，說謊者在無意識中透過延長眨眼時間為自己關上「一道門」，從而減輕內心因說謊而產生的愧疚感。

世界上沒有戳不穿的謊言，只要我們留心觀察，就一定可以查到一些蛛絲馬跡。

透過臉部表情辨識謊言

　　西方有這樣一句諺語：「當真理還在穿鞋的時候，謊言已經跑出很遠了。」不管你是否願意，我們的生活中總是充斥著這樣那樣的謊言，我們無法迴避它們，只能去面對。儘管生活中到處都有謊言，但我們仍然可以透過一些方式來辨識它們，觀察人的面部表情就是辨識謊言的方法之一。

　　有心理學家經過長期的研究發現，一個人平均每天至少會說 25 次謊。看到這個數字你會不會大吃一驚呢？你肯定會想，自己沒有撒那麼多次謊啊！但其實，很多時候是我們沒有意識到自己在撒謊。麻省理工學院社會心理學家根據說謊動機的不同，將謊言分為三類：第一類是「正性謊言」，根據字面意思，我們就能夠判斷出這類謊言一般都會對生活產生有利的影響，一般善意的謊言都屬於正性謊言；第二類是「中性謊言」，這類謊言不會對說謊者和他人造成任何影響，在社交場合，人們常常會說一些中性謊言；第三類是「負性謊言」，這類謊言一般都會對他人有不利的影響。比如，生活中的那些詐騙案都屬於負性謊言。

　　研究發現，人在說謊時一般出現下列症狀：瞳孔放大；聲音和聲調突然發生改變；不敢看對方的眼睛或者一直盯著對方的眼睛；面部表情較少；頻繁眨眼；頻頻聳肩；手部的小動作增加；說話時停頓較多；經常清嗓門；頻繁吞嚥口水等等。在生活中，當我們發現一個人有上述動作的時候，就要留意觀察，因為對方此時說謊的可能性很大。

　　辨別謊言的一個關鍵因素就是觀察對方的面部表情。一般來說，說謊時，人們為了掩飾自己的真實情感，面部表情會較少。如果一個人在說話的時候面部表情較少，而且說話聲調突然發生變化，那就說明這個人在

說謊。

說謊的人容易假笑，假笑是由於缺乏感情，這種笑容很茫然，僅僅是嘴角上揚，其他身體器官並無明顯變化。

要從笑容辨別對方是否在說謊比較困難一些，但還是有方法的，可以參考以下幾點：

第一，假笑時只是動嘴巴。一個人在假笑的時候臉部的肌肉會比較鬆弛，眼睛也不會像真笑的時候那樣瞇起。但是有些說謊者意識到了這個問題，他們會將顴骨部位的肌肉皺起作為掩飾，它能讓眼睛瞇起，讓假笑看起來像是真的。

第二，假笑的時間要比真笑長。一般來說，1～4秒是真笑持續的時間，但是假笑要比這長很多，讓人覺得不舒服。我們在前面也說過，一個表情如果持續的時間過長那就極有可能是假的，微笑也是一樣的。

第三，假笑時，面部兩邊的表情會不對稱。研究發現，右利手的人在做出假笑的表情時，左邊的嘴角會挑得更高，而左利手的人在假笑時，則右邊的嘴角會挑得更高。這一點也可以作為判斷一個人是否假笑的重要證據。

另外，當一個人的面部表情有以下表現的時候，也可以據此來判斷他是否在說謊。

表情經常會不合時宜地出現，即有時出現得太早，有時又出現得太遲。比如，有人在跟別人講一個笑話，其實笑話本身並不好笑，而且講笑話的人也講得不好笑，但是聽的人在笑話還沒講完的時候就笑了起來，一般這時候的笑都是裝出來的，為了不駁回講笑話者的面子。有人會假裝做出發怒的表情，但是他的發怒往往出現得很晚。一般來說，人的面部表情

和身體姿勢應該同時發生，而不是在其之前或之後發生。又如，一個人在摔完東西之後才表現出憤怒的樣子，這實際上是裝腔作勢，是在演戲。

當人們悲傷、痛苦的時候，往往會雙眉緊皺，前額也會向中間皺起。但是有一部分人可以假裝出這個表情，做出痛苦的樣子。恐懼和難過的表情十分複雜，一般表現為眉毛挑起，雙眉皺在一起。但是仍有一部分人能夠假裝出這樣的表情。因此，在生活中我們需要十分小心，否則很容易就會上當受騙。

說謊者常用的方式與伎倆

生活中，我們可能會面對各式各樣的謊言，有些是善意的謊言，但大部分謊言都會對我們造成不利影響，所以，我們應該學會辨識謊言，這樣我們就可以避免受到傷害。

在生活中，說謊者會精心編造謊言，但是謊言終究是謊言，無論他編造得多麼巧妙、精心，假的就是假的，他們總會露出馬腳。而且說謊者還有一套常用的方式，了解了這些，我們就能避免上當受騙。

☙ 主動提供更多的「資訊」

說謊的人知道，如果自己什麼都不說，正是心虛的表現。因此他們可能反其道而行之，不但大大方方地回答你的問題，而且還主動提供更多的相關資訊，一直到對方相信了為止。

比如，媽媽一邊做飯一邊盤問兒子週六一整天都去了哪裡，兒子撒謊說去圖書館看書了。見媽媽一臉的懷疑，兒子又接著說：「我還在圖書

館遇見小明，他每個週六都去那兒看書。」媽媽沒說話，轉身接著切菜。兒子趕緊又說：「小明還讓我下週五去他家幫他過生日，他還請了好多同學。」

說謊的人急於想知道你是否相信他所說的，如果你表現出懷疑的神情，他就會繼續提供更多的「資訊」作為證據，可能會牽涉到更多的人物和事件，因為人們往往相信，描述得越具體的事情越有可能是真的。

漫不經心地描述一件重要的事

當我們不希望某件事情引起別人的注意時，我們會盡量使用平淡的語氣來敘述，經常是輕描淡寫地一語帶過，其實這也是說謊者常用的手段之一。他們會對那些容易引起別人懷疑的事情進行淡化處理。

比如，小張和妻子一邊吃飯一邊聊天，忽然妻子說：「哦，對了，我明天晚上要去參加一個朋友的生日 Party。爸爸的生日也快到了，我們想想準備什麼禮物吧。」

小張的妻子平時除了工作以外很少出門，更不喜歡去人多的地方湊熱鬧，而且平時跟朋友也很少出去聚會，這次卻破天荒地要參加朋友的生日聚會，而且還快速地轉移到父親的生日話題上，表明她企圖轉移小張的注意力，可見事情一定有蹊蹺。

套用你的話回應你，拖延時間

說謊的人在面對突如其來的盤問時，一時間來不及編造好答案，往往套用對方的問話來回應，以此拖延時間，來準備好一套說辭。

比如，妻子問丈夫：「你是不是偷看我手機簡訊了？」丈夫有些慌張地說：「誰偷看你手機簡訊了。」妻子又問：「那你剛才拿我手機幹麼？」丈夫

說：「我拿你手機幹麼，我以為有電話，就幫你看一下啊。」

套用對方的話作為回應是不需要進行思考的，而且還能顯得反應迅速，就像早上上班時同事之間互道「早安」一樣自然，根本不需要用大腦思考，就按照對方的話進行回應。

除了反問和重複對方的話之外，另一種套用方式就是把肯定句換成否定句作為回答，如果對方說：「你撒謊了。」心虛的人會回答：「我沒有撒謊。」而清白的人會回答：「我說的是實話。」

利用反問來拖延時間

就像套用你的話來回應一樣，反問也是故意拖延時間編造謊言的手段。反問對方有時比套用對方的話更有效，因為反問過後對方還需要時間回答，這又為說謊者進一步爭取到了編造說辭的時間。常見的反問伎倆例如：「你這是什麼意思？」、「你怎麼會問我這種問題？」、「你聽誰說的？」、「你覺得呢？」

說謊者利用反問不但能爭取思考的時間，還可以突顯自己的氣勢，展示一副理直氣壯的樣子，有時甚至會以此震懾對方，使其不敢再多問。

暗示性的回答

說謊的人通常不願意正面回答你的問題，他們既不想承認事實，又不想撒謊，所以往往採取一種折中的辦法來應付你的提問，那就是暗示性的回答。

比如，老師問小玉：「我發現最近你的作業和小芳很相像，她對的你也對，她錯的你也錯，你們倆是不是互相抄襲作業了？」小玉低聲說：「我和小芳平時都不在一起玩，我媽媽每天都看著我寫作業呢。」

面對老師的問話，小玉不能不回答，但又害怕被老師責罵，所以只能用「媽媽看著我寫作業」來暗示自己是誠實的。暗示性的回答一方面能避免承認錯誤的麻煩，另一方面又可以減輕自己說謊的內疚感。

語言和動作矛盾，說明對方沒說真話

　　謊言的表達方式有很多種，我們可以透過一個人的面部表情、身體語言、聲音音調等來判斷。因此，當一個人的語言和動作不一致時，我們也就可以斷定對方在說謊！

　　人類是愛說謊的動物，但是，既然是說謊，那就會留下蛛絲馬跡，我們之所以可以透過身體語言來辨識謊言，原因就在於說謊行為本身的複雜性。看似漫不經心的一句謊言，想要做到滴水不漏不被人懷疑，其實是一件需要動員全身器官共同參與的龐大工程。因此，無論一個人的口才多麼好、說謊技術如何高明，他的肢體都會「出賣」他。

　　公司季度會議上，經理要求大家各自彙報一下這個季度的工作情況。輪到小陳發言了，他站起來清了清嗓子，然後面帶笑容地向經理彙報自己的工作情況。經理注意到，小陳在發言的時候表情有些不太自然，雖然面帶微笑，但是嘴角有點抽搐，而且經理還發現小陳發言的時候聲音跟平時的也不太一樣，握檔案的手也有些抖，更加奇怪的是小陳的雙腳在不停地移動。

　　會議結束後，經理把小陳叫到了自己的辦公室。來到辦公室後，經理直接問小陳：「你剛才為什麼要說謊？」

　　聽到經理這麼問，小陳頓時滿面通紅，他愣了那麼一兩秒，連連向經理道歉，請求他原諒自己。

為什麼經理知道小陳在撒謊呢？因為小陳在彙報工作的時候，動作背後的諸多訊息出賣了他，如整理衣領，清嗓門，手部微微顫抖，嘴角抽搐，聲調發生了變化，雙腿也不聽使喚，不停地移動……小陳的這些動作明顯是為了掩飾撒謊而做出的，經理閱人無數，是識人高手，所以一眼就識破了他的謊言。

有心理學家經過研究發現，人在說謊的時候，思維會在意識和無意識間穿梭交流。也就是說，當某個人在說謊的時候，他能控制的僅僅是自己的意識，但此時的無意識很難控制，它會透過一些肢體語言和表情流露出來。而這些無意識的訊號，恰恰就是真實情感的表達。因此，當一個人的語言和動作自相矛盾的時候，那麼我們可以基本判定對方是在說謊。

生活中經常可以見到這樣的例子，例如：有人嚷嚷著感冒頭痛向上司請假後，卻以輕快的步伐走下樓梯；有人嘴上明明說的「不是」，同時卻在點頭。再如嘴上正在說好話，而臉部的表情卻表現得很痛苦，那分明就是討厭的表現。

公司正在為第二週的談判進行緊張的準備工作，這次談判非常重要。這時，負責收集數據的小趙接到妻子打來的電話，說她被別人撞了，小趙向經理請求準他一天假以便陪在妻子身邊，但經理拒絕了，因為這會耽誤工作。但是小趙最後還是走了，他把工作交代給其他同事後就離開了。此時，經理似乎意識到自己做得有些過分了，一邊低頭批閱檔案，一邊面無表情地交代其他同事代他向小趙以及他的妻子表示最大的祝福。

經理所說的話似乎充滿了同情，但從他當時說話的表情和動作姿勢中，卻讓人絲毫感覺不到同情和溫暖之意。因為他的臉上沒有表情，一邊說話還一邊低頭批閱檔案，這表明他壓根就不關心小趙和他家人的命運。

動作和語言不一致還有另一種情況，就是時間點不對，這和假裝的表情是一個道理。例如一個人在假裝生氣地說話之後，會故意用拳頭捶桌子或者揮舞手臂作為強調，以此讓自己看起來真的很生氣。這種事後追加的動作常常都是刻意為之，並非發自內心。

因此，我們聽別人說話時，也要同時注意他的肢體語言，拿肢體語言、表情和說話內容作比較，才能看出一個人的真實情緒和動機，除非動作、聲音和說話內容彼此符合，否則就一定有所掩飾。這就需要我們仔細觀察並找出線索，一旦認清了一個人的習慣做法，也就很容易推測出他的其他行為了。

透過談話方式辨別謊言

生活中，誰也不願意聽到謊言，但是，我們的周圍還是有這樣那樣的謊言充斥著。其實，一個人即使撒謊手段再高明，也是有破綻的，只要我們掌握了一定的方法，就能夠識破對方的謊言，使自己免於上當受騙。

研究發現，說謊者在毫無準備的情況下，常常會對同樣的問題編造出完全不同的答案，因為他自己也記不清自己上一次被問到時是怎麼說的了。然而，如果說謊者事先知道將要面臨詢問，他就會精心編造好一套說辭，不僅很久以前的小事都能夠記得，而且每次回答的答案都一字不差，完全吻合。

警察在審訊犯罪嫌疑人時經常透過這點來辨別對方是否在撒謊，如果警察訊問嫌疑人幾個月前的某一天是怎麼度過的，假如他能非常準確地說出來，那就不得不去懷疑了。

英國心理學家李察・韋斯曼（Richard Wiseman）做過一個有關謊言的實驗，他與著名的節目主持人羅賓爵士就自己最喜歡的電影進行了兩次對話，其中有一次羅賓爵士說了謊。他將這兩次對話全部錄了下來，然後讓大家分辨哪次對話中羅賓爵士說了謊。他們的兩次對話分別如下：

對話一：

韋斯曼：羅賓爵士，你好！很高興能跟你有這樣的一次會面。我想問一下，您最喜歡的電影是什麼？

羅賓爵士：嗯，讓我想想……我想是《熱情如火》（*Some Like It Hot*）。

韋斯曼：哦，那這部影片在什麼地方吸引您呢？

羅賓爵士：這部電影非常有趣，每次看它我都被逗得哈哈大笑，裡面有很多東西我很喜歡。

韋斯曼：那麼在這部電影當中，您最喜歡其中哪個人物？

羅賓爵士：嗯，是 Tony Curtis，在影片當中，他非常聰明，我記得有一段是講他模仿別人的樣子，他模仿得很像。

韋斯曼：呵呵，聽你這麼說，我也很想看這部影片了。那麼，您還記得第一次看這部影片是在什麼時候嗎？

羅賓爵士：嗯……具體的時間我忘記了，好像是電影剛剛上映我跟朋友一起去看了。

對話二：

韋斯曼：羅賓爵士，你好！很高興能夠見到你。我想問哪一部電影是你的最愛？

羅賓爵士：是《亂世佳人》（*Gone with the Wind*）。

韋斯曼：我也看過這部電影，您喜歡這部影片的原因是什麼？

　　羅賓爵士：它是永遠的經典，到現在還有很多人對它念念不忘。這部電影的演員都很了不起，男主角克拉克·蓋博（Clark Gable）和女主角費雯·麗（Vivien Leigh），都是讓人終生難忘的偉大演員。

　　韋斯曼：是的，這是一部很經典的愛情片。那您最喜歡的演員是誰呢？

　　羅賓爵士：毫無疑問是蓋博。

　　韋斯曼：呵呵，我也挺喜歡他的。這部影片您看過多少遍？

　　羅賓爵士：六遍。

　　韋斯曼：看來你真的很喜歡這部電影啊，您第一次看這部影片的時間是什麼時候？

　　羅賓爵士：1939 年。

　　上面的兩段對話，您能分辨出來哪一段是真的，哪一段是假的嗎？韋斯曼將這兩段錄影拿給數萬人看，並讓他們判斷真假，有 52% 的人判斷正確，有 48% 的人判斷失誤，這就說明有將近一半的人不太懂得判斷一個人是否在說謊。

　　上面的兩段話，第一段是真的。據羅賓爵士自己所說，他最喜歡的影片是《熱情似火》，而《亂世佳人》則是他看過的最無聊的影片之一。有研究發現，說謊者在說謊的時候，他的談話模式跟正常人是不同的。

❧ 首先說謊者不會把事情說得很具體，一般只會說一個大概的情況

　　一個人說謊的時候因為心虛，他不會給出太多具體的訊息，因為他害怕給出的訊息越多破綻就越大，所以不敢多說。在上面的對話中，當被問到最喜歡的演員的時候，對話一中羅賓爵士同時還說出了喜歡的理由，而

對話二中羅賓爵士則只是簡單地說了一下演員。

其次是說謊者記憶力很強

上面我們說過，說謊者因為害怕被揭穿所以一般不會給出太具體的訊息，但是在對話二中，當韋斯曼問他最喜歡哪部影片時，他想都沒想就說出了答案。按照常理，人們在回答自己「最喜愛的」一類問題時至少會稍微思考一下，除非是預先想好了答案，否則不可能有如此反應迅速。其次，羅賓爵士清楚地「記得」自己在多年中總共看了六遍《亂世佳人》，對於自己看過很多遍的影片，一般人只會記得自己看過「三遍以上」或者「不少於五遍」等大概範圍，六遍未免過於精確，有明顯的造假嫌疑。再次，羅賓爵士清楚地「記得」影片是在哪一年上映的，而且回答相當迅速，一般情況下，即使是自己喜愛的影片，也不會刻意記得它上映的時間，何況是很多年前上映的老電影。這些跡象都表明，羅賓爵士在對話二中撒了謊，破綻就是他那驚人的記憶。

第九章　掀開謊言的面紗—人氣達人也應是破謊高手

第十章
交友讀心術
—— 和朋友維持好關係的方法

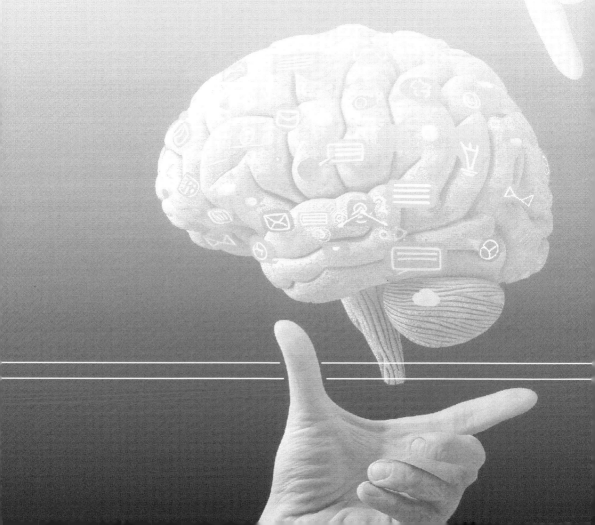

讀懂「突然的熱情」

俗話說：「無事獻殷勤，非奸即盜。」天下沒有免費的午餐，也沒有白得的好處。當有人無緣無故對你大獻殷勤的時候，你就要注意了，此時他必定是有求於你，想從你那裡得到好處。這時，你應該小心謹慎，以免自己上當受騙。

生活中，很多人都可能有過這樣的經歷：久未聯絡的同學、朋友突然跟自己聯絡了，而且還變得十分熱情，經常給自己打電話相約出去吃飯、唱歌、聊天等。這時，我們就需要注意了，他們突然變得熱情起來，很多時候是有求於你，想從你那裡得到好處。

要知道，真正的友情是不溫不火、波瀾不驚的，始終保持著恆溫。如果有一天，突然有人對你很熱情，對你一擲千金，那就需要警惕了。因為此時突然的熱情裡面藏著很多不可告人的祕密，或許他是想從你身上得到更多的好處，或許他是想利用你替他去做一些冒險或違法亂紀的事情……總之，他們不是想從你身上得利就是想找代罪羔羊，在生活中遇到這樣的人，最好離他遠遠的。

小韓所在公司最近研發了一項新技術，這項技術在國際上也處於領先地位，一旦投入使用，將會帶來巨大的經濟利益。後來，這一資訊不知怎麼被公司的競爭對手知道了。對手是一家跨國公司，實力雄厚，他們很希望得到這項技術，於是絞盡腦汁，終於找到了一個突破口，這個突破口就是小韓，因為小韓參與了新技術的研究，而對手公司裡有一個員工小賈跟小韓是大學同學。於是對手公司就派出了小賈，期望能夠從小韓身上拿到需要的資訊。

　　小賈跟小韓雖然是大學同學，但兩個人平時很少往來。後來，小賈經常打電話給小韓，請他吃飯、出去玩。漸漸地，小韓就把小賈當成了知心朋友，對他無話不談，他抱怨自己工作十分辛苦，待遇卻很低，很想離開現在的公司。小賈見有機可乘，馬上介紹說自己的公司也需要像他那樣的技術人才，並表示願意幫他向公司推薦，只要小韓把他們公司新技術的研究數據弄到手，就可以安排他到國外的總公司上班。

　　小韓聽了之後心動了。雖然他知道洩漏公司機密會構成犯罪，但是最終經不起小賈的利誘，下定決心準備盜出公司的數據。但是令小韓意外的是，當他拿到數據準備交給小賈的時候，公司上層帶著警察出現在了他的面前。後來，小韓因為洩漏公司機密被公司提起訴訟，被法院依法判處有期徒刑 5 年。直到這時，身陷囹圄的小韓才意識到小賈後來接近自己原來是有預謀的。

　　俗話說「多個朋友多條路」，人人都希望自己的身邊能夠有朋友，但是如今人越來越複雜，要想交到一個好的朋友並不是一件容易的事情。所以我們在結交朋友的時候要仔細觀察，認真選擇，不能太糊塗。因為這既是對自己負責，也是對朋友負責。如果不慎交到損友，那就有可能會帶給你無法挽回的損失，就像案例中的小韓一樣。

　　真正的朋友是那些平時不一定處處對你好，但關鍵時刻一定會幫助你的人。真正的友誼經得起時間的考驗。那些突然對你變好的人，大多都是有所圖，我們要睜大眼睛，看清對方的真實意圖，不要錯把壞人當知己，這樣才能避免上當受騙。

生活中非誠勿近的人

俗話說：「人心隔肚皮。」即使是萬丈深淵，也有到底的時候，但是一個人的心思是很難猜透的，單憑表面的一些觀察，我們無法深入地了解一個人，更無法了解他的內心。因而，在與人交往的時候，我們就需要小心謹慎，嚴加防範，以免被人所害。

在生活中，我們要跟各式各樣的人打交道，但是一樣米，養百樣人，每個人的個性、品行都不相同，如果你的身邊有以下幾種類型的人，你就要小心提防了，以免身陷其中而不自知。

🦇 搬弄是非的人

生活中，有些人很喜歡講別人的是非，事實上，這類人今天能在你這裡跟你講別人的是非，或許轉身就會在別人那裡講你的是非。有的時候他還會把一些有關你的是非告訴你，這時，你千萬不要以為把是非告訴你的人便是你的朋友，就跟他坦誠相對，告訴他們自己的心事、隱私等，或許他們告訴你這些只是想從你這裡得到更多的訊息，然後經過自己的加工創造之後講給別人聽。

在生活當中，遇到那些搬弄是非的小人，最好的辦法就是遠離他們，如果沒辦法遠離，那對付他們最好的辦法就是不去在意他們所說的話，有關自己的傳言也不要去澄清，這樣過不了多久傳言就會不攻自破。

🦇 兩面派的人

「兩面派」即是在不同場合，面對不同人，有不同表現的那群人。比如：在與客戶應酬的時候，如果上司不在場，總是會點一些很貴的酒菜，

並且猛吃海喝；當上司在場的時候，則會裝得很客氣：「我隨便吃點就好了。」在下屬面前，總是擺出一副唯我獨尊的樣子；可是，在上司面前就會變得畢恭畢敬，唯唯諾諾。

這類人善變，會因對象、地點不同而採取不同的應對方案。當他們對你甜言蜜語或者要告訴你一些所謂的祕密的時候，你最好打起十二分的精神，因為他能對你說這些話，也可能會對別人說這些話。而且，在不同的人面前他會表現出不同的態度，所謂人前說人話，鬼前說鬼話就是指的這種人。

這類人是十分危險的，因為一旦你稍微大意，就有可能會落入他們的圈套當中。

輕易許諾的人

生活中有一群人，別人的大事小情他都一律答應。俗話說：「輕諾者，必寡信。」在生活當中，這種人的承諾通常都不會兌現，他們當時會那麼說完全是為了顯示自己的優越感，或者是打腫臉充胖子，因為他們自己根本就沒有能力去做那些事情，所以，承諾過後他們就會忘記自己的承諾。所以更不要想著他們能幫你辦成什麼事。

在生活中，我們千萬不能相信這些人的承諾，因為他們可能會在一分鐘之前答應你，而一分鐘後就把這件事情忘得一乾二淨了。如果相信了這種人，那必將會給自己帶來不必要的麻煩。

吹噓有靠山的人

有的人就是喜歡吹噓自己，說自己有背景有靠山，即使別人對這些資訊不感興趣，他也會和盤托出。

他們吹噓的內容，大致如下：

「我在某公司完全開綠燈。因為，某部門的一把手是我的好朋友。所以，要想在他們那裡辦事，只要找我就好了。」

「我認識某大學的幾位教授，如果你有需求，我可以幫你去溝通……」

對於這種人，一定要多加防備。因為，當你真的想透過他認識某人的時候，他很可能會說這樣的話：

「介紹他給你認識沒問題，不過這件事情並不是很好辦，你打算送什麼禮物當見面禮啊？」

「進某大學可不是很容易哦，你知道每年都有很多人擠破頭想進去呢。」

如果你仔細審視他的話，就會發現，教授根本不認識他，他所有的承諾都有漏洞。

🦇 過分隱忍的人

生活中，有一類好好先生，他們脾氣非常好，別人無論怎麼對他，他都不會有任何回應，即使別人攻擊他，甚至惡語相向，他們也不會有任何的反應，這類人城府很深；他們一般不會告訴你有關自己的任何事情，對於他的過去、家庭、同學以及對某事的看法，他們一概諱莫如深，這類人最深不可測，也最危險。對於這類人，要非常小心，因為他們有可能是個很陰險的人，在平時他們會把自己掩藏得非常好，但是一旦有反擊的機會，他們可能就會出手傷人，讓你沒有還手的餘地。

善於恭維別人的人

有的人嘴巴很甜，剛一見面就叫人大哥大姐，叫得又自然又親熱；而且他們還很會恭維別人，經常說一些甜言蜜語，拍別人馬屁。一般人們聽到這些甜言蜜語都會有些飄飄然，但是越是這樣的人越要提防，因為他們會讓人在不知不覺中上當。

在生活當中，碰到那些嘴巴很甜、很會恭維人的人，必須提高警惕，最好與之保持一定的距離，因為他的甜言蜜語中還極有可能夾雜著冷箭。

從付款的表現讀懂一個人

如今，為各式各樣的消費買單付款已經成為我們日常生活中非常重要的一個環節，一個人付款的表現，在一定程度上，可以反映出這個人的個性。因而我們可以透過觀察一個人付款的表現來判定他的個性。

在我們的生活當中，有許多事情需要付款才能進行，比如在外面吃飯需要付款、水電煤氣的費用需要付款、買東西需要付款……一個人採用什麼樣的付款方式能從一個側面反映出他的個性來，因為一個人的付款方式是經過長期累積形成的。

有的人購買東西或拿到帳單之後，不會立即去付款，他們會仔細地核對帳單，當核對無誤之後，他們才會掏出錢包付款。這樣的人，大多做事都比較認真仔細，面對生活中的各種問題，他們都能從容應對。這類人有時候會表現得過於小心謹慎，做事的時候畏首畏尾，猶豫不決，因而會喪失很多機會。

有的人在購買東西或拿到帳單之後就會馬上付款，這樣的人，多是很

有魄力的。不管是什麼事情，只要他們下定決心去做，就一定會把它做好。生活中他們比較有決斷力，面對問題，會當機立斷，不會拖拉，行動力很強。他們的個性也很獨立，什麼事都想自己完成，不管在哪個方面，都不想欠別人的，不過別人如果欠他的倒是可以。他們為人很真誠，也很坦率，對朋友很講義氣，因此人緣很好。他們做事也很追求效率，什麼都想最快最好地完成，如果有什麼事阻擋他們完成任務，他們就會想方設法地創造條件完成。

有的人在收到帳單後，喜歡把付款的任務交給別人，讓別人幫他們完成。這樣的人，大多都缺少獨立性，他們無法堅持自己的立場和原則，他們也很難成為領導者。因為他們總是喜歡服從他人，依賴他人。而且，他們的責任心也不強，遇事總會找各種理由或藉口推託，在挫折困難面前還會膽怯和退縮。

有的人恰恰相反，在收到帳單後喜歡親自去付款。這樣的人，大多比較保守，是傳統型的人。他們對新鮮事物的接受能力比較差，缺乏冒險精神，他們喜歡過一成不變、循規蹈矩的生活。他們也缺乏安全感，不會輕易相信別人，認為凡事只有自己親自參與，才會可靠。他們的自卑心理也比較重，但是又很希望獲得別人的肯定和認同，比較矛盾。

有的人喜歡採用網路繳費的方式。一般來說，這樣的人對新鮮事物的接受能力很強，他們懂得利用一切便利為自己服務。但是，由於他們對一些事物的依賴性太強，反而容易使他們喪失一些主動權，從而容易受控於人。不過，他們胸懷坦蕩，容易信任別人，也會得到別人的信任。這樣的人在生活中人緣比較好，樂於助人，朋友很多。

有的人在收到帳單後，就把帳單放在一邊，盡量拖延付款，能拖多

久，就拖多久。這樣的人，大部分都比較自私，他們總想著從別人那裡占便宜，想著怎樣才能少付出或者不付出就能得到盡可能多的回報。他們缺乏公平的概念，不知道付出和回報是要公平的。而且，他們一般情況下，也很少關心和幫助別人，對人不冷不熱，哪怕是對熟悉的人也很少付出真心。在生活中，我們要盡量遠離這種人。

此外，在生活中我們還會經常看到兩個人你爭我搶的要付款的場面，那種經常搶著付帳的人，在朋友們中間肯定有著很好的口碑，是眾人爭相結交的對象。而且，他們個性豪爽，講義氣，做事從不拖拖拉拉，更不可能跟朋友們玩虛的；他們不會貪圖蠅頭小利，不是那種對自己有好處的事情才做，沒好處就走得遠遠的唯利是圖的人；他們重情重義，不拘小節，可以為朋友上刀山下火海。只要是他們力所能及的事，他們定會竭盡全力辦到，就像每次結帳的時候，自己只要有能力支付，一定替朋友省下一筆，更別提替朋友們排憂解難了。他們有著自己的為人處世原則：把朋友們的利益放在第一位，寧願自己吃虧也不損人利己。

從握杯的方式解讀對方眞心

我們從一個人的習慣性動作中可以讀到這個人的個性和喜好，例如握杯子，雖然是一個簡單的動作，卻能反映出一個人的個性來。

自杯子發明的那天起，它就成為人們日常生活中不可或缺的用品，我們每天都會用它來喝水、喝咖啡、喝酒等。每個人的個性不同，因而握杯子的姿勢也就各不相同，而握杯子這個簡單的動作，也是窺探一個人個性的密道。通常，一個人握杯子的時候手指的位置，恰恰會透露他的個性傾向。

如人們在握有杯耳的杯子時不同的握杯方式展現出不同的個性：

📣 用拇指與食指扣住杯耳，小指放在杯底

這類人是典型的優雅主義者。他們舉止大方，富有魅力，常常吸引周圍的異性，非常有人緣。在感情上，他們屬於敢愛敢恨的典範，但這感情，來得快，去得也快。

📣 用拇指與食指緊扣杯耳，其他手指蜷起

這類人對自己很有信心，能夠堅持自己的主張。他們對於自己喜好的事情或活動能夠全身心地投入，並隨時隨地都能進入工作狀態。他們理性、謹慎、大膽，具有極強的應變能力、分析能力和判斷力。

這類人個性積極樂觀，領悟力強，學習能力強，通常有極強的藝術天分。喜歡成為人們矚目的焦點，總想將自己最性感、有吸引力的方面展現出來。

📣 拇指與食指扣住杯耳，其餘手指伸直

這類人個性外向，活躍，喜好群體活動，但由於他們生活態度浮誇、輕佻，很難得到別人的信任。他們做事欠缺考慮，時常會出狀況，且以談論別人的隱私為興趣，是讓眾人頭痛的「1 號人物」。

📣 拇指與食指扣住杯耳，小指向外伸直

這類人性情溫和，心思細膩，是善良而溫順的人。他們有極其敏感的情緒，容易受到外界影響。同時，不擅長表現自己的情感，尤其是在愛情上，更是十分被動，即使面對心儀的對象也會羞於將感情表達出來。由於溫和的個性，他們頗能得到老闆和朋友的信任。

直接用手握著杯子

這類人聰明、思維敏捷，嚮往自由自在的生活，處事圓滑而有方法，但因內心始終存在對新鮮、刺激事物的追求，因此被各式各樣的事情分散了精力。倘若他們能集中精力做自己喜好的事情，將成就遠大的夢想，尤其是他們不拘於外界的想法，將讓一切困難都得到較有彈性的解決。

當人們握著無杯耳的杯子時，不同的握杯方式展現出不同的個性：

手持玻璃杯上方

這類人大多都是不拘小節、樂天大方的人。他們不喜歡受到束縛，喜歡自由自在的生活。他們說話時嗓門很大，喜歡一邊喝酒一邊聊天。

手持玻璃杯中央

這類人有很強的適應能力，能夠隨遇而安，即使身處不同的環境，也能應付自如；這類人待人親切，喜歡幫助別人。如果有人向他們提出請求，一般都不會被拒絕，即使他們不樂意，也不會表現在臉上。在生活當中他們是一個好好先生，但這也是他們的缺點，因為不懂得拒絕別人，太在意他人的看法，所以他們活得不輕鬆。

手持玻璃杯下方

這類人大多個性內向，心思縝密，很在意一些細節。在生活中，他們十分在意別人的想法，有點謹小慎微。他們情緒善變，一旦不高興，馬上就會表現在臉上和動作上，不懂得掩飾自己。他們有些過分自信。

兩手握杯

這類人個性孤僻，害羞，不善於與人交往，在生活中不善言辭，他們

的朋友很少，大多都是孤獨寂寞的人。他們雖然有親近別人、與別人交往的願望，但是總是很難辦到。他們親近別人的欲望很強，對異性比較關注。

🐦 喝水或喝酒時會晃動杯子

這類人大多個性外向，活潑大方，樂於接受各種新鮮事物，好動，不喜歡安靜，興趣廣泛，容易見異思遷，不喜歡在固定的場合做同樣的事情。

🐦 一面拿著杯子一面抽菸

這類人個性強烈，有著很強的自尊心，富有創新精神，對自己充滿信心。在富有個性化的工作上，可以施展自己的實力。但是不太善於跟人打交道，是獨來獨往型的人。

善於傾聽的人才能獲得對方的青睞

在與人交往的時候，多聽別人說，我們才能了解到對方更多的資訊。但是，不是每個聽力正常的人都懂得傾聽的藝術，千萬別以為傾聽僅僅靠聽就完全夠了，要想獲得良好的溝通效果，還需要學會如何傾聽。

著名記者邁克‧華萊士（Mike Wallace）曾經說過：「不肯留神去聽人家說話，這是很多人不受人歡迎的原因之一。在與人溝通的過程中，很多人只注重自己該怎樣說下去，而很少去管對方怎麼說。但是，世界上大多數人喜歡的是專聽人說話的人，而不是專說自己話的人。」

華萊士的這段話說明，人與人之間，傾聽十分重要也十分必要。但即使這樣，很多人還是會犯錯：經常滔滔不絕地講個不停，而不給別人說話

的機會。實際上，這樣的做法是很不明智的，因為話說得多了，既浪費精力，同時也會給對方留下更多的訊息，對自己不利，而且俗話說「禍從口出」，言多必失。而且，總是自己在說，就無法從他人身上吸取更多的東西。其實，每個人天生都有一種渴望傾訴的心理，希望能夠暢快地表達自己，希望有人能夠安靜地聽自己說話。在與人交談的過程中，我們應該隨時關注人們的這種心理，學會當一個認真的傾聽者，讓出談話的主動權，滿足他人的傾訴欲。

因而，在與人交談時我們要學會適可而止，不能一味地把話語權掌握在自己手裡，談論自己的生活、孩子、工作等，我們應該多給對方說話的機會，如果對方不善言談，還可以盡量引導對方去說自己的事情。在對方說的時候，一定要專心，這樣一定會給對方留下一個良好的印象，讓他以為你對他很感興趣。

但傾聽不是只帶一雙耳朵就夠了，我們需要全身心投入，要在恰當的時候給對方恰當的回應，這才是正確的傾聽。

實驗者找來兩組學生，他告訴第一組學生，讓他們在教授上課的時候，表現出一副心不在焉的樣子；然後告訴第二組學生，讓他們在教授上課的時候積極投入傾聽，並且使用一些身體語言，比如適當的身體動作和眼神交流。

上課的教授並不知道實驗者事先所作的安排，在為第一組學生上課時，教授照本宣科，不看學生，無強調，無手勢；在為第二組學生上課時，教授的聲調開始出現變化，並加入了必要的手勢，課堂氣氛生動起來。

這就說明，當學生在課堂用心不在焉的時候，教授因為沒有得到適當

的回應所以態度也變得漫不經心起來，此時教授僅僅是為了完成教學任務；但是，當學生全身心投入，認真傾聽，並給予教授適當的回應的時候，教授像是受到了鼓勵，講課更加生動。

同樣的道理，在聽別人談話的時候，如果我們能夠全身心地投入，必要的時候予以適當的回應，那麼就會收到良好的效果。

善於傾聽的人，每次他都會以一種積極的態度投入其中，他讓說話者覺得自己的話充滿吸引力。在傾聽的時候，適當的眼神交流也是必要的，此時眼神一定要真誠、專注，不能若即若離。

此外，還可以加上一些適當的身體語言，如交流的時候最好能夠相對而坐，以示雙方是平等的。同時，在傾聽的時候，兩人之間最好保持適當的距離，如果兩個人離得太近的話，就容易讓人產生壓迫感。

需要注意的是，身體語言要適當，不能太多或太少，否則都不會有良好的效果。

在傾聽的時候，除了上述的那些注意事項，還有一點要注意，傾聽並不是說你一言不發，在適當的時候，加入一些自己的附和和讚美，會讓對方更樂於訴說。

假如對方在跟你說一件令他十分生氣的事情，你可以說：「這實在太令人生氣了，要是我，肯定也會氣壞！」假如對方在說一件他十分得意的事情，你可以這麼附和他：「你太棒了！要是我或許做不到。」

這些簡潔的附和會讓說話者覺得你認同他，理解他，他想釋放情感也找到了合適的途徑。

除此之外還可以在傾聽的時候提一些問題，這不僅會讓說話者覺得你是在認真聽他的話，還可以引導他說出更多的事情來。

傾聽是一門藝術，與人交談的時候，懂得在恰當時機附和，你便更容易得到對方的青睞。

透過所送禮物，讀懂人心

有「禮」走遍天下，如今，禮物已經成為人們之間交流溝通的重要手段，生日、節日、紀念日等日子很多人都會收到各式各樣的禮物。其實，一個人選擇什麼樣的東西作為禮物，可以透露出一個人的興趣和個性，只要稍加留意，我們就能從禮物中看出一個人的個性。

老王在一個事業部門工作，是單位裡的一個小主管，每當節日的時候，他都會收到很多禮物。為了方便日後回禮，老王每次收到禮物都會將禮物與送禮者的名字記下來。

時間久了老王也慢慢地從送禮的名單中大有所悟，原來從對方所送的禮物上可以得知一個人的興趣喜好。如果對方送陳年美酒給你，其實表示送禮者也對美酒有所偏好；若贈送造型典雅的茶具，則送禮者必是茶具喜好者……

事實上，一個人對禮物的選擇，經常會在無意識中透露出自己的喜好，不同的禮物往往展現了人們不同的興趣喜好。

選擇花籃作為禮物

選擇花籃作為禮物，可以省去受贈者整理花的時間，而且可以馬上擺起來作為裝飾品，因此受到很多人的喜愛。一般來說，送花籃的人，大多都是性情溫和的人，他們善解人意，待人真誠，心地善良，為人處世很有分寸，樂於幫助別人。凡事喜歡站在別人的立場考慮問題，這樣的人在生

活中普遍比較受歡迎，人緣很好。

選擇盆栽作為禮物

選擇盆栽作禮物的人，大多個性內向，比較注重實際，為人正直，對待別人很好，是典型的好人。他們為人穩重，有著長遠的計畫，在與人相處的時候，能讓對方感受到其人格的魅力。

選擇食品作為禮物

選擇食品作禮物的人，他們是希望把禮物送給對方全家人，這樣的人大多個性內向，為人善良，心腸很好，在生活中是個受歡迎的人。這種人比較具有浪漫氣息，他想藉著浪漫的關懷情意，獲得對方家人的喜愛。

選擇襯衫作為禮物

一般來說，很多女性喜歡送襯衫給感情親密的人，她們大多個性內向，感情細膩，待人接物很有分寸，是值得信賴的人。

選擇特殊禮物

有的人喜歡送各地特產，這樣的人一般喜歡標新立異，他們送這些特殊的禮物給對方，是希望對方能夠明白自己的心意。這類人觀察力很敏銳，能夠很快地判斷出哪些人是朋友，哪些人是敵人。這類人一般都是有心人，熱愛生活，情感豐富，具有很強的適應能力。

第十一章

瞬間識破小人

—— 防止小人破壞人氣的方法和策略

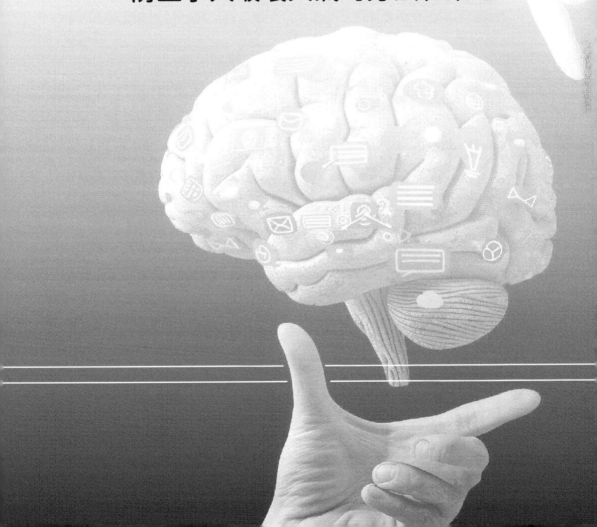

不得不防的小人

人人都痛恨小人，希望自己在生活中遠離小人，要想做到這一點，首先就要清楚生活中有哪些類型的小人，只有明白了這一點，才能在生活中明辨小人，從而遠離他們。

生活中，我們時常會聽到某人被小人所害的事例。其實，人們之所以受到小人的傷害，重要一點就是錯把小人當君子，誤把騙子當朋友。

小李是某公司銷售部門的業務核心人物，她的業績一直非常突出，上司王經理也一直很器重她。後來，部門新來了一個業務員小趙，上司安排小李帶她。小趙剛從大學畢業，看起來涉世未深的樣子。小趙很勤快，嘴巴也很甜，有什麼問題都去請教小李，一口一個「李姐」叫著，小李很喜歡她，在工作上也是盡心盡力地幫她。小李也只比小趙大兩三歲，很快地，兩個人就成了無話不談的好朋友。

一次，小李因為疏忽，在工作中出了一個小差錯，要求嚴格的王經理嚴厲地指責了她，小李覺得很委屈，一整天都悶悶不樂的。吃午飯的時候，小趙勸小李，並且當著小李的面說了王經理的一些不是，大有為小李打抱不平的架勢。小李見小趙這樣，心裡很感動。於是，向小趙訴說了自己藏在心裡已久的對王經理的不滿，由於當時正在氣頭上，因此有些話說得比較過分。小趙也在一旁附和。

對於這件事小李並沒有放在心頭，不久，她卻發現許多重要客戶都不再和自己聯絡了，最令人震驚的是，小趙的桌上竟然擺著這些客戶的詳細數據。小李很疑惑，於是找到了王經理，沒想到王經理冷冷地對她說：「自己的工作沒做好，就不要抱怨別人。還有，有意見可以當面跟我談，不要在背後議論別人，對別人說三道四。」

一瞬間，小李頓時明白了一切，原來這一切都是小趙搞的鬼。但此時氣憤和後悔早已於事無補，幾天後，小李辭職了。

故事中，小李沒有看到小趙單純的外表下包藏著的小人之心，結果錯誤地將心存歹意的小人當作朋友，還留下了可以為人利用的「把柄」，掉進了人家挖好的陷阱中。

生活中，小人之所以「小」，是因其有小心胸、小聰明，善耍陰招。古人說「君子喻於義，小人喻於利」，小人不講道義、不遵章法、不顧一切，唯利是圖，是我們人生路上萬萬不可得罪的。小人讓我們深惡痛絕，在生活中，明辨小人是十分必要的，下面介紹一下生活中的幾種類型的小人：

暗箭傷人型

這種人不會非常明顯地從正面向人發起攻擊，而是在背後冷冷推一把。他們要麼是在背後說別人的壞話，要麼就是話裡有話，暗中諷刺別人。

要想對付這種小人，就將他的暗箭明朗化，擺在檯面上。比如當他話裡有話，暗中諷刺你的時候，你可以直接質問他話的意思，並讓盡可能多的人知道，以此爭取得到更多人的支持。

深不可測型

這種小人常常一般都不願意跟別人打交道，他們經常擺出一副對別人愛搭理不理的樣子，因此，人們無法得知其真實意圖。

這類人之所以不願意跟人打交道，就是因為害怕別人識破他們的真實想法。對付這種小人，首先不要被他們的表象所矇蔽，最好主動出擊。遇

到他們要勇於跟對方對視。在對視時，要保持鎮靜，不要隨便開口說話，否則就會前功盡棄。

裝瘋賣傻型

這種小人看上去對人十分友好，對別人也十分關心，喜歡幫助別人，對別人的話不敢反駁，總是言聽計從，對別人的任何建議或意見都會表示認同。但實際上，這類小人是陰險的，他們人前一套，背後又是一套，一旦當你與他們有利益衝突的時候，他們會毫不猶豫地犧牲你的利益。

對付這種小人，要開門見山，如果他們能被你的真誠感動那最好，如果不能，那就只能在與他們交往時多一些戒心，防止他們在背後使壞。

恃才傲物型

這種小人頭腦聰明，有較強的工作能力，因此，他們總是覺得自己是對的，取得一點成績就傲氣沖天，認為都是自己的功勞。但是如果工做出了差錯，他們就會趕緊撇清關係，把責任推到別人身上。

這類人最大的特徵就是仗著自己有一點能力就看不起別人。對付這類人，最好的辦法就是要表現得比他強，讓他知道你比他更強，只有這樣才能讓他心服口服，在以後的生活中不再目中無人。

煽風點火型

這種小人很喜歡無事生非，他們見不得其他人好，一旦別人之間有了衝突，他們就會很興奮。他們尤其喜歡看熱鬧，喜歡在別人情緒不好的時候吹吹風，鼓動別人鬧事。他們最喜歡做的事情就是看著其他人之間相互猜疑、相互不信任，總之，別人之間關係越差他越開心，他們見不得別人好。

這種小人在生活中防不勝防，因此，對待這種人最好的辦法就是遠離他們，不給他們傷害自己的機會。

🗨 歇斯底里型

這種小人有點神經質，喜歡攻擊人，這種人即使遇到一件很小的事情，也可能會引發他們極大的情緒反應，如大吵大鬧、摔東西、痛哭流涕等，而且他們很容易情緒失控，在情緒失控的時候可能會做出一些極端的事情來。

對於這類小人，最好不要跟他們有正面衝突，如果無法避免，也要十分小心謹慎。如果他們情緒發作，也不要怕，先耐心等待一會兒，等他們發洩完畢後再跟他們理論。如果在對方發作的時候與他們起了爭執，那後果可能會更糟，可能會激怒對方，讓對方的情緒更加惡化，這樣可能會導致雙方都下不來臺。

小人有哪些行事伎倆

生活中，我們都害怕遇到小人，害怕受到他們的傷害，儘管小人不會在臉上貼上一張小人標籤，但是我們還是有方法辨識的。因為他們這一類人還是有一些共同的特點，只要掌握了他們慣有的行事特點，我們就能在生活中辨識小人，防止受到小人的侵害。

現實生活中，有些人表面上看起來和藹可親，對你關心備至，照顧周到，表現出與你的關係好得很，可背地裡卻使壞，打小報告，栽贓陷害，挑撥關係……他們，就是「潛伏」在我們周圍的小人！

小王在一家公司工作了四年，與他同時進公司的人不是當了部門主管就是升了經理，只有他還是在原來的職位上。

剛進公司的時候，由於在大學裡學的專業和工作中用到的不一樣，小王都是從頭學的，但他兢兢業業，認真學習，很快就掌握了工作的專業技能。或許是他表現得太突出了，他的頂頭上司感覺很有壓力，於是就經常在經理面前說他的不是，因此，經理對小王的印象不是很好。後來，當第三年續簽合約的時候，公司只給小王加薪 300 元，而其他人大都加了 500 ～ 800 元不等。

當時，小王不知道自己錯在哪裡，以為是自己努力得還不夠，在接下來的日子裡，他更加努力了。當上司和同事都休息的時候，他一個人到公司加班，每次遇到經理，都會簡單地向經理彙報一下自己手頭的專案進展。就這樣，頂頭上司對他更不順眼了，有專案也不給他做了，只是讓他幫別人做做圖紙等簡單的輔助工作。

後來，公司制度變了很多，頂頭上司的權力越來越大，並且開始提拔新人。有的新人也很精明，天天和頂頭上司一起吃午飯，拍馬屁。還有一個新人，剛來的時候和小王關係還不錯，經常要小王教他東西，可人家把東西學到手之後，就開始不理小王了，天天跟著上司轉。

第五年續簽合約的時候，上司沒有給小王加一分錢薪資，考慮到自己在這個公司天天沒事做，只是幫別人做點雜事，小王最終決定離開公司。

後來，小王自己總結道：到今天這種地步的原因，就是自己太單純，沒有心機，不懂得防人。

案例中，小王以為拚命表現自己就可以得到上司的欣賞，殊不知這樣反而讓對方感到壓力，便開始在經理面前說他的壞話，並在權力範圍內給他穿小鞋。同時，他也沒有看到那個新同事親切的表面下包藏的禍心，結

果錯誤地將心存歹意的小人當作朋友，教會了「徒弟」，餓死了「師父」。

其實，像小王遇到的這些小人，在現實生活中有很多。儘管很多小人都善於偽裝自己，但是還是會露出一些蛛絲馬跡，因為他們不可能把自己偽裝得沒有一點破綻。因此，我們可以觀察他的言行舉止以及平時的為人處世，對他的人品有個大概的了解。當你發現身邊某人十分虛偽時，你就要小心點了。這樣我們就能及早做好預防，從而避免受到小人的迫害。

儘管小人善於偽裝，但是他們還是有一些特有的行事特點。下面介紹一下小人特有的行事特點：

🗨 出爾反爾

小人最典型的特點就是出爾反爾，他們經常說話不算數。剛開始答應得好好的，轉眼可能就死不認帳。因為他們沒有道德心，也不會用道德來約束自己的行為，只要是涉及自己的利益，他們就會翻臉不認人。所以，不要盼著小人有道德、講道義。

🗨 愛搬弄是非

造謠生事也是小人所擅長的。有是非的地方，就會有小人。小人很喜歡窺探別人的隱私，他們最喜歡說東道西，對於別人的隱私津津樂道。而一些小事只要經過他們那裡，就會被大肆渲染，一件雞毛蒜皮的小事，也會被他們說成天大的事。儘管這樣做對他們沒有任何好處，但是他們就是喜歡，因為這是他們的天性。

🗨 善於偽裝

一般來說，小人都很善於偽裝，他們為了一些不可告人的目的，將自己的真實意圖隱藏起來。在生活中，一般小人都不會主動樹敵，更不會去

招惹別人，他們給人一副老好人的面孔，而實際上，老好人面具下可能包藏禍心。但是很多人都會被小人的這副面具所欺騙，從而放鬆了對他們的警惕，而此時小人就會露出自己的本來面目，為非作歹。

🦇 喜歡在背後使壞

小人的另外一個特點，就是喜歡在背後使壞。一般在當著別人面的時候，小人會表現出一副好人的模樣，一旦別人侵害了他們的利益，他們就會對此人耿耿於懷，會在背後做出一些損害他人的事情來。此外，小人心胸狹窄，見不得別人比自己好，一旦看到別人比自己好就會眼紅，就會在背後想方設法做出一些損害他人的事情來，這樣他們的心理才會稍微平衡一些。

害人之事不可為，防人之心不可丟

俗話說：「害人之心不可有，防人之心不可無。」如今的社會越來越複雜，人與人之間勾心鬥角的事情也很多，因此，我們在堂堂正正做人的同時，也一定要多一點防人之心，只有這樣我們才能免受傷害。

荀子曾經說過：「人之性惡，其善者偽也。」荀子認為，人性本惡，雖然這樣的說法有些偏激，但是也不無道理。在我們的生活當中，儘管有很多人堂堂正正、光明磊落，但是也有一部分小人混雜其中。因此，平時與人結交的時候要多個心眼，對於那些不太了解的多一些戒備心，這樣才能避免使自己受到傷害。

小潔跟張麗是一個部門的同事，兩人平時接觸也不是很多，都是一些

工作上的事情，私下裡並沒有什麼聯絡。但是後來發生的一件事情，讓小潔對張麗敬而遠之了。

那次，小潔的胃病犯了，醫生要她住院治療，可是小潔一直惦記著自己還有一個專案跟客戶沒談完。住院後，小潔打電話給張麗，請她幫忙送客戶的數據過來。當天下午，張麗就把材料送到了小潔的病房。小潔看完材料後，跟客戶聯絡，對正談著的專案再次進行了溝通。

小潔跟客戶談得很愉快，客戶囑咐小潔好好養病，等出院後就跟她簽合約。聽到客戶這麼說，小潔懸著的心終於放了下來。

半個月後，小潔出院了。當天下午，小潔就來到了公司，打算把積壓的工作清理一下，然後跟客戶聯絡簽合約的事。當小潔踏進辦公室的時候，小潔看到張麗正跟客戶有說有笑地往財務室走。

客戶看到小潔後愣了一下，驚奇地問：「你不是還要一段時間才能出院嗎？怎麼今天來了？」小潔有些不知所措，但很快笑著說：「沒有，我好了，現在已經出院了。」

這時的張麗顯得很尷尬，對著小潔笑了笑，然後對客戶說：「陳總，我們走吧，財務在等著我們呢。」客戶拍了拍小潔的肩膀，告訴她：「小潔，你先休息一下，我跟小張簽完合約再來找你。」

聽了客戶的話，小潔一臉茫然，繼而就明白了，原來客戶已經要簽合約了。

處理完積壓的工作，沒等到客戶出來，小潔就回家了。

晚上，小潔忍不住打了個電話給客戶。客戶聽了小潔的質疑後反問她：「不是你讓小張代替你來跟我談的嗎？」

「沒有啊，當初我剛住院的時候不是談好了等我出院了我們再談嗎？」

「啊？小張跟我說你還要一段時間才能出院，是你讓她來跟我談的。」

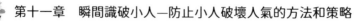

聽完客戶的話，小潔恍然大悟。

放下電話，小潔心裡很難受。知人知面不知心，張麗平時看著老實，卻做出了令人想不到的事情，只差一步就談成功的客戶到頭來卻被同事拿走了，而且還是在自己生病的時候。

得知事情的原委後，小潔本想找張麗理論一番，可轉念一想，事已至此，跟客戶的合約已經簽了，提成也算到了張麗的名下，再去理論又有什麼用呢，而且大家都在一個部門，低頭不見抬頭見，如果真說穿了鬧開了，恐怕張麗也就沒法再在公司待下去了。

這件事情給了小潔一個深刻的教訓：害人之心不可有，防人之心不可無。

案例中，小潔的錯誤在於只有不害他人之心，卻沒有防範他人之心。她識人不清，沒有看到張麗樸實的外表下包藏著的禍心，結果導致後來被張麗搶走了客戶。

俗話說：「害人之心不可有，防人之心不可無。」要知道，我們所處的社會並沒有我們想像中的那樣美好。在我們漫長的人生旅途中，總是會遇到許多的小人，稍有不慎就可能會掉入小人所設的陷阱，因此我們必須小心謹慎。

從某種意義上來說，人生就像是一場戰爭。在這場戰爭中，為了求生存，必須有慎重的生活方式和態度，這樣才不至於上當吃虧。

害人之心不可有，防人之心不可無。在與人交往的過程中，無論什麼時候，都不能喪失戒備心，因為人心隔肚皮，你不知道眼前這個人他想要什麼，或者想做什麼，所以，保持一份防範之心，就會讓自己遠離傷害。

遠離「長舌婦」

生活中，對於那些長舌朋友，一定要小心謹慎，千萬不要將自己的隱私告訴他們，否則就是自討麻煩。因為他們善於傳播、散布謠言，一旦被他們抓住把柄，那你就會陷入泥淖當中，煩不勝煩。

「長舌婦」說的是那些喜歡製造和傳播小道消息的人，他們還樂於製造謠言，傳播謠言。

在生活中這樣的人很多，我們要時時注意身邊的朋友和同事，看看有沒有「長舌婦」，如果有，那麼說話和辦事就要非常小心，否則一旦被他們抓到了把柄，那你可就要遭殃了；如果遇到那些喜歡告密、喜歡打小報告的人，最好遠離他們，因為或許不久之後你自己就會成為他們造謠、汙衊的對象。

樂樂是一個開朗樂觀、美麗大方的女孩，進大學的第一天，她就和宿舍的其他人熟悉起來。住在樂樂下鋪的小雨是個內向的女孩，但是沒多久，小雨就被樂樂的開朗給吸引了，很快地，兩個個性迥異的女孩就成了無話不談的好朋友。

樂樂身材修長，面容姣好，又活潑大方、多才多藝，所以很快就成為學校裡的風雲人物。到大二的時候，樂樂當選了校學生會的文藝部部長，每天除了上課，其餘的時間都很忙，忙著組織各種活動，經常忙得忘記了吃飯。小雨是她最好的朋友，所以很多事情她自然會想到請小雨幫忙。「小雨，今天中午幫我買一下飯啊！」、「小雨，幫我影印一下這份筆記好嗎？」剛開始的時候，小雨都會毫無怨言地幫她做這些事，可是次數多了，敏感的小雨覺得自己儼然是樂樂的下屬，因此當樂樂又叫她幫忙時，她板著臉對樂樂說：「我是你的保母啊？總叫我幫你做這做那的。」樂樂聽

了後很詫異，但是也沒放在心上，隨後就去忙其他事了。

　　大三下學期的時候，學校裡有兩個去國外訪問的學生名額，樂樂幸運地獲得了其中的一個。在為她送行的班會上，小雨強顏歡笑，內心卻憤憤不平：同樣是人，為什麼她就這麼幸運呢？

　　晚上次到宿舍後，小雨很生氣，一氣之下，她以樂樂高中同學的身分寫了三封匿名信，在信裡說了很多樂樂的壞話，然後將信分別放進了學校、系和學生會的信箱裡。由於平時樂樂跟小雨說過很多自己的情況，因此小雨的匿名信編造得滴水不漏。信裡的內容迅速傳開了，校方信以為真，取消了樂樂的出國資格，老師、同學都用異樣的目光注視著樂樂，在人們心中，樂樂成了卑鄙、欺騙的代名詞，這對於一向自信、順利的樂樂無疑是一個致命的打擊。樂樂日漸沉默和消瘦，幾乎不和任何人說話，每天蒼白著臉遊蕩在教室和宿舍之間，像一個沒有靈魂的空殼。雖然後來證明匿名信中的內容全是謊言，樂樂還是選擇了退學。她悄悄地辦好了手續，悄悄地收拾好東西離去，沒有向任何人告別。匿名信中那些逼真的細節，她一眼就看出是誰的大作。與失去出國機會相比，被最好的朋友出賣讓她受到更大的傷害。這件事在她心中留下了永遠的陰影。

　　樂樂沒有防人之心，將自己的所有資訊都透露給了小雨，如果她們一直是好朋友，這當然沒有什麼大礙，但是，如果她們成了博弈中的對手，那麼後果便真的不堪設想了。

　　在我們的周圍，有這樣一種人，他們喜歡打探別人的隱私，然後將這些隱私添油加醋，經過一番加工之後再傳播出去，他們唯恐天下不亂。有人說他們是「大聲公」、「傳聲筒」，也有人說他們是「大嘴巴」、「嚼舌者」，總之，他們的舌頭很長，很讓人討厭。

　　一般來說，「長舌婦」很喜歡打聽別人的隱私，有時候我們在與人聊

天的時候可能會不小心透露出一點自己的隱私，雖然我們說者無心，但是他們聽者有意，他們會把自己聽到的內容再加入一些自己的想像，編造出一些情節和故事，然後說給其他人聽。而此時從他們嘴裡說出來的，跟事實的真相相差十萬八千里。在現實生活中，與人打交道時我們不能有害人之心，但是必須得有防人之心，對身邊的人不妨多一點戒備心，這樣才不會在事情發生之後懊惱難過。

很多人在跟朋友交往的時候，會放鬆自己的警惕，跟朋友說話的時候會比較隨便，因為在大多數人的意識裡，朋友是那種不會亂說話的人，更不會拿著自己的隱私到處傳播。但是，也不排除我們的朋友當中會有一些小人，尤其是當我們跟他們有利益衝突的時候，搞不好他們就會製造出一點謠言，以達到自己的目的。

因此，在交朋友的時候我們必須認真辨別，一旦遇到那些「長舌婦」時，我們寧可不說話，也不能讓他們抓住我們的把柄。

利用小人的弱點控制他

在我們的身邊，從普通老百姓到高高在上的大人物，從一文不名的窮光蛋到腰纏萬貫的富翁，都有小人的存在，稍有不慎我們就會落入他們的陷阱，受到傷害。雖然如此，我們還是可以利用小人的弱點比如貪婪等掌控他們。

生活中，誰都不願意跟小人有來往，但是，儘管你不願意，我們還是會遇到小人。雖然我們可以做到對小人敬而遠之，但是當小人找上門來的時候，就不能任其宰割了，我們應該想出一些應對措施，來對付他們。一

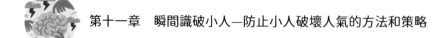
般來說，大多數小人都是貪婪的，他們會為了一丁點的利益而迫害別人。因此，我們可以利用小人貪婪的這個弱點來掌控他們。

王濤是某地做服裝批發零售的經銷商，當地很多小服裝廠都跟他有生意往來，但是私底下這些服裝廠的老闆都恨他恨得牙根癢癢。因為王濤經常一再地以沒錢為藉口拖欠他們的服裝費，而且一拖欠就拖欠很久，數目還不小。事實上，每年王濤都要換一輛上百萬元的豪車，說沒錢根本就沒人相信。但是他死賴著不給，別人也拿他沒辦法。而且，當地只有王濤一家做得比較大，在外面有門路。儘管很不情願，人們還是不得不把貨送到他那裡。

後來，在外地工作的張俊得知了此事，就決定好好收拾一下王濤。於是他聯絡了自己的大學同學李煒，請他假裝是香港大老闆，然後過來跟王濤談生意，李煒很爽快地答應了。一天下午，張俊帶著李煒來到了王濤的辦公室，向他介紹了李煒，並告訴他，李煒覺得他們公司的服裝不錯，他們的服裝在香港賣得很好，李煒想讓他們幫忙進大量的貨。王濤聽了臉上樂得開了花，很快就跟李煒簽了合約。

簽完了合約，王濤很快就找到了那些服裝廠的老闆，讓他們加大生產量。張俊事先跟各服裝廠的老闆打了招呼，讓他們告訴王濤，加大產量可以，但是要先付清之前的欠款，否則免談。

一面「香港大老闆」在不停地催促，另一面服裝廠老闆遲遲不肯投入生產，無奈之下，王濤只好咬著牙付清了所有人的欠款，然後請他們馬上開工。此時香港那邊也傳來了訊息，由於王濤他們沒能按時交付第一批貨，違反了合約規定，他們已經終止了合約。

面對這樣的結局，王濤欲哭無淚。

上面的案例中，張俊利用王濤貪婪的本性，給他挖好了一個陷阱，王濤在不知不覺當中跳了進去。在生活中，小人大多都是貪婪自私的，因

此，我們可以利用他們的貪婪來對付他們。

當然，對付小人，除了上面所說的利用小人的貪婪來對付之外，我們再提供幾種行之有效的方法：

🐸 把小人置於眼皮底下

如果你知道誰是小人，可以將他放在你身邊，監視他，這樣他做什麼你都能看在眼裡。但是，如果這樣的話你就要十分小心了，一些比較私密的話題千萬不要對小人說，因為他極有可能會利用這些來對付你。除此之外，最好不要與小人有金錢方面的來往，否則會貽害無窮。

🐸 以毒攻毒

小人很難纏，也很難對付，很多人在遇到小人陷害的時候往往會忍氣吞聲，這樣反倒會助長小人的氣焰，他們會變本加厲、得寸進尺。因此，遇到很難纏、陰險的小人，你也可以跟他們玩一些「心機」，運用以毒攻毒的策略，讓他們原形畢露。這樣小人就不會覺得你是一個好欺負的人，他們也會對你敬而遠之。

🐸 以其人之道，還治其人之身

金庸小說《天龍八部》裡的姑蘇慕容家族有一門很特別的武功，叫作「以彼之道，還施彼身」。這門武功的獨特之處在於敵人用什麼招數打你，那麼你使用同樣的招數去打敵人。在現實生活中，對付小人也可以「以彼之道，還施彼身」。西門豹治鄴是民間廣為流傳的一個故事，西門豹就採用了「以彼之道，還施彼身」的招數，讓那些欺凌百姓的惡人得到了自食其果的下場，既替那些無端逝去的年輕生命報了仇，也止住了河伯娶妻這一歪風邪說，發展了當地的經濟，可謂「一箭三雕」，功勳卓越。

對待小人，我們不能用對待君子的方式來對待他們，跟他們講什麼仁義禮智信等道德規範，要知道，這些道德規範在他們那裡根本一文不值。對待小人，該出手時就該出手，否則，受害的將會是你自己。

對小人的過分忠誠要小心

生活中，待人要忠誠，但是如果一個人表現得過分忠誠，這時，你就需要注意了，因為這樣的人對你可以這樣忠心，那他有可能也會對別人「忠心」。一旦有機會，他很有可能會出賣你。對於這類人，要多加留神。

生活中，有時候我們會遇到這樣一類人，他們會對你表現得忠心耿耿，甚至會不惜背叛一切來為你效勞，這時候，我們就需要注意了，對於這種「忠心」一定要小心提防。擦亮眼睛看世界，不要被小人的外表所迷惑，最好與其保持一定的距離。

戰國時期，樂羊原本是中山國的人，後來他投奔了魏國，做了魏國大將。後來魏文侯派樂羊討伐中山國，那時候樂羊的兒子樂舒還在中山國做官。但樂羊並沒有因此而違抗魏文侯的命令。

中山國是個小國，無力阻擋魏軍的進攻，很快就被魏軍包圍了。中山國上上下下陷入了混亂當中。後來，有人提議將樂舒做人質，這樣就能讓樂羊退兵了。於是中山國王派人將樂舒抓了起來，綁在城樓上。

但是，樂羊看到後並沒有下令停止進攻，相反，魏軍的進攻更加猛烈了。

中山國上下見到樂羊全然沒有惻隱之心，一氣之下把樂舒殺了，並且將其烹煮成肉羹，派人送給了樂羊。

面對中山國送來的肉羹，樂羊沒有半點哀痛之心，面無表情地把肉羹全部吃了，並且告訴來使說讓中山國王死心，他是不會放棄進攻的。

後來，經過激烈的戰鬥，樂羊終於攻破了中山國。

戰爭結束後，魏文侯論功行賞，給了樂羊很多賞賜。但是，從那之後，魏文侯便漸漸地開始冷落樂羊，有什麼重要的事情也不再請他參與了。

有人不理解魏文侯的做法，就問他：「樂羊為您建立了赫赫戰功，您為什麼現在疏遠了他呢？」

魏文侯說：「樂羊這個人並不是一個值得信任的人，他會為了自己的私利而不顧一切。當初他為了贏得我的歡心，竟然連自己的兒子都不顧，這樣的人太可怕了。假如以後遇到更好的君主，他或許也會對我做出這樣的事來。你說，這樣的人，我還怎麼能夠信任他呢？」

表面上看，樂羊對魏王極其忠心，他為魏王攻打自己的國家，甚至在兒子身處絕境時亦不動容。但細究起來，我們可以發現樂羊的自私與冷酷，他為了換取功名利祿，背叛自己的國家，連兒子的性命也不顧，心機之重可見一斑，這樣的人只應遭到唾棄。魏王是明智的，他沒有被樂羊所謂的「忠心」所迷惑，而是發現了其本質，逐漸疏遠了他，避免了受到更大的欺騙。

生活中，有的人表面上看來忠誠無比，內心卻異常邪惡。大千世界，魚龍混雜，生活中不乏小人，小人的心機極重，他們為了實現自己的目的、實現自己的野心而不惜背叛國家、背叛至親至愛。儘管表面上看來他是在向你表忠心，可這種為達目的不擇手段的小人只會對他自己忠心，是一個再危險不過的人。因為，他會在追逐利益的過程中隨時背叛任何人。

對待這種人的「忠心」，千萬不要妄加肯定，要縝密觀察其日常行

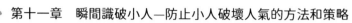
為，進行長期考查，避免一時間被其糖衣砲彈所迷惑。否則，最終上當受騙的就是自己。

在生活中，人們之所以討厭小人，就是因為他們會為了滿足自己的私利而不惜一切代價損害別人的利益，有的甚至會把別人害得家破人亡。所以，假如你在生活中遇到了小人，就要遠離他們，不要因為雞毛蒜皮的小事跟他們起衝突，否則他們就會記恨在心，對你進行打擊報復，因為他們沒有羞恥心，也沒有什麼道德底線，只要是能夠對付你，哪怕使出下三爛的手段也在所不惜。因此，與小人發生衝突，即使你能夠取得暫時的勝利，最終也會因此付出慘重的代價。

生活中，由於小人的存在，導致了很多悲劇的發生。因為小人擅長造謠生事，一旦你被小人盯上了，那就慘了。因為他們可以為了對付你而不擇手段。俗話說：「寧得罪君子，不得罪小人。」對於這樣的小人，最明智的做法就是離他們越遠越好，以免被他們所害。當然，我們遠離他們不是因為害怕，而是因為他們不值得我們去搭理、周旋。

不要和好鬥的人有過多交往

在生活和工作當中，我們千萬不能忽視小人的存在，他們就像埋在交際場上的地雷，殺傷力非同一般。一旦踩上，後果不堪設想。因此我們必須小心翼翼，要時刻謹防那些奸詐之人、頑固之人、虛偽之人，以及其他各式各樣的小人。

生活中，我們會遇到這樣一類人，他們天生喜歡攻擊和指責別人，只要別人稍微有一點差錯，就會喋喋不休，有時候還會惡意中傷、出言不

遜。假如你在生活中遇到了這樣的人，你會怎麼辦呢？

某公司有一個女職員 A，平日只是默默工作，話並不多，和人聊天的時候，總是微笑著，給人的感覺是與人很好相處。後來，公司來了一個女職員 B。不久之後，B 發現 A 是一個老好人，於是她就經常找 A 說話，漸漸地，兩個人就成了好朋友，經常在一起吃飯，週末的時候還一起去逛街、遊玩。但是，隨著時間的推移，人們漸漸發現 B 是一個十分好鬥的人，很多同事在她的攻擊之下，不是辭職就是調到了其他部門。只有 A 跟她相處得還算比較融洽。有一位老同事在臨走的時候提醒 A：「B 是一個好鬥的人，你要留個心眼，別總是沒心沒肺地跟她整天黏在一起。」A 聽了笑了笑：「不會的，我跟她是好朋友，她不會對我怎樣的。」

後來，A、B 所在部門的經理走了，公司決定在他們部門內部進行選調，按照資歷和工作能力，A 是最合適的人選，就在公司準備正式任命的時候，突然公司裡關於 A 的流言漸漸多了起來。

很明顯，有關 A 的流言都是 B 傳出來的。後來，公司鑒於流言對 A 有負面影響，於是取消了對 A 的任命，從另外的部門調了一位經理過來。沒過多久，A 也辭職了。

事實上，案例中的 A 由於對 B 沒有深入了解，就輕易地跟她做了朋友，最後卻害了自己。生活中，也有類似 B 那樣的人，在沒有涉及自己利益的時候，他們可能會表現得很正常，但是一旦涉及了自己的利益，他們就立刻像是變了個人，變成了一隻好鬥的公雞。在生活中，遇到好鬥的人，我們要盡量遠離他們。

假如在生活中遇到了那些好鬥的人對自己進行中傷時，要不要針鋒相對地予以回擊呢？

當然，面對別人的攻擊，我們有必要採取一定的措施。但是在這之

前，我們需要明確一個問題，那就是要確定對方是否真的是在攻擊你，因為有很多時候人們會把一些情形誤以為是攻擊。

第一，由於對某個事件的看法不同，對方提出疑問或反對意見時態度比較強硬。此時，你應該向對方就自己的看法做出說明，很多時候，一旦解釋清楚，矛盾也就解決了。

第二，由於自己處事方式的不當，致使對方利益受損，在此情形下，對方情緒激動，可能會說一些比較苛刻或難聽的話，這個時候你千萬不能跟他們對著吵，最好是冷靜下來，反省自己，如果發現確是自己處事方式不當，那麼對方的言行儘管比較激烈，也不能把這種情形當作是攻擊。

第三，由於兩個人之間存在一些誤會，從而導致對方跟你發脾氣或者說出一些很難聽的話。如果是這種情況，那你應該心平氣和地跟對方進行解釋，只要把事情闡釋清楚，問題也就迎刃而解了。

在分清哪些是真正的攻擊，哪些是誤會之後，如果發現對方是在對你進行惡意攻擊，那我們應該採取必要的措施，但是要注意此時面對對方的惡意攻擊最好的回應方式就是對對方不理不睬，讓對方自己覺得沒趣，從而自動停止惡意攻擊。

有一天，洛克斐勒正在辦公室辦公，突然一個人破門而入，怒氣沖沖地直奔他的辦公桌，用拳頭猛擊桌面，並且出言不遜：「洛克斐勒，你個渾蛋！我要殺了你！……」

接下來，那個人用各種汙言穢語對洛克斐勒進行謾罵。

辦公室裡的其他員工被這個不速之客給嚇到了。他們以為洛克斐勒會大發雷霆，然後叫保全將那個人轟出去。但是洛克斐勒沒有這麼做，他停下手頭正在做的事情，一直笑瞇瞇地盯著那個不速之客。那個人越罵越生

氣，但自始至終，洛克斐勒沒有說一句話。

不速之客的謾罵持續了十多分鐘，原本他是做好了與洛克斐勒決鬥的準備，而且事先還想好了各種應對措施，但是沒想到洛克斐勒是這樣的反應。

後來，他覺得自己一個人在那裡唱「獨角戲」也沒什麼意思，於是又在桌上猛擊了幾下，但洛克斐勒依然沒有任何回應，他覺得很無趣，只好灰溜溜地走了。

很顯然，洛克斐勒的做法十分高明，對於對方的無禮謾罵始終不作任何回應，最後，對方發現自己一個人唱獨角戲很無趣，只好「落荒而逃」了。在生活中，如果我們遇到了這樣的情形，也可以採取這樣的應對措施。如果我們對別人的攻擊不理睬，對方仍然不罷休的話，那也不必跟他計較。他之所以攻擊你，就是想激怒你，如果你怒髮衝冠，那就正中他的「下懷」。一般來說，生活中那些好鬥的人大多都沒有什麼德才，他們最喜歡做的事情就是激怒別人，如果你被激起情緒，就中了他們的圈套，他們就擅長這個。所以，假如在生活當中遇到了一些好鬥之徒，明智的做法就是遠離他們。

在這裡，需要明確一點，那就是我們對別人的惡意攻擊採取不理不睬的應對措施，不是因為害怕他們，而是因為與這樣的無禮小人糾纏是在浪費時間，是不值得的。

面對別人的惡意攻擊，我們還需要注意以下幾點：

1. 在對方發火的時候不要頂撞他，給他一點時間，讓他把火發出來。

2. 當對方說到一定程度時，可以毫不猶豫地打斷對方的話，不管用什麼樣的方式，這樣做的目的是扼殺一下他的囂張氣焰。

3. 很多時候，對方是站著的，如果可能的話，設法讓其坐下來，這樣會使他稍微平靜一些。

4. 以明確的語言闡述自己的看法。

5. 盡量避免與對方抬槓或貶低對方。

6. 如果需要並且可能的話，盡量和他在私下解決問題。

7. 在強硬後作一點友好的表示，以緩解緊張的氛圍。

小人都喜歡阿諛奉承

人們都喜歡聽一些讚美之詞，這是人之常情。但是，生活中，我們經常會遇到一些喜歡阿諛奉承的人，他們極盡奉承之能事，一丁點的小事都會被他們無限地放大，並用花言巧語來矇蔽人。這時，你就需要注意了，因為阿諛奉承是小人慣用的伎倆之一。

諸葛亮的《出師表》中寫道：「親賢臣，遠小人，此先漢所以興隆也；親小人，遠賢臣，此後漢所以傾頹也」，可見賢臣和小人對國家的影響有多麼大的區別。因而，在生活當中我們應該遠離小人。儘管這個道理很多人都懂，但是很多人遇到那些喜歡阿諛奉承的小人的時候就會忘記這點。

有這樣一個笑話：

有一個人很會拍別人馬屁，後來，這個人死後進了地府，閻王對他的事蹟也有所耳聞，於是安排小鬼把他帶到自己面前，大聲喝斥他：「我平生最恨那些趨炎附勢、阿諛奉承的小人，來人哪，把他拉去下油鍋。」

那個人聽了「撲通」一聲跪下，對閻王說：「閻王老爺，不是我喜歡奉

承別人，而是那些人喜歡聽我吹捧，如果他們能夠像您這樣公正廉明，那麼不管我怎樣奉承也沒用啊！」閻王聽了這幾句話，覺得很受用，然後就免了他的下油鍋之罪。

這個人從有罪到無罪，逃掉了「下油鍋」之刑，就因為他會奉承別人，而閻王口口聲聲說厭惡拍馬屁、阿諛奉承的人，可自己原來也是一樣喜歡被人奉承。

其實，人人都喜歡聽到讚美的話，馬克·吐溫（Mark Twain）說過：「只憑一句讚美的話，我就可以活上兩個月。」那些喜歡阿諛奉承的小人就是抓住了人的這一個弱點，利用甜言蜜語哄騙別人，使得有些人即使明知前面是萬丈深淵也忍不住誘惑而往下跳。

在生活當中，如果一個人對你阿諛奉承，盡其所能地吹捧你、奉承你，那他肯定是有求於你：他們或者是為了自己職位的升遷，或者是為了改變自己的環境條件，或者是為了自己的子女，或者是為了尋求保護……為了自己的一些不可告人的目的，他們想方設法地吹捧你，但是這種人說的是一套，做的又是另一套，表面上唯命是從，實際上卻暗藏禍心。在你有利用價值的時候，他們可以捧你，但你若是失去了利用價值，那麼他們就會一腳把你踢到一邊去，甚至會做出傷害你的事情來。所以在與人交往中最好與那些善於阿諛奉承、趨炎附勢的人保持一段距離。如果無法擺脫他們，那麼，就該在心裡與他保持距離，不要因為他的幾句奉承話把你變成了一個平庸的愛聽假話的人。

生活中，對於人們的讚美之詞，我們應當保持一個清楚的頭腦。首先要分清楚哪些讚美是實事求是的評價，哪些讚美是虛情假意的阿諛奉承，只有這樣，我們才能避免在生活中被小人所害。

　　王嬌所在的辦公室有一個很會拍馬屁的人 —— 蕭飛，平時工作並不認真，也沒什麼能力，但是他有一個強項，那就是拍馬屁，而且經理似乎對此也相當受用。

　　週末的時候，經理請部門同事到郊外去遊玩，還帶上了自己的兒子樂樂。樂樂還不到一歲，是一個很可愛的小朋友，同事們都很喜歡他。但是蕭飛表現得非常喜歡，自從上車後，蕭飛就一直不停地逗樂樂玩，然後還不停地在經理面前誇樂樂很可愛，很聰明；在遊玩的時候，還提出幫忙照顧樂樂，讓經理放心去玩……

　　春節的時候，經理全家人要回家過年，但是養的小狗沒人照顧，蕭飛知道後自告奮勇幫忙照顧。

　　因為蕭飛平時十分聽話，又說一些自己愛聽的話，所以經理對蕭飛也很照顧。

　　後來，經理因為一個失誤對公司造成了很大的損失，公司決定將他降職。自那之後，蕭飛突然像是變了一個人，見到經理也是一副愛搭不理的樣子。直到那時候，經理才看清了蕭飛的真面目。

　　蕭飛對老闆極盡阿諛奉承之能事，老闆出差時，主動報名幫老闆照顧家裡的狗，老闆一旦離職，連告別晚宴都懶得參加。

　　俗話說小人難防，主要就是因為小人很善於隱藏和偽裝，讓人難以辨別。但是只要留意，我們還是能夠根據一些特徵來辨別出小人的。那些對你投其所好，嘴巴上像是抹了蜜的人，十有八九就是小人。一般來說，我們可以從三個方面來辨識小人：辦事的方式，說話使用的詞語，臉上流露出來的神情。很多小人在走路的時候也要學老闆的姿勢和架勢，在說話的時候用詞和語氣也要模仿老闆，甚至腔調也會與老闆一模一樣。

其實，只要我們擦亮眼睛，還是能夠辨識出那些阿諛奉承的小人的，只要多加小心，我們就能免受其害。

不要和行事詭詐者過從甚密

在我們的周圍，有那麼一群人，他們十分善於偽裝，工於心計又長於逢迎，在人前表現得很好，但實際上他們做任何事都是以自己的利益為出發點，有時還會做出損人利己的事情來。對於這種行事詭詐的小人，我們要敬而遠之。

人性有光輝的一面，也有黑暗的一面，就像有光明的白晝，就必有黑暗的夜晚。在生活當中，君子和小人形成了鮮明的對比。小人的內心極其陰冷、黑暗、卑汙，他們為了滿足自己的利益，可以使用任何卑劣的手段，不達目的誓不罷休。

小人的內心世界大多都是陰暗的，他們沒有什麼道德意識，只要是阻礙自己利益的人或事，他們都會想盡辦法扳倒這些絆腳石。

在人群中，有這樣一類小人，他們十分陰險狡詐，從表面上人們是看不出他們包藏的狼子野心的。對於這一類小人來說，根本就沒有什麼道德規範可言，他們可以根據自己的喜好為所欲為。在別人有利用價值的時候，他們會虔誠地跟對方交往，一旦對方沒有了利用價值，他們就會一腳把對方踢開，然後繼續尋找代罪羔羊。

曉鳳剛剛畢業後就進了一家很有名氣的廣告公司，由於很多業務都不熟悉，曉鳳每天都加班學習到很晚，成了公司的加班狂人。同事孫霞坐在曉鳳對面，她跟曉鳳同歲，比曉鳳早來公司半年，於是剛開始的時候，孫

霞十分照顧曉鳳，帶她熟悉工作環境，跟她講一些業務上的注意事項，就是在生活上也十分關照她，曉鳳十分感激，很快地兩個人就成了好朋友。

　　一個月後，曉鳳的工作漸漸地有了起色，也能提出一些比較新穎的創意來。後來，曉鳳第一次獨立策劃的方案得到了經理的稱讚，說她的方案「有創意、很新穎」。經理的嘉獎讓曉鳳更加自信大膽地工作。

　　而此時，孫霞對曉鳳更加照顧了。在曉鳳忙得天昏地暗時，她會適時地遞上一杯咖啡；曉鳳加班時她又會體貼地替曉鳳叫好外送；當曉鳳忙得不可開交的時候，她會主動幫曉鳳把材料列印好。曉鳳十分感動，心裡暗下決心一定要好好對待這個朋友。

　　有一次，曉鳳很滿意地完成了一個策劃交給經理。誰知第二天經理找到曉鳳：「曉鳳，我本來很看重你的才華和敬業精神，沒有好的創意也沒關係，但你不該抄襲其他同事的創意。」經理的話讓曉鳳丈二和尚摸不著頭緒，經理看她一臉驚訝，遞給曉鳳一份策劃書。曉鳳拿過策劃案一看，竟然跟自己的十分相似，而策劃人竟是孫霞。

　　面對經理的不滿和好朋友的「傑作」，曉鳳啞口無言，因為她沒有任何證據證明自己的清白。

　　後來，曉鳳接了一個很重要的案子，她比平時更努力。但她從自己的新點子裡篩出了兩個方案，做了 A、B 兩份策劃書，表面上曉鳳還是會請孫霞來幫忙做 A 策劃書，但暗地裡曉鳳已把 B 策劃書做好交給了經理，並請經理配合自己先不說出去。果然，不久孫霞便交了一份和 A 策劃書頗為相似的策劃，經理得知真相後非常惱火，馬上辭退了孫霞。

　　生活中，面對象孫霞那樣在別人背後使陰招的小人，一定要遠離，不給他們接近和傷害自己的機會。因為這類人內心邪惡，又十分自私，一旦別人與他們的利益有了衝突，他們就會想方設法去謀害別人。

　　一般來說，那些詭詐的小人，一旦被別人揭穿真面目之後，就不會再有人信任他們了。

　　在生活當中，如果發現有人行事十分詭詐，就需要多加留心，這類人極有可能就是小人。遇到這種小人，最好與他們劃清界限，能不來往最好。但是千萬不能得罪這種人，否則就會惹禍上身。因為這類人有著極強的報復心理，一旦被他們盯上，就會麻煩不斷。

　　對付詭詐小人，最好的辦法就是對他們敬而遠之。

非語言訊號！一秒讀懂空氣，改善人際關係：

精準辨識他人真實性格與意圖，職場交際或私人關係都能應對自如

編　　著：秦搏
發 行 人：黃振庭
出 版 者：沐燁文化事業有限公司
發 行 者：沐燁文化事業有限公司
E-mail：sonbookservice@gmail.
　　　　　com
粉 絲 頁：https://www.facebook.
　　　　　com/sonbookss/
網　　址：https://sonbook.net/
地　　址：台北市中正區重慶南路一段
　　　　　61 號 8 樓
8F., No.61, Sec. 1, Chongqing S. Rd.,
Zhongzheng Dist., Taipei City 100, Taiwan

電　　話：(02)2370-3310
傳　　真：(02)2388-1990
律師顧問：廣華律師事務所 張珮琦律師

-版權聲明

定　　價：450 元
發行日期：2024 年 06 月第一版
◎本書以 POD 印製
Design Assets from Freepik.com

國家圖書館出版品預行編目資料

非語言訊號！一秒讀懂空氣，改善
人際關係：精準辨識他人真實性格
與意圖，職場交際或私人關係都能
應對自如 / 秦搏 編著 . -- 第一版 .
-- 臺北市：沐燁文化事業有限公司，
2024.06
面；　公分
POD 版
ISBN 978-626-7372-67-8(平裝)
1.CST: 行為心理學 2.CST: 肢體語
言 3.CST: 人際關係
176.8　　113007893

電子書購買

爽讀 APP

臉書